我国证券法域外管辖权标准研究

姚 婧 著

东南大学出版社
SOUTHEAST UNIVERSITY PRESS
·南京·

内 容 提 要

本书研究我国证券法域外管辖权标准，旨在确定合理且可行的标准，并处理因适用域外管辖权标准而可能引发的国际冲突，以实现我国域外管辖制度的预期效果。本研究参考美国证券法域外管辖权标准，分析了效果、行为和交易标准，对比了它们在中国证券法下的适用性，确定了我国应适用的标准和立场。强调证券法域外管辖的正当性，探讨如何在维护国际关系的同时推动国际社会共同价值与利益的构建。本书还从国际关系角度提出完善域外管辖权标准的建议，深化了相关研究。

本书适合高等院校法律专业研究生和法规执法研究人员阅读参考。

图书在版编目（CIP）数据

我国证券法域外管辖权标准研究 / 姚婧著. -- 南京：东南大学出版社，2025.1. -- ISBN 978-7-5766-2020-7

Ⅰ. D922.287.4

中国国家版本馆 CIP 数据核字第 2025EN1384 号

责任编辑：张　煦　　责任校对：张万莹　　封面设计：王　玥　　责任印制：周荣虎

我国证券法域外管辖权标准研究

Woguo Zhengquanfa Yuwai Guanxiaquan Biaozhun Yanjiu

著　　者：	姚　婧
出版发行：	东南大学出版社
出 版 人：	白云飞
社　　址：	南京四牌楼 2 号　邮编：210096
网　　址：	http://www.seupress.com
经　　销：	全国各地新华书店
印　　刷：	广东虎彩云印刷有限公司
开　　本：	700 mm×1000 mm　1/16
印　　张：	13.25
字　　数：	204 千字
版　　次：	2025 年 1 月第 1 版
印　　次：	2025 年 1 月第 1 次印刷
书　　号：	ISBN 978-7-5766-2020-7
定　　价：	66.00 元

本社图书若有印装质量问题，请直接与营销部联系。电话：025-83791830。

序

随着金融一体化进程的不断深入,证券市场也迎来了全球化的浪潮,而处于新兴加转轨时期的中国证券市场,更需要迎接这股浪潮,主动完成与国际证券市场的接轨。近年来,我国证券市场围绕"走出去"和"引进来"两种政策,逐步形成了双向开放的新格局。然而,基础设施的完善仅仅是第一步,我们还需要正视现有证券法律制度在国际化背景下存在的问题。其中,域外管辖问题可谓首当其冲。证券市场的国际化进程离不开完备科学的域外管辖制度,它不仅关系到涉外证券纠纷的有效解决,更是对国内投资者利益的切实保护。因此,对证券法域外管辖问题进行研究无疑有着重要的现实意义。

域外管辖既是国内法问题,更是国际法问题,这就意味着域外管辖权的行使不仅需要建立在一国与被管辖对象的联系之上,还需要强调管辖权行使的正当性。如果不考虑域外管辖的正当性,那域外管辖制度就会沦为一国霸凌其他国家的工具。事实上,美国近几年背靠美元国际货币地位和美国金融体系的优势地位,多次对包括中国、俄罗斯在内的他国公民或企业实施域外管辖以达到"定点打击"的目的,已然让域外管辖沦为维护美国霸权地位和利益的手段,而这正是我国在构建域外管辖制度中需要格外警惕的。如何在域外管辖制度中既做到维护本国利益,又能维持良好的国际社会关系,是贯穿全书的主线,同时也是全书的特色。

域外管辖一直以来都是一个相当复杂的大命题,各国法律制度和司法实践的差异,以及具体案件中的监管利益冲突,都使得域外管辖的研究体系纵横交错。本书作者在收集、整理和分析大量资料的基础上,创新性地以域外管辖权标准为脉络，同时运用比较研究法对美国证券法域外管辖的相关理论和实践进行了深入探讨，在借鉴和参考成熟资本市场经验的基础上结合我国的具体国情和指导方针，提出了完善我国证券法域外管辖权标准的一系列见解和主张。全书不仅系统地构建了一个关于域外管辖权标准的理论体系，还通过大量的国外案例进行论证，内容丰富、资料翔实。值得一提的是，作者关于证券法域外管辖权标准问题的研究大多是建立在第一手资料分析的基础之上的，具有一定的参考价值。当然，由于我国目前尚未发生真正的域外管辖案例，本书在域外管辖制度的研究中还有许多未尽事项，例如域外管辖制度中的执行问题等。此外，作者的认识水平也有待进一步提高，有的观点还有待进一步深入研究，成果的结构体系也需进一步完善。总之，论著中的不足之处在所难免，不过读者的些许批评对于作者而言也是另一种督促，有助于作者持续保持良好的学术态度。

本书作者是我指导的博士生，这本著作是她在博士论文的基础上修改、补充、完善而成的，对于这一作品的问世，我感到由衷的高兴，期望她在今后的工作中继续努力，取得更大的成就。

曾　洋

2024 年 12 月

前　言

近年来,随着证券市场日益全球化,相关市场参与者在全球范围内的互动引发了复杂的诉讼问题。一般而言,国际法公认的原则是制定和执行证券法的权力是领土性的,即大多数证券市场的规范背景都是以国家为边界。然而,在缺乏全球证券监管制度的背景下,因投资全球证券而受到损害的市场参与主体势必会对本国证券法律体系提出更多的需求。正因如此,以美国为首的世界各国陆续建立起证券法的域外管辖制度来延伸本国证券法的效力范围。尽管其中部分域外实践在保护投资者和市场完整性方面被证实是必要的,但也存在着诸多问题:域外管辖权的范围可能是广泛且不一致的,这就容易与其他国家发生争议,并可能伴随不必要的司法重叠。为了防止本国企业受到他国制度过度管辖的侵扰,我国有必要通过建立本国域外管辖制度与他国形成制衡。更重要的是,中国证券市场作为新兴证券市场,必然要主动与国际证券市场接轨,推进高水平、高质量的对外开放发展。而随着境内和境外证券市场互联互通程度的加深,我国也需做好准备解决未来国际板建立后来华上市企业的管辖问题。

"防患于微时,绸缪于未雨",正是在这种背景下我国于2019年底在新《证券法》第2条第4款中新增条款:"在中华人民共和国境外的证券发行和交易活动,扰乱中华人民共和国境内市场秩序,损害境内投资者合法权益的,依照本法有关规定处理并追究法律责任。"该条款对于跨境交易的管理有着质的突破,其正式承认我国法院对于某些境外发行和境外交易行为享有管辖权。不过,仍然存在尚待明确的问题。最突出的就是我国《证券法》域外管辖权应适用什么标准。管辖权标准规定了国家与私人行为之间的联系,而正是这种联系才使得国家有理由裁决与该行为有关的案件,因此,可以推断出域外管辖权标准是整个域外管辖制度运行的前提和基础性保障。从域外管辖条款的表述来看,"扰乱境内市场秩序,损害境内投资者合法权益"的所有境外证券发行和交易行为,均有可能遭受我国证券法制裁。那么,这属于什么标准?该标准是否符合我国跨境证券监管的需求?这种宽泛的标准在未来适用上是否会出现问题?以及如何有效地解决问题?以上问题汇聚在一起,就是本书研究的主题:我国证券法域外管辖权标准研究。

目前国内外学者对于域外管辖问题的研究大致可以分为两个方面:有关"法律的域外管辖问题"的一般研究和有关"证券法域外管辖问题"的专项研究。不过,国外学者基于丰富的域外实践,无论在研究重点上,还是研究的深度与广度上,都与国内学者存在很大区别。国内学者已经完成对域外管辖及相关概念的梳理与辨别、对美国域外管辖历史的总结以及对域外管辖制度的评价等相关基础性研究。在此基础上,国内学者们还适当性地对美国证券法域外管辖的过度扩张性进行了批判,并提出我国公司在面临美国证券法域外管辖时的应对措施。相比之下,国外学者已经从基础性研究阶段转向实际应用中的问题研究阶段。他们不仅对现实中美国域外管辖制度中出现的管辖权标准混乱问题进行了分析和修正,还对美国证券法域外管辖的扩张性进行了反思,提出了包括利益平衡测试、国际监管合作等在内的直接或间接的限制措施,为研究域外管辖制度的完善奠定了基础。

在认真学习和借鉴以上研究的基础上,本书创新性地以证券法域外管辖权标准为脉络。从问题提出开始,就是以我国新《证券法》第2条第4款为切入点,提出该条款中域外管辖权标准不明确的问题,将证券法域外管辖权标准问题直接作为研究对象。研究逻辑也是完全围绕域外管辖权标准这一问题展开。本书首先逐一梳理了证券法域外管辖权的现有标准,即效果标准、行为标准和交易标准。经过分析,三类标准都有其各自的合理性和不确定性,不能一概而论,需要结合具体的法规选择适当的标准。于是,本书第二章就站在证券法的立场下对其域外管辖的适用基础进行了研究。具体而言,从证券法域外管辖的内在需求而言,域外管辖作为证券法中的规范,当然要符合证券法的目的。而证券法的主要目的是围绕投资者保护和维护国家证券市场的完整性这两个方面,所以其域外管辖的内在需求自然也应如此。不过,由于域外管辖问题的特殊性,在决定是否行使域外管辖权时还需要重新思考保护投资者和保护市场这二者的权重,即平衡私人利益与公共利益。另一方面,从证券法域外管辖的国际可接受性而言,证券法域外管辖必须具有正当性,它被认为是相对于其他国家权利相关的问题,而不仅仅是一个国家基本权限的问题。对此,本书试图从监管利益的本土化需求和适用规范的等效性要求两点增强域外管辖的国际可接受性。既然前文已经从理论上为证券法域外管辖权范围划定了一个合理的框架,那么接下来的内容自然就是讨论如何在此框架下选择我国证券法域外管辖权的标准,这也是本书的核心部分。相较于其他部分学者仅从单一标准的优势出发,本书采用了两两对比的方式:通过将效果标准与行为标准的监管利益进行比较后,本书认为行为标准与证券法反欺诈规则的行为监管利益存在脱节,而效果标准则与反欺诈规则中的效果监管利益相互契合。随后,通过将效果标准与交易标准确定管辖范围的方式进行比较后,本书认为交易标准并不符合证券法域外管辖的内在需求,它将对投资者和市场的保护降低到了令人无法接受的程度,而效果标准则更符合我国证券市场制度薄弱的现实。最后,本书正式得出结论,我国证券法域外管辖权应适用效果标准。

可确定了标准是否就足以解决我国域外管辖权标准不明确的问题呢?在这样的思考下,本书并没有止步于效果标准的确定,而是顺势分析了适用效果标准可能引起的扩张问题。本书认为,尽管效果标准较行为标准、交易标准更适用于证券法域外管辖,但这并不代表效果标准就完全是正确的。事实上,一方面,效果标准的构造方式决定了它是一种单边主义,无法进行自我限制,从而埋下国际冲突的隐患。另一方面,证券市场的现代网络化特征又会间接刺激效果标准的频繁适用,进一步加剧现有的冲突问题。因此,尽管效果标准是适当的域外管辖权标准,但在适用时也必须进行外在限制,以缓解和他国之间的国际冲突。显然,本书与其他部分学者专注于对效果标准自身进行限制不同(如强调对实质性和直接影响这些因素的理解等),本书主要考虑的限制方式是如何拒绝单边主义,即一国必须注意考虑具有竞争管辖权的国外监管利益。这种在国际冲突中平衡两国关切的准则,国际上称之为"国际礼让原则",是一种对传统单边主义体系的缓解,同时也是限制域外管辖权的基本原则。然而,国际礼让原则却因内容模糊一直被学界所诟病。对此,美国法院开创性地将多元因素利益分析作为域外管辖案件中国际礼让原则的分析框架,一定程度上丰富了国际礼让原则的可行性。不过该方法在发挥作用的同时也逐渐表现出了力不从心,不仅容易陷入形式主义危险还可能会掩盖效果标准分析。遗憾的是,其他可能限制效果标准的制度,诸如当事人意思自治和不方便法院原则,也都存在着无法有效限制效果标准的地方,且内容相对狭隘,无法进行修正。在汲取了国际礼让原则的精髓之后,本书提出了构建效果标准的规范限制体系建议,从基本概念和结构化方法两个层面,探寻了国际礼让原则在限制效果标准上的真正价值,并试图结合证券法提出一些可操作性的措施,最终实现完善证券法域外管辖权效果标准的目的。

  本书是在笔者的博士论文基础上修订而成的。在撰写过程中,要特别感谢我的导师曾洋教授的指导与督促,从选题到确定提纲,再到中期调整,直至最后定稿,每一次当我心态陷入迷茫、研究陷入困境时,曾老师都会为我指点迷津,及时纠正我一些固执又错误的想法,让我少走了很多弯路。同时,本书的写作也得到了李友根老师、肖冰老师、王承堂老师、方小敏老师、吴英姿老师以及几位匿名评审老师们的指导,正是他们来自不同专业的意见才能让我打破固有思维,发现问题研究中的新要素,并为问题解决带来新的启示和解决途径。

姚婧

2024.12

目 录

前言 ……………………………………………………………………… 1

导论 ……………………………………………………………………… 1

 一、问题的提出 ……………………………………………………… 1

 二、研究意义 ………………………………………………………… 5

 三、研究现状 ………………………………………………………… 7

 四、研究思路与研究方法 …………………………………………… 17

第一章 证券法域外管辖权标准 ……………………………………… 19

 第一节 域外管辖权标准的内涵及价值 …………………………… 19

  一、域外管辖权标准与规则的区别 ……………………………… 20

  二、证券法域外管辖权标准的价值 ……………………………… 22

 第二节 效果标准的条件及其评价 ………………………………… 23

  一、效果标准的产生和条件 ……………………………………… 24

  二、对效果标准的评价 …………………………………………… 28

 第三节 行为标准的构造及其评价 ………………………………… 33

  一、行为标准的起源和构造 ……………………………………… 33

  二、对行为标准的评价 …………………………………………… 37

 第四节 交易标准的确立及其评价 ………………………………… 41

  一、交易标准的确定和内容 ……………………………………… 41

  二、对交易标准的评价 …………………………………………… 44

第二章 我国证券法域外管辖的适用基础 …………………………… 56

 第一节 证券法域外管辖的内在需求 ……………………………… 56

  一、保护投资者的需要 …………………………………………… 57

二、维护市场完整性的需要 ………………………………… 60
　　三、证券法域外管辖需要平衡私人利益与公共利益 ……… 63
第二节 证券法域外管辖的国际可接受性 ……………………… 66
　　一、域外管辖权的国际法框架：合法但须具有正当性 …… 69
　　二、国际关系范式下监管利益的本土化意义 ……………… 74
　　三、基于冲突管理的等效性要求 …………………………… 80

第三章 我国证券法域外管辖权应适用效果标准 ………………… 85
　第一节 效果标准与证券法反欺诈规则更契合 ………………… 85
　　一、监管利益性质的区别 …………………………………… 86
　　二、两种标准下对证券法反欺诈规则监管利益的维护 …… 89
　第二节 交易标准无法满足证券法域外管辖的内在需求 ……… 92
　　一、确定管辖范围方式的区别 ……………………………… 92
　　二、两种标准下对投资者和证券市场的保护力度 ………… 97
　第三节 效果标准的内在缺陷和外在限制需要 ………………… 102
　　一、效果标准的固有缺陷：它是一种单边主义 …………… 102
　　二、国际证券市场对效果标准的完善要求 ………………… 105

第四章 域外管辖权标准选择下的争议 …………………………… 111
　第一节 管辖权争议问题的由来与质疑 ………………………… 112
　　一、管辖权争议问题的产生 ………………………………… 112
　　二、主权强制抗辩说不足以诠释管辖权争议 ……………… 115
　第二节 管辖权争议的识别及其现代分析 ……………………… 119
　　一、管辖权争议的理论渊源及应用 ………………………… 119
　　二、关于管辖权争议的现代分析 …………………………… 123
　第三节 过度域外管辖权的识别及其分析 ……………………… 129
　　一、过度管辖权的定义及产生 ……………………………… 129
　　二、在证券案件中发现过度域外管辖的分析 ……………… 133

第五章 对证券法域外管辖权效果标准的完善 …………………… 140
　第一节 限制域外管辖权效果标准的基本原则 ………………… 140
　　一、国际礼让原则的理论演进及现代应用 ………………… 141

二、国际礼让原则的应用困境 …………………………… 148
第二节　限制域外管辖权效果标准的多角度考虑 ……………… 152
　　一、其他可能限制效果标准的制度 ……………………… 152
　　二、其他制度在限制效果标准上的成效 ………………… 157
第三节　构建效果标准的规范限制体系 ………………………… 162
　　一、国际礼让原则的概念重塑：作为限制原则 ………… 163
　　二、国际礼让下限制效果标准的制度框架 ……………… 168

结论 ……………………………………………………………… 178

参考文献 ………………………………………………………… 184

导　论

一、问题的提出

(一) 我国 2020 年新《证券法》第 2 条第 4 款规定(域外管辖条款)

长久以来,我国一直对域外管辖问题秉持着相对保守的态度,将多数法律的效力严格限定在中华人民共和国境内。然而,在全球证券市场互联互通的趋势下,交叉上市以及跨境交易活动变得越来越频繁。中国证券市场作为新兴证券市场,为了丰富国内资本市场格局、强化服务实体经济的功能定位,必然要主动与国际证券市场接轨,推进高水平、高质量的对外开放发展。近年来,一方面,中国投资者境外投资需求不断增加,越来越多的国内企业,诸如"上海医药""复星医药""青岛啤酒"等,纷纷选择在不同的国家或地区发行其股票和债券等证券产品;另一方面,中国政府也相继推行了一系列加快证券市场国际化进程的政策:从合格境外机构投资者制度试点,到"沪港通""深港通""沪伦通"制度和中日 ETF 互换机制,再到沪深 A 股被纳入明晟(MSCI)等国际主流指数。可以这样说,我国以自主开放、双向开放为主要特征的全面开放新格局正在加速形成。① 与此同时,随着境内和境外证券市场互联互通程度的加深,关于跨境证券行为的管辖问题也日益尖锐起来。我国政府不仅需要应对中国企业当下可能受到的外国法院管辖的问题,还要做好准备解决未来国际板建立后来华上市境外企业的管辖问题。而面对以上问题,最直接的办法就是建立我国证券法的域外管辖制度。值得注意的是,与带有法律霸权主义色彩的域外管辖制度不同,我国建立该制度的现实意义在于:其一,目前美国、德国、英国等国家均已在本国证券法中规定了域外管辖条款,所以证券法的域外管辖在事实上已经成为不可扭转的趋势。为了防止本国企业受到他国过度管辖的侵扰,有必要通过建立本国域外管辖制度与他国形成制衡;其二,对于我国境内投资者而言,如果因境外的不当证券行为遭受损失,第一反应肯定是寻求证券法来维护其合法权益。但各国证券法律及证券监管制度存在差异,短期内也无法实现全球证券监管的统一化和集中化,此时,本国证券法就成为国内投资者的最后希望。

"防患于微时,绸缪于未雨",正是在这种背景下我国于2019年底在新《证券法》第2条第4款中新增条款,"在中华人民共和国境外的证券发行和交易活动,扰乱中华人民共和国境内市场秩序,损害境内投资者合法权益的,依照本法有关规定处理并追究法律责任。"其中"依照本法有关规定"事实上包含了两个层面的意思:一是,我国正式将境外发行和境外交易两类行为纳入我国《证券法》的管辖范围;二是,在承认我国法院具有管辖权的前提下,可以选择适用我国《证券法》。明确这个问题相当重要,域外管辖与国内法的域外适用是两个密切相关的概念,二者既有区别又有联系。

域外适用,一般指法律上的适用,泛指司法机关和行政机关将国内法适用于境外的人、行为和财产。② 这里所说的"国内法"不包括当事人合意选择或由冲突规范指引适用的法律规范。③ 实践中,本国当事人与外国当事人可

---

① 王勇,芦雪瑶.资本市场开放与企业"脱实向虚"——基于双重治理机制的视角.当代财经,2021(9):66

② 宋晓.域外管辖的体系构造:立法管辖与司法管辖之界分.法学研究,2021,43(3):173

③ 廖诗评.国内法域外适用及其应对——以美国法域外适用措施为例.环球法律评论,2019,41(3):168

以事先约定以中国法为准据法,此时无论是本国法院还是外国法院对外国当事人适用中国法皆不属于本书所探讨的国内法的域外适用。域外管辖则归属于管辖权,布赖恩·加纳曾经在《布莱克法律词典》中对"域外管辖权"作出了定义,强调的是法院在其领土范围外行使权力的能力。①

一方面,国内法的域外适用强调的是适用本国法律规则的过程,而域外管辖的含义显然比之更加广泛,域外管辖权既包括国家行使立法管辖权,制定域外管辖规则的权力,也包括通过裁判管辖权和执行管辖权适用这类规则的权力。② 另一方面,只有当国家确立了对域外行为的管辖后,才需要考虑法律适用问题,只看法律适用规则而不考虑管辖权问题,是相对无意义的。相应的,法律适用又是管辖权的继续,一国法院行使管辖权的目的是适用法律作出判决,否则,管辖权也会同样失去意义。③ 一言以蔽之,域外管辖权是国内法域外适用的前提,域外适用则是国家行使域外管辖权的过程和结果。④

值得注意的是,与管辖权一致,域外管辖权也可以分为域外立法管辖权、域外裁判管辖权和域外执行管辖权。不过,就域外管辖权而言,这样的分类并不重要,它们通常是在域外管辖权主张这一上级概念下进行的讨论。当然,这里主张分类不重要并不是在试图重新定义、忽视或挑战当前的管辖权类别,相反,这是因为域外管辖权的重点不是各种分类之间的区别,而是能否以及何时才可以行使域外管辖权,其关注的是主张国的动机和实质(而不是形式)。

(二)我国证券法域外管辖权条款尚待明确的问题

至此,我国《证券法》正式确立了域外管辖制度,该制度对于跨境交易的管理有着质的突破,但仍存在尚待明确的问题:

---

① Extraterritorial jurisdiction is a court's ability to exercise power beyond its territorial limits. International jurisdiction is a court's power to hear and determine matters between different countries or persons of different countries. See JURISDICTION, Black's Law Dictionary (11th ed. 2019)

② 廖诗评.中国法域外适用法律体系:现状、问题与完善.中国法学,2019(6):22

③ 朱榄叶,刘晓红主编.知识产权法律冲突与解决问题研究.北京:法律出版社,2004:11

④ 廖诗平.中国法域外适用法律体系:现状、问题与完善.中国法学,2019(6):22;郭金良.我国《证券法》域外适用规则的解释论.现代法学,2021,43(5):175

其一，我国《证券法》域外管辖权应适用什么标准？从域外管辖条款来看，我国是将"扰乱境内市场秩序，损害境内投资者合法权益"的行为纳入证券法域外管辖的范围，这属于什么标准？仅以该标准作为唯一标准是否足以应对跨境证券监管的需求？有无必要引入其他标准？之所以将其作为一个问题，是因为自我国学者开始研究《证券法》域外管辖问题起就提出过不少关于域外管辖权标准的建议，如石佳友教授认为应保留《证券法》中反对域外效力推定原则，将行为地点作为判断域外管辖权的标准，同时将效果标准作为补充手段，允许法院对源于国外但对国内产生直接影响的违反证券法的行为予以管辖。[①] 杨峰教授则认为应明确采用"效果原则"作为域外管辖的原则，并通过"合理原则"进行适当限制。[②] 学者刘远志则认为应以"效果测试"为基本原则，并将"行为测试标准"作为对前者进行强化和完善的补充工具。[③]

不过，以上文献都未将域外管辖权标准的构建直接作为全篇主题去研究，而只是作为域外管辖制度中的一项内容在文末进行探讨与总结，这也是本书与我国现有研究相比的创新性所在。与现有研究惯常从域外管辖的历史过渡到问题研究不同，本书是直接以域外管辖权标准为切入点，将与域外管辖有关的内容均以标准的视角进行展开，无论是在发现问题还是解决问题上，都紧扣域外管辖权标准这一个问题。换言之，即使在与其他研究相同的部分上，本书所展现的观点也仅从域外管辖权标准这一研究对象上出发并延伸，从而保证了结论的指向性。

其二，我国《证券法》域外管辖权标准是否需要限制以及如何限制。就目前关于管辖范围的表述来看，"扰乱境内市场秩序，损害境内投资者合法权益"的所有境外证券发行和交易行为，均有可能遭受我国证券法制裁。尽管这种原则性规定在应对未来跨境证券诉讼中出现的各种情况时可以有较大的裁量空间，[④]但同时也正是由于这样宽泛的表述，为我国证券法域外管辖制度的推行带来了更大的障碍。"境内市场秩序"和"境内投资者合法权

---

① 石佳友.我国证券法的域外效力研究.法律科学(西北政法大学学报),2014,32(5)
② 杨峰.我国证券法域外适用制度的构建.法商研究,2016,33(1)
③ 参见刘远志.跨境证券交易法律监管研究.北京：法律出版社,2019：115
④ 参见邓建平,牟纹慧.瑞幸事件与新《证券法》的域外管辖权.财会月刊,2020(12)：136

益"在复杂资本市场中的解释空间本来就很大,只要某些发生于境外的证券不当行为与境内产生某种联系,就可以被扣上"扰乱境内市场秩序,损害境内投资者合法权益"的帽子。于是实践中,我们不仅要解决因规范的不明确而导致的具体适用上的困难,还要面临可能产生的域外管辖权滥用而导致的侵犯他国司法主权的冲突。

其三,从域外管辖的发展历史来看,反垄断领域是最先引发域外管辖问题的地方,其域外管辖经验相对丰富,相关研究也相对成熟。可以这样认为,包括证券法在内的其他部门法的域外管辖制度都是在反垄断法域外管辖制度的基础上进行的延续及拓展,因此,反垄断法中的域外管辖权标准对于编写本书而言是一个重要的参考。一般认为,反垄断法的域外管辖权标准仅有效果标准一种,这对于构建证券法域外管辖权标准有何借鉴意义?我国证券法域外管辖权标准在哪些地方需要与反垄断法一脉相承?证券法与反垄断法之间的区别或是证券法领域的特殊性又是否会影响证券法域外管辖权标准的构建?

总之,以上问题汇聚在一起,就是本书研究的主题:我国证券法域外管辖权标准研究。为了真正发挥出我国域外管辖制度的预期作用,该研究的紧要任务不仅是要确定合理且可实行的证券法域外管辖权标准,同时也要处理好因适用域外管辖权标准而可能引起的国际冲突。

二、研究意义

(一) 证券法研究中的意义

对于我国而言,虽然目前尚不允许境外机构在境内发行股票,但随着2019年《关于进一步做好利用外资工作的意见》的发布,我国表现出了将证券市场对外开放并参与国际化改革的强烈信念。实际上,在此之前,我国已经为"引进来"做好了诸多铺垫:从1991年第一支B股发行到2002年QFII机制建立,再到2011年RQFII机制加入,我国完成了过渡性安排;2012年中国人民银行在《金融业发展和改革的"十二五"规划》中明确提出了"建立国际板"市场的规划;2018年存托凭证制度的推出被视为境外企业境内上市的试验品;2019年取消QFII、RQFII投资额度限制的决定更是有望推动外资持续流入A股市场,改善A股投资者结构,加快国际板的推进;2024年中国人民银行和国家外汇管理局修订了《境外机构投资者境内证券期货投资资金管理规定》,内容包括简化登记手续,优化账户管理,简化汇兑管理,便利外汇风险管理;①2024年即将实施的新《外国投资者对上市公司战略投资管理办法》中,有关部门对于外资投资A股上市公司,无论是锁定期还是持股比例都有了进一步放松的考虑。② 总体而言,我国对外开放的步伐越走越稳,越走越快。

能够想象到的是,在全球市场的大背景下,我国证券市场国际化势在必行,而与之对应的跨境证券相关的法律配套规则就显得尤为重要。一方面,我国证券市场的逐步开放,使得越来越多的投资人能够直接在国内市场购入国外证券交易所发行的证券,同时国外公司也可以在国内证券交易所发行证券。届时,证券行业的各级主体,包括个人投资者、机构投资者、证券中介服务机构、金融机构、公司等都会寄希望于本国证券法律制度能够提供更多的支持和保护。另一方面,管辖权之间的竞争也彰显出一国的司法水平和能力。特别是在纠纷解决机制日益具有服务性特征时,在管辖权问题上表现出清晰的立场更有助于适应当事人的需求,提高我国在相关争议上的解决能力。

总而言之,无论是从内部保护角度还是从外部应对角度而言,证券法域外管辖权的研究无疑都具有重要的现实意义。

(二)国际法研究中的意义

从理论上讲,只有当涉外案件的国际管辖问题得到肯定时,即确认本国有权管辖后,该案件才能完全转化为一国国内法的问题,按照该国的司法制度来决定应由国内何地、何类及何级法院受理。③ 在这一过程中,不同于国内管辖权的排他属性,域外管辖权涉及的是案件在全球所有国家之间的管辖权分配,因此,域外管辖的研究必然涉及国际法原则。

---

① 参见《境外机构投资者境内证券期货投资资金管理规定》,https://www.gov.cn/zhengce/zhengceku/202407/content_6964832.htm,最后访问时间2024年8月30日。

② 参见《外国投资者对上市公司战略投资管理办法》第十条和第十五条 https://www.gov.cn/zhengce/zhengceku/202411/content_6984524.htm,最后访问时间2024年11月10日。

③ 倪征燠.国际法中的司法管辖问题.北京:世界知识出版社,1985:1

通常而言,只有在进行干预的国家拥有重大利益且可以证明其合理性的情况下,域外管辖才被认为是一种可以接受的做法。然而,即便如此,域外管辖行为也可能存在严重的争议。这是因为,管辖权通常指代的是主权国家的一般法律权限的特定方面。① 二者之间的关系可以表述为:一个国家行使管辖权的权利是以它的主权为依据的,②同时也是国家行使主权的具体体现。③ 对于本国领土范围内的事项,该国当然可以拥有无限管辖权,但当该国意图超越领土范围对他国事项进行管辖时,管辖权就需要考虑国家之间的"国家主权、国家平等和不干涉内政的基本原则"④。因此,对于域外管辖权的研究,不能仅涉及行为与国家之间的联系这种传统管辖权问题,更应当考虑本国域外主张在国际社会中的接受程度,即在维护本国利益的同时,平等地尊重他国利益。正如相关人士呼吁:"摆在国际法学界面前的任务是根据国际法的基本准则,就域外管辖的界限问题进行深入研究,形成一个被国际社会普遍接受的原则。"⑤

总而言之,虽然本书的研究范围仅限于证券法领域,但只要是有关域外管辖权的研究就注定离不开国际法关于域外管辖权及其限度的思考,毕竟国内法院审理和裁决涉及域外行为的管制性争端的能力和意愿,是国际法和国际关系学者都可能感兴趣的问题。在这一点上,本书的研究将有助于梳理和分析国际法上的相关概念,并进一步加深对国际原则的理解和应用。

三、研究现状

(一) 国内研究现状

国内学者相关研究成果可以分为以下两个部分:

1. 有关"法律的域外管辖问题"的一般研究

我国法律的域外管辖问题研究最早可追溯至周晓林教授(1984)撰写的

---

① [英]伊恩·布朗利著;曾令良,余敏友等译.国际公法原理.北京:法律出版社,2003:330
② [英]詹宁斯、瓦茨修订;王铁崖等译.奥本海国际法.第一卷第一分册.北京:中国大百科全书出版社,1995:328
③ 郭华春.美国金融法规域外管辖法理、制度与实践.北京:北京大学出版社,2021:3
④ Shaw M N. International Law. 5th ed. Cambridge: Cambridge University Press, 2003:572
⑤ 唐承元.亚非法律协商会议关于域外管辖权问题的探讨.见:王铁崖,李兆杰主编.中国国际法年刊(2000/2001).北京:法律出版社,2005:267

《美国法律的域外管辖与国际管辖权冲突》。其比较详细地介绍了美国具有域外适用性质的法律以及这些法律因域外管辖而引起的国际冲突。随后,通过分析国际法管辖原则,他认为美国法律的域外管辖引起国际管辖权冲突的原因就在于它缺乏国际法上管辖原则的支持。同时,他还认为由一国单方面平衡国家之间的利益是不可能得出真正平衡的结果,如果将本应通过国家间协商和谈判解决的问题强行交由美国处理,是一种管辖权的滥用,必然会遭到反对和抵制。① 可以看出,我国学者早期对于域外管辖权的态度还是相当谨慎,在选择是否在国外延伸本国法律效力方面持保守主张,且更倾向于国家之间通过协商与谈判等和平方式解决问题。

近年来,随着美国单边主义的实践日益增多,不少国内学者开始对"美国法的域外法治"进行系统性的研究,与早期成果相比,重点不再是简单地分析他国域外管辖权的合法与否,而是在此基础上提出了我国可能的应对和借鉴方向,完成了思想和研究上的转变。如 2014 年杜涛教授详细描述了美国法院属人管辖权、事项管辖权收缩的现象,认为经济危机引发的美国社会的保守主义倾向只是暂时的,中国仍然不能对美国法院的长臂管辖权掉以轻心,而应当选择积极应对。② 2014 年郭雳教授考察了美国法律系统针对涉外纠纷处理的理论和实践,认为其传递出了域外诉权的司法克制态度,并在此基础上,分析了相应的逻辑和原因,以期为中国主体准确辨识、评估和提示风险提供参考。③ 2015 年彭岳教授以美国金融监管法律中的域外管辖为参照对象,认为中国在没有充足准备下贸然参与国际金融法律改革是不明智的,应首先提高本国国际金融实力,在此基础上进行平等谈判,同时借助国际法规范寻求解决办法。④ 2017 年杜涛教授、肖永平教授认为我国民事立法中对法律地域适用范围的规定在理论前提上与现代国际私法不符,进而对绝对属地主义思维进行了反思,分析国际私法是如何解决法律在有关地域上的适用问题,最后得出结论:我国在民事立法上应当放弃绝对领

---

① 周晓林.美国法律的域外管辖与国际管辖权冲突.国际问题研究,1984(3)
② 杜涛.美国联邦法院司法管辖权的收缩及其启示.国际法研究,2014(2)
③ 郭雳.域外经济纠纷诉权的限缩趋向及其解释——以美国最高法院判例为中心.中外法学,2014,26(3)
④ 彭岳.美国金融监管法律域外管辖的扩张及其国际法限度.环球法律评论,2015,37(6)

土主义观念,将该问题交由统一的国际私法来处理。① 2018 年石佳友教授、学者刘连炻通过研究美国基于美元交易建立域外管辖的立法、司法实践,讨论了去美元趋势下,中国需要从立法、司法以及外交政策等层面积极做出回应,保障人民币国际化的实现。② 2019 年学者李庆明首先认为美国法语境下的"域外管辖"既不同于"美国法的域外适用",也不同于"长臂管辖",随后对美国的域外管辖实践以及各国反对美国域外管辖的实践进行了梳理和总结,并在此基础上认为中国不仅应该与其他国家共同反对美国的过度域外管辖实践,还应该综合运用政治、外交和法律手段,积极协助企业和个人做好个案应对,完善中国对外关系法。③ 2019 年廖诗评教授在美国频繁使用单边措施的大背景下,首先厘清了域外管辖和国内法的域外适用等相关概念,随后通过对中国法域外适用现行规则和实践的分析,认为现行中国法域外适用规则尚未形成完整的法律体系,且整体趋于保守,并据此提出了尽快完善中国法域外适用法律体系的相关措施。④ 2019 年肖永平教授认为长臂管辖权是美国法语境下的表达,目前美国存在滥用长臂管辖权的趋势,有鉴于此,我国对于长臂管辖制度要坚持两面性,既要合理借鉴该制度的优势,又要主动预防被该制度所侵扰。⑤ 2020 年霍政欣教授、学者金博恒将长臂管辖和国内法的域外适用进行了区分,并通过对长臂管辖历史和合法性的分析,最终落脚于中国的应对和借鉴上。⑥ 2020 年韩永红教授通过考察 2010 年美国莫里森案之后的判例,阐述了美国域外管辖制度中的一些基础概念和原则,以及它们之间的逻辑关系,并在反思其可预见性问题的基础上,认为我国既要做好防御型的实践应对,也要从进取型的角度建立适度的国内法域外适用制度。⑦ 2021 年学者孙南翔从司法角度,对美国法律域外

---

① 杜涛,肖永平.全球化时代的中国民法典:属地主义之超越.法制与社会发展,2017,23(3)
② 石佳友,刘连炻.美国扩大美元交易域外管辖对中国的挑战及其应对.上海大学学报(社会科学版),2018,35(4)
③ 李庆明.论美国域外管辖:概念、实践及中国因应.国际法研究,2019(3)
④ 廖诗评.中国法域外适用法律体系:现状、问题与完善.中国法学,2019(6)
⑤ 肖永平."长臂管辖权"的法理分析与对策研究.中国法学,2019(6)
⑥ 霍政欣,金博恒.美国长臂管辖权研究——兼论中国的因应与借鉴.安徽大学学报(哲学社会科学版),2020,44(2)
⑦ 韩永红.美国法域外适用的司法实践及中国应对.环球法律评论,2020,42(4)

适用的历史、构成要素进行了分析,并提出在中国法域外适用法律体系的建设中引入"真实联系"与"虚假冲突"测试,并辅之正当程序权利保障机制。① 2021年宋晓教授围绕域外管辖的理论构造和国内法域外适用的体系构建,从管辖权的视角,对域外立法管辖和域外司法管辖进行了界分,并在公法和私法的基础上,将域外管辖的体系划分为私法的域外立法管辖体系、私法案件的域外司法管辖体系以及公法的域外立法管辖体系。② 2021年郭玉军教授、学者王岩以第三版和第四版《美国对外关系法重述》中对域外管辖权的限制因素为启示,认为中国需要对域外管辖权的行使进行必要的自我限制,以警惕过度的域外管辖。③

2. 有关"证券法域外管辖问题"的专项研究

鉴于美国是证券法域外管辖制度的先锋军并且在这个领域拥有丰富的经验,学界多以美国证券法域外管辖制度为参照。如1994年钱学峰教授在《世界证券市场日益国际化与美国证券法的域外管辖权》(上中下)三篇文章中主要分析了美国法院在证券法域外管辖中所确立的各项标准,他认为,尽管证券法的域外管辖趋势不可扭转,但一国也不能仅以自身为中心,需要通过国际合作与国际礼让来解决在行使域外管辖权时遇到的冲突问题。④

2000年以后,相关研究成果逐渐系统化,主要载体是博士论文。如2006年学者陈竹华的《证券法域外管辖权的合理限度——以美国法为例的研究》⑤和2008年学者李国清的《美国证券法域外管辖权问题研究》⑥,二者专门对美国证券法的域外管辖问题进行了详细的梳理和研究,但由于年限较早,故并没有提及美国证券法域外管辖制度中关于新创设的交易标准的

---

① 孙南翔.美国法律域外适用的历史源流与现代发展——论中国法域外适用法律体系建设.比较法研究,2021(3)

② 宋晓.域外管辖的体系构造:立法管辖与司法管辖之界分.法学研究,2021,43(3)

③ 郭玉军,王岩.美国域外管辖权限制因素研究——以第三和第四版《美国对外关系法重述》为中心.国际法研究,2021(6)

④ 钱学峰.世界证券市场日益国际化与美国证券法的域外管辖权(上).法学评论,1994(3);钱学峰.世界证券市场的日益国际化与美国证券法的域外管辖权(中).法学评论,1994(4);钱学峰.世界证券市场的日益国际化与美国证券法的域外管辖权(下).法学评论,1994(5)

⑤ 陈竹华.证券法域外管辖权的合理限度——以美国法为例的研究:[学位论文].北京:中国政法大学,2006

⑥ 李国清.美国证券法域外管辖权问题研究.厦门:厦门大学出版社,2008

情况。

随后,陆续有学者就上述研究空白进行了补充。如2011年彭岳教授通过叙述美国证券法在莫里森案和《华尔街改革和消费者保护法》中的最新发展,认为中国应汲取美国的经验和教训,有限度地推行本国证券法的域外管辖制度,特别是应模糊证券法的域外管辖问题,将自主权赋予法院。同时,法院应充分考虑和尊重证监会的相关决定。① 2012年刘仁山教授、学者李婷分析了美国"F立方"证券欺诈诉讼管辖权规则由统一走向分散、又由分散走向统一的演变历史,并重点分析了交易标准的适用与发展以及对我国私人证券欺诈诉讼机制的影响。② 2014年石佳友教授通过对美国莫里森案的分析,认为我国有必要在《证券法》中增加有关域外管辖的条款,但同时也提出该域外管辖制度必须保持在合理的限度之内,以避免美国式的过度管辖。③ 2016年杨峰教授研究的是有关我国证券法域外管辖制度中的具体构建事项。他认为我国应在《证券法》中明确规定我国证券法的域外适用制度,确立合理原则和效果原则,但对法律适用的范围应进行模糊处理。同时应完善包括取证、送达、执行等在内的配套制度,加强与其他地方的联系与协调,以减少不必要的争议和纠纷。④

从国内研究成果看,可以初步得出以下结论:

(1) 国内学者在研究中虽使用了"域外管辖"和"长臂管辖"两种不同的概念,但从内容上来看,其意图研究的对象实际上为同一个。⑤ 虽然长臂管辖本质上确实属于域外管辖的一种形式,但严格来说,"长臂管辖"与"域外

---

① 彭岳.美国证券法域外管辖的最新发展及其启示.现代法学,2011,33(6)
② 刘仁山,李婷.美国"F立方"证券欺诈诉讼管辖权规则及其晚近发展.法学家,2012(3)
③ 石佳友.我国证券法的域外效力研究.法律科学(西北政法大学学报),2014,32(5)
④ 杨峰.我国证券法域外适用制度的构建.法商研究,2016,33(1)
⑤ 近几年,我国学界倾向于引用"长臂管辖"的概念去描述美国滥用域外管辖权,单方面依据国内法在国际社会强行管辖他国公民或机构的霸权行为。"长臂管辖"这一法学学科专有名词在国际关系中逐渐被"政治化""外交化",并带有贬义色彩。究其缘由,其一是中国语境下"长臂"更能形象地描述出美国的肆意扩张行为,其二则是沿用我国国务院新闻办公室2018年9月发布的《关于中美经贸摩擦的事实与中方立场》白皮书中"长臂管辖"的概念,其指出:"'长臂管辖'是指依托国内法规的触角延伸到境外,管辖境外实体的做法。"参见强世功.帝国的司法长臂——美国经济霸权的法律支撑.文化纵横,2019(4):86-89;刘斌,李秋静.特朗普时期美国对华出口管制的最新趋势与应对策略.国际贸易,2019(3):33-42;丁文严.跨国知识产权诉讼中的长臂管辖及应对.知识产权,2018(11):3

管辖"并不完全相同,尤其是在美国法的语境下,二者之间存在明显的区别。① 出于专业术语的准确性要求,研究本选题时首先需要对域外管辖权的相关概念予以明确。

（2）国内学界的研究主要是对美国证券法域外管辖的过度扩张性进行批判,抑或是提出我国公司在面临美国证券法域外管辖时的应对措施,很少对这一制度本身进行系统的法理分析。所以,研究本选题时不仅要对证券法域外管辖制度进行事实性梳理,更重要的是要在充分的理论依据下找到解决问题的方案。

（二）国外研究现状

国外学者相关研究成果可以分为以下两个部分：

1. 有关"法律的域外管辖问题"的一般研究

总的来说,国外学者虽然表示出了对域外管辖的担忧,但也认识到了严格领土原则的局限,并逐渐接受了域外管辖的合法性。如1982年Harold G. Maier认为域外管辖处于国际公法与国际私法的交叉点,所以在做出域外管辖决策时不能仅仅关注通过领土联系确定的竞争性国家利益,并假设这种关注将自动反映国际社会更广泛的利益,而是应该首先关注国际社会价值观,因为任何司法判决如果没有考虑基于共同价值观所建立的国际体系的需要,就必然无法实现国家法律和平行管辖权的有效协调。② 1998年Pierre Trudel以加拿大互联网监管为背景,认识到域外管辖的必然性,但同时也提出了公私法应作为两个分支进行分析。③ 2004年David J. Gerber

---

① 长臂管辖是美国法上的特有产物,最早是用于解决美国不同州之间的管辖权争议。所谓"长臂",形象地来说就是一个州的法院能够"伸出长臂"将居住地在本州之外的个人或者法人"拽到"本州法院上作为被告应诉。在美国,法院要管辖一个外国人为被告的民事案件,需要同时满足对人管辖权（Personal Jurisdiction）、事项管辖权（Subject Matter Jurisdiction）和审判地（venue）的要求,其中,长臂管辖正是在对人管辖权规则中发展而来的,强调的是法院依据长臂法规才能实现对州外被告的管辖。而域外管辖更多的是一种统称概念,强调的是一国在其领土范围外行使管辖权的权限。参见［美］理查德·D.弗里尔著;张利民,孙国平,赵艳敏译.美国民事诉讼法.第二版.北京：商务印书馆,2013.183-186

② Maier H. Extraterritorial Jurisdiction at Crossroads: The Intersection between Public and Private International Law. American Journal of International Law, 1982, 76(2)

③ Trudel P. Jurisdiction over the Internet: A Canadian Perspective. International Lawyer, 1998, 32(4)

认为全球市场虽然对管辖权制度产生了经济和政治压力,但也为国际管辖权法提供了新的价值形式。随着管辖权冲突的可能性和强度的增加,现有国际管辖权在这方面的有效性逐渐减弱,无法为全球市场决策提供有效指导。因此,现在需要做的就是有效调整目前的国际管辖机制以适应这些挑战。① 2011年 Teresa Scassa 和 Robert J. Currie 探讨了国家管辖权的概念以及在互联网环境下这一概念的转变,并认为行使域外管辖权并不一定是非法的,这取决于一个国家在行使管辖权时是否侵犯了另一个国家的主权。② 2016年 Susan Emmenegger 认为域外管辖权是跨国活动中不可避免的现象,而根据国际原则,域外管辖权通常是合法的,但有一个值得注意的例外就是单边制裁。③

不过,也有部分学者从域外管辖的反面,提出了其他措施。如 2005年 W. Barton Patterson 认为美国证券法并未明确允许域外管辖,且行为和效果标准会导致低效和混乱,因此建议在在全球范围内引入监管竞争。④ 2010年 Chris Brummer 认为目前域外管辖权都是在广泛的法律冲突背景下分析,是一种对司法决策的后端关注。然而,随着新兴市场变得越来越重要,传统主导国家的单边领土主义和不合作的代价增加了,转而刺激了国际协调的新发展。而国际协调和谈判进程的核心要素仍然是领土性,因此要想实现国内政策目标,有必要加强国内监管机构之间的国际协调与合作。⑤ 2019年 Alina Veneziano 认为美国的域外性任意、不一致且存在危险,而且美国在遏制这种趋势方面所表现出的任何限制都毫无意义,因而提出推动全球合作这一国际解决方案。⑥

---

① Gerber D J. Prescriptive Authority: Global Markets as A Challenge to National Regulatory Systems. Houston Journal of International Law, 2004, 26(2)

② Scassa T, Currie R J. New First Principles? Assessing the Internet's Challenges to Jurisdiction. Georgetown Journal of International Law, 2011, 42(4)

③ Emmenegger S. Extraterritorial Economic Sanctions and Their Foundation in International Law. Arizona Journal of International and Comparative Law, 2016, 33(3)

④ Patterson W B. Defining the Reach of the Securities Exchange Act: Extraterritorial Application of the Antifraud Provisions. Fordham Law Review, 2005, 74(1): 213

⑤ Brummer C. Territoriality as A Regulatory Technique: Notes from the Financial Crisis. University of Cincinnati Law Review, 2010, 79(2)

⑥ Veneziano A. Studying the Hegemony of the Extraterritoriality of U. S. Securities Laws: What It Means for Foreign Investors, Foreign Markets, and Efforts at Harmonization. Georgetown Journal of Law & Public Policy, 2019, 17(1)

此外，对于域外性的概念，国外学者也提出了不同的视角。如 2014 年 Joanne Scott 从区分域外概念与新的领土延伸概念入手，并使用这些概念对欧盟法律的领土扩张现象进行了举例说明，最后认为领土延伸尽管面向的也是国外发生的活动，但相比域外管辖而言，它反映了尊重国际公法中限制规范性管辖权的一面，其特点仍然是国际化的。① 2015 年 Dan Jerker B. Svantesson 认为域外管辖经常被描述为"一国对其境外发生的活动行使管辖权"，但这种划分很容易使人们陷入混乱和错误，尤其是网络时代，对活动地点的关注导致了不必要的复杂化。他认为在域内和域外之间划清界限并非易事，甚至是不可能的。对此，他提出关注域外效力这一替代定义。② 2019 年 Katherine Florey 则是通过重新定义领土性的概念，认为现代使用领土性一词来涵盖主权国家的监管范围时，在某种程度上要比过去物理意义上的领土性要广泛。因此，在理解具有域外含义或影响的法律时，需要在这种领土性概念转变的背景之下，将冲突原则定位到最需要的地方，这样有助于法院制定更连贯且功能更好的司法体系。③

2. 有关"证券法域外管辖问题"的专项研究

鉴于美国是证券法域外管辖的开拓者和集大成者，所以国外的研究大多是以美国证券法的域外实践为参照物，进行梳理、比较和分析。大致可分为以下两个方面：

一是，对美国证券法域外管辖制度进行梳理，其中又以莫里森案为分界点，讨论了美国在该制度中管辖权标准的变化、评价以及修正。如 1988 年 John W. Hamlin④、1990 年 Gregory K. Matson⑤、1997 年 John D. Kelly⑥、

---

① Scott J. Extraterritoriality and Territorial Extension in Eu Law. American Journal of Comparative Law，2014，62(1)

② Svantesson D J B. A Jurisprudential Justification for Extraterritoriality in （Private）International Law. Santa Clara Journal of International Law，2015，13(2)

③ Florey K. Resituating Territoriality. George Mason Law Review，2019，27(1)

④ Hamlin J W. Exporting United States Law：Transnational Securities Fraud and Section 10(b) of the Securities Exchange Act of 1934. Connecticut Journal of International Law，1988，3(2)

⑤ Matson G K. Restricting the Jurisdiction of American Courts over Transnational Securities Fraud. Georgetown Law Journal，1990，79(1)

⑥ Kelly J D. Let There Be Fraud（Abroad）：A Proposal for A New U. S. Jurisprudence with Regard to the Extraterritorial Application of the Anti-Fraud Provisions of the 1933 and 1934 Securities Acts. Law and Policy in International Business，1997，28(2)

2003年Kun Young Chang①等都是重点分析了莫里森案之前行为—效果标准的产生和发展,并由此对该标准范围的广泛性和法院适用的不一致产生了分析。之后,随着莫里森案交易标准的出现以及《华尔街改革和消费者保护法》对行为—效果标准的恢复,美国证券法的域外实践一度产生混乱,并导致学界对此展开分析和讨论。2012年Joshua L. Boehm认为交易标准的重要缺陷源于标准的僵化性,很大程度上会排除涉及美国投资者和美国市场利益的重大索赔。对比之下,他认为行为—效果标准将更好地促进保护市场和投资者的目标,但同时他也注意到应规定外国交易的依赖性要求以限制私人诉讼的范围。② 如2013年Ryan Walsh分析了莫里森案之前和之后美国域外法治的现状,并认为严格反对域外管辖权的强有力推定虽然能防止美国法律与外国法律发生冲突,但也可能会产生过度约束的后果,以至于无法保护本国国民。对此,他建议采用例外测试的方法,即在坚持反域外管辖推定的前提下,允许特定例外,这样就可以在行为造成不可逆转的损害时立即伸张正义。③ 2018年Alina Veneziano对莫里森案之前行为—效果标准、莫里森案的交易标准以及之后的《华尔街改革和消费者保护法》进行了详细梳理,并认为行为—效果标准和交易标准处于两种极端:过度包容和包容性不足。通过比较二者的缺陷,他认为交易标准更明确地符合美国《1934年证券交易法》的目标并更准确地反映了当前的经济现实,是一种实用的方法,可以在此基础上进行修正。④ 2019年Aaron D. Simowitz分析了交易标准引起混乱的方式,认为法院可以通过遵循规定性礼让、识别多重焦点、维护法定目的等原则来改善交易标准中固有的不确定性。⑤

---

① Chang K Y. Multinational Enforcement of U. S. Securities Laws: The Need for the Clear and Restrained Scope of Extraterritorial Subject-Matter Jurisdiction. Fordham Journal of Corporate and Financial Law,2003,9(1)
② Boehm J L. Private Securities Fraud Litigation After Morrison v. National Australia Bank: Reconsidering A Reliance-Based Approach to Extraterritoriality. Harvard International Law Journal,2012,53(1)
③ Walsh R. Extraterritorial Confusion: The Complex Relationship Between Bowman and Morrison and A Revised Approach to Extraterritoriality. Valparaiso University Law Review,2013,47(2)
④ Veneziano A. A New Era in the Application of U. S. Securities Law Abroad: Valuing the Presumption Against Extraterritoriality and Managing the Future with the Sustainable-Domestic-Integrity Standard. Annual Survey of International and Comparative Law,2018,23
⑤ Simowitz A D. The Extraterritoriality Formalisms. Connecticut Law Review,2019,51(2)

二是，对美国证券法域外管辖制度的扩张性进行了反思，并提出了各种直接或间接的限制措施。1996 年 Michael Wallace Gordon 关注了美国法院为限制域外管辖权所提出的利益平衡测试，虽然他同意认为这可能是理想的解决方案，但同时他也认识到这种方法不可预测，因为准确识别和权衡外国利益会给法院带来沉重的负担。① 2011 年 Jennifer Wu 认为作为外交政策，美国法院在没有仔细考虑外交和礼让的情况下，不应对外国发生的活动不加区分地强加国内法律。② 如 2013 年 David He 认识到了美国法院适用行为—效果标准的不确定性，并提出证券法域外管辖制度应在私人诉讼方面进行限制。③ 2017 年 Sean Murray 通过对现有判例以及相关限制域外管辖权的措施分析，认为对于在当前框架下特定类型的私人赔偿案件，司法国际礼让平衡测试将最恰当地确定美国域外管辖的适当性。④

从国外研究成果看，可以初步得出以下结论：

（1）关于证券法域外管辖问题，国外最早是从域外管辖案例中发展起来的，进而开始了理论研究。时间上不仅远远早于国内，其研究的深度和广度也是国内无法比及的。因此，在研究本选题时可以充分借鉴国外现有的研究思路和研究成果，寻找其中的优点和不足之处，并在此基础上进行本土化地适应和创新。

（2）国外学者对于证券法域外管辖的问题集中于两个目标，一是，解决行为—效果标准与交易标准之间的混乱；二是，批判美国证券法过于宽松的域外管辖制度，并提出各种直接或间接的限制措施。这对于研究我国证券法域外管辖制度而言，是一个很好的经验和教训，可以帮助我们有针对性地完善现有制度框架。

---

① Gordon M W. United States Extraterritorial Subject Matter Jurisdiction in Securities Fraud Litigation. Florida Journal of International Law，1996，10(3)

② Wu J. Morrison v. Dodd-Frank：Deciphering the Congressional Rebuttal to the Supreme Court's Ruling. University of Pennsylvania Journal of Business Law，2011，14(1)

③ He D. Beyond Securities Fraud：The Territorial Reach of U. S. Laws After Morrison v. N. A. B. . Columbia Business Law Review，2013，2013(1)

④ Murray S. With A Little Help from My Friends：How A Us Judicial International Comity Balancing Test Can Foster Global Antitrust Private Redress. Fordham International Law Journal，2017，41(1)

四、研究思路与研究方法

（一）研究思路

本书旨在探讨与解决的核心问题是：我国证券法域外管辖权的标准。以该核心问题为主线，具体围绕"证券法域外管辖权标准""我国证券法域外管辖的适用基础""我国证券法域外管辖权应适用效果标准""域外管辖权标准选择下的争议"以及"对证券法域外管辖权效果标准的完善"五大板块进行研究，以期完善我国证券法域外管辖制度。

本书的逻辑顺序可以概括成以下几个问题：

（1）现有证券法域外管辖权标准有哪些？

（2）对于证券法域外管辖权范围的划定需要考虑哪些因素？

（3）在这些因素指导下，我国证券法域外管辖权应适用什么标准？是单一标准还是多元标准？为何做出这样的选择？

（4）在确定域外管辖权标准后，其在适用过程中是否存在其他问题？如何界定？

（5）界定之后，又当如何解决？可能的措施有哪些？成效如何？

虽然以上几个问题并未与论文目录中的各级标题完全一致，但却反映了整个研究思路的逻辑顺序。通过递进式推理，文章首先得出关于证券法域外管辖权标准的初步结论，再以此为基础，分析该结论下可能引发的问题，最后以如何解决问题作为完善证券法域外管辖权标准的最终结论。

（二）研究方法

1. 案例研究法

作为法学研究的基本方法，案例分析可以最直观地反映域外管辖的实践情况以及所面临的问题。本书以美国域外管辖相关实践为参考，不仅可以更准确地将抽象的法学理论具象化，还可以有针对性地提出完善建议，从而使文章内容更具有说服力和现实意义。

2. 比较研究法

文章对美国证券法域外管辖相关理论和实践进行了深入研究，在对比我国证券法域外管辖制度中的不足基础上，归纳总结出了对我国有益的启示及教训。现阶段我国不仅要尽快确定证券法域外管辖制度的具体框架，让制度顺利运行，更要结合我国实际情况，将重点放在如何在国际社会的思维下处理好管辖权扩张和尊重他国主权之间的关系。

3. 价值分析法

表面上看，法律仅仅是作为一种规范存在，但规范并不是法律的终极目的，归根结底，法律需要实现一定的价值。因此，通过对域外管辖制度的价值分析与判断，可以更好地厘清一国在全球治理中所应扮演的角色，从而明确我国在该问题上的立场。围绕该立场，文章确定了域外管辖权的适用基础，进而为完善域外管辖制度找到了合理的优化思路。

第一章
证券法域外管辖权标准

对于回答单一国家何时以及如何正当地提出域外管辖权主张这一问题的关键就在于管辖权标准,它规定了国家与私人行为之间的联系,而正是这种联系才使得国家有理由裁决与该行为有关的案件。由此,可以推断出域外管辖权标准是整个域外管辖制度运行的前提和基础性保障。基于域外管辖权标准的核心作用,在过去70多年当中,各国一直致力于构建适当的域外管辖权标准。而作为域外管辖制度的开拓者,美国所创造的几种域外管辖权标准也必将成为我国在制度借鉴上的重要参考对象。故本书将首先对美国现有证券法域外管辖权标准的特征进行一一阐述,并评价各自的优势与劣势。

第一节 域外管辖权标准的内涵及价值

无论是国内还是国外学界,现有文献中都不乏对域外管辖权标准的探讨,但这些文献很少会将域外管辖权标准作为法律结构的一个方面单独予以解释,更多的研究都集中于域外管辖权标准在部门法中的实际应用。为了更好地展开论证,本章将在讨论美国证券法域外管辖权各标准之前,对域外管辖权标准这一研究对象进行基本的阐述。

一、域外管辖权标准与规则的区别

鉴于标准是一个相对抽象的法理学概念,因此,为了更好地理解域外管辖权标准的内涵,本部分试图将域外管辖权标准与规则放在一起讨论,通过二者的辨析厘清彼此之间的关系,从而明确本书所讨论的主体。

(一) 一般性的观点

卡普洛教授(Louis Kaplow)曾经在《规则与标准:经济分析》一文中提出了一个关于规则/标准的有用的观点,他认为规则和标准之间的主要区别在于,规则是法律命令,旨在事前确定特定事实情况的结果;相比之下,标准则是事后确定特定情况的结果。[①] 换言之,当面临作为规则的法律要求时,个人或组织应该能够非常准确地预测特定事实情况的结果,而当面临作为标准的法律要求时,就不太可能知道决策者在非极端事实情况下会得出什么结果。不过,这并不意味着规则相对简单,而标准相对复杂,事实上,二者都可以存在于简单和复杂的形式之中。

1. 规则举例

例如,每小时120公里的高速公路限速提供了简单规则的经典示例。就其纯粹形式而言,该规则是高度可预测的。如果一辆汽车的时速超过120公里,那么即使存在特殊理由,它都违反了规则。司机是因为赶飞机、还是将伤者送往医院,抑或是因为车辆轮胎损坏、发动机故障、刹车失灵等,这些理由都无关紧要。显然,一个简单的规则能够让法律具有可预测性,但在特定事实情况下可能会导致不公平的结果。

有时规则之上还会附加一些条件使其转换为稍微复杂的规则。例如,在大多数情况下机动车在道路上行使按照限速标志、标线标明的速度,在没有限速标志、标线且没有道路中心线的道路上,机动车的最高行驶速度为城

---

① Kaplow L. Rules Versus Standards: An Economic Analysis. Duke Law Journal, 1992, 42(3): 559-560

市道路每小时30公里、公路每小时40公里。① 这种附加条件并没有减损该规则的预测性，人们同样可以像简单规则一样直接得出结论，只不过需要考虑一些特殊情况。

2. 标准举例

标准的一个常见例子就是诸如合理性等抽象性的要求。例如，标准可以要求从事住宿、餐饮、娱乐等经营活动或者其他社会活动的自然人、法人、其他组织承担合理限度范围内的安全保障义务，②该合理性是由整个事实情况决定，标准不会事先说明具体应该考虑哪些事实或者哪些事实应该优先被考虑。

同样，标准之上也可以附加一些条件使之转化成复杂的标准。例如，要求在某个时间段之前的合理期限才能提出诉求或者在某种情况下才可以通过合理说明进行抗辩。此时，标准依然依赖于合理性的基本标准，只不过需要在作出判断时将条件作为考虑前提。

（二）涉及域外管辖权的三种规定

鉴于我国域外管辖立法经验尚浅，本部分将以美国法规为例，说明涉及域外管辖权的三种规定，用以区分域外管辖权标准与规则。

第一种是明确的域外规则。该规则明确规定了域外范围，并对部分行为进行了相对精确的定义，这些行为将使个人因在美国境外采取的行动而受到法律处罚。例如，美国规定特别海事和领土管辖权的法规将许多传统犯罪（包括袭击、纵火、谋杀和绑架）的管辖范围延伸至公海、其他国家管辖范围之外的地区、往返美国的各种交通工具上以及美国人员在国外执行公务时使用的财产上；③《反海外腐败法》将向外国政府官员行贿以取得或者保留某种业务的行为视为犯罪；④再比如，1984年美国对《禁止就业年龄歧视法》加以修订，将其适用范围扩展适用至在外国为美国雇主工作的美国人。⑤

---

① 参见《中华人民共和国道路交通安全法实施条例》第四十五条。
② 参见2003年《最高人民法院关于审理人身损害赔偿案件适用法律若干问题的解释》第六条（最高人民法院已于2022年进行修订）。
③ See 18 U.S.C. §7
④ 参见卢建平，张旭辉.美国反海外腐败法解读.北京：中国方正出版社，2006：5
⑤ 孙国平.论美国反歧视法之域外适用.反歧视评论，2015(0)：61

第二种是明确具有领土限制的规则。该规则明确规定了某些法规具有领土限制，只能在美国境内适用，即无法进行域外适用。例如，与银行监管有关的某些规定、[1]与美国公共土地上放牧有关的法规、[2]现金交易和货币票据交易的报告要求[3]以及农村电气化项目的资金使用[4]等，这些法规同样不需要司法过多介入以进行主观裁量。

第三种是域外管辖权标准。与前两类法规不同，其并没有明确指示域外管辖权的范围，而是通过一些可能适用于世界范围的一般性语言对可能的域外管辖权范围进行归纳和总结。例如，《谢尔曼法》第1条规定，"所有限制州际或对外商业贸易，以托拉斯或其他形式组成联合，签订合同或秘密协议的，都属于违法行为。"这种宽泛的措辞最容易构成域外管辖权的标准。当趋势是反对域外适用解释方法时，法院可以通过对标准的限制解释将某些行为从初始标准的范围中删除；相反，当域外管辖成为趋势时，法院又可以通过对标准的扩张解释将某些行为纳入标准的范围中。

二、证券法域外管辖权标准的价值

根据上文对域外管辖权标准与规则的区分，可以更加清楚地了解到域外管辖权标准是通过一般性的语言对可能的域外管辖权范围进行归纳和总结的一种法规类型。当法院审查域外管辖案件时，就会发生解释性行动，对案件是否符合域外管辖权范围进行事后决定。因此，域外管辖权标准的规定状态直接影响法院所作出的域外管辖决定。届时，可能会出现以下三种情况：

首先，如果域外管辖权标准表述不明确，那就意味着管辖权不可预测。然而，为了评估在某个国家开展业务的成本，跨国公司必须能够事先预判其活动是否可能会受到该国制裁。一旦无法预测，那肯定会影响其进入该国市场的决定和积极性。于是，外国发行人会倾向于选择在其他地方上市，以免面临不确定的责任。除了潜在的外国资本，现存外国资本也会受到"羊群效应"影响，选择从本国市场撤出，甚至导致外国发行人从本国证券交易所

---

[1] See 12 U.S.C. §1828(j)(3) (2006)
[2] See 43 U.S.C. §315 (2006)
[3] See 31 U.S.C. §5331 (2006)
[4] See 7 U.S.C. §906a (2006)

退市。①

其次,如果标准设定的过宽,那意味着本国的诉讼申请将会变得越来越多,此时不仅仅会引起国际冲突,国内的司法资源也将面临着累诉的风险,直接影响本国的司法效率。美国在实行证券法域外管辖制度初期引发本国域外诉讼泛滥可谓是"前车之鉴"。美国证券法律中存在集体诉讼制度,它特别适用于单人金额较小但因人数众多导致总金额较大的索赔。而且与国外类似的补救措施相比,美国证监会制定的第 10b-5 规则的损害赔偿程度也很可观——其损害赔偿还可能包括被告的归入权,这在许多外国法律中都是不允许的。② 所以,对于受到跨国证券欺诈的投资者来说,美国是一个很好的诉讼地选择。而美国在域外管辖发展之初时,其域外管辖权标准特别宽泛,使得大量海外投资者出于个人需求会优先将美国选择为案件诉讼地,即使案件事实几乎与美国不存在关系。

最后,如果标准设定的过窄,那最直接的影响就是,本国市场和本国投资者在受到损失时将无法在本国提起诉讼,只能远赴国外寻求救济。不仅耗时耗力,还需要面临异地诉讼的心理障碍和法律障碍,以及极大的败诉风险。即使是机构投资者,都无法百分之百保证能够做到从容应对,更何况势单力薄的个人投资者。为了规避风险,本国投资者可能会有意识地不参与海外投资,或减少海外投资的比例,将资金主要投向本国证券市场。长此以往,本国证券市场势必将与国际证券市场脱节,无法形成良性的资本流动。

第二节 效果标准的条件及其评价

效果标准(effects test)指的是,无论被指责的行为是否发生在本国领土内,只要该行为已经或打算在本国领土内产生影响,该国就可以凭此影响行

---

① Reuveni E. Extraterritoriality as Standing: A Standing Theory of the Extraterritorial Application of the Securities Laws. U.C. Davis Law Review,2010,43(4):1076

② See Granof P S, Hans R F, Haridi S A F, et al. Ebb and Flow: The Changing Jurisdictional Tides of Global Litigation. New York International Law Review,2008,21(1):53

使域外管辖权。①

一、效果标准的产生和条件

(一) 国内影响是效果标准的核心依据

效果标准最早起源于 1945 年的美国铝业公司案(United States v. Aluminum Co. of America),这也是现代效果标准发展的决定性一步。② 该案中,美国铝业公司因在原铝锭生产和销售中的垄断行为而被美国联邦政府提起诉讼,该案的一个主要争议点是美国铝业公司的加拿大全资分支机构与欧洲的铝生产者签订的卡特尔协议是否属于美国《谢尔曼法》的管辖范围。在审理过程中,汉德(Learned Hand)法官虽然承认法院在确定管辖权问题时不应超越其自身法律规定,但是,他同时也认为法院有责任以符合国际法的方式从广义的角度解释《谢尔曼法》。根据国际法庭 S.S. Lotus 案的裁决和客观领土原则,汉德法官首先认为美国对在国内产生影响的外国行为行使管辖权是适当的,并不违反国际法。其次,他又从国内法的角度,援引了美国最高法院支持客观领土原则作为行使管辖权适当依据的案件。在该案中,霍姆斯(Oliver Holmes)法官声称:"在司法管辖区以外但意图在司法管辖区内产生不利影响的行为,让行为人好似存在于司法管辖区内,使一个国家有正当理由对其进行惩罚。"③通过上述分析,汉德法官进而提出了后来被称为"效果标准"的论断,认为"由于该协议影响了美国商业,并且双方意图产生这种影响,所以本案属于《谢尔曼法》的管辖范围"④。

随后,在该案的启发下,美国证券法也正式沿用效果标准的方式,开始关注国内影响。在 1968 年 Schoenbaum v. Firstbrook 一案中,原告是一家加拿大公司的美国股东,其认为该公司和其两名法人股东通过未公开的内幕信息(发现石油的信息)密谋以市场价格在加拿大买卖了公司库存股,损

---

① Meyer J A. Dual Illegality and Geoambiguous Law: A New Rule for Extraterritorial Application of U.S. Law. Minnesota Law Review, 2010, 95(1): 50

② Lytle C G. A Hegemonic Interpretation of Extraterritorial Jurisdiction in Antitrust: From American Banana to Hartford Fire. Syracuse Journal of International Law and Commerce, 1997, 24: 57

③ Strassheim v. Daily, 221 U.S. 280, 285, 31 S. Ct. 558, 560, 55 L. Ed. 735 (1911)

④ United States v. Aluminum Co. of Am., 148 F.2d 416, 431 (2d Cir. 1945)

害了公司股东的利益,遂提起股东派生诉讼。本案中,管辖权问题同样是最关键的争议点,尽管该公司的股票在美国证券交易所上市交易,但是该公司所有的经营活动和不法行为均发生在加拿大境内。按照传统的管辖权原则及反对域外适用的推定,美国法院并没有进行监管的理由,所以一审地区法院驳回了该诉讼。但美国第二巡回上诉法院首先认为,虽然存在反对域外适用的推定,但该推定并非意味着一定排除本国法律的域外适用。其次,法院通过对美国《1934年证券交易法》第30条立法意图进行了推断,认为该条标题名为"外国证券交易所"就表明本法已经将国际证券交易考虑在内,而且从第30条(b)款关于外国证券交易豁免的措辞来看,仅为部分完全外国交易提供了豁免,如果美国证券交易委员会颁布了涵盖此类交易的具体规则和条例,则该外国证券交易还是有可能受美国《1934年证券交易法》约束。① 因此在法院看来,无论是反对域外适用的推定,还是第30条的表述,都不能明确排除美国证券法的域外适用。而从证券法反欺诈条款的目的而言,为了保护在美国交易所购买外国证券的国内投资者,以及保护国内证券市场免受不当外国证券交易的影响,将国内证券法域外适用十分必要。② 所以,法院最后得出结论,认为"至少当交易涉及美国证券交易所注册并上市的股票,且损害了美国投资者利益时,域外管辖是适当的"③。

从上述两个案例可以看出,效果标准最显著的特征不在于提及了"影响"因素,而是其将"国内影响"作为分析管辖权的核心依据,并认为仅凭该理由就足以认定管辖权。④

(二) 非特定利益的影响不足以触发效果标准

至此,证券法的域外管辖范围通过效果标准得以正式确立下来,但同时也遗留了很多问题,其中最引人争议的是是否影响只要能在美国当地感受

---

① 美国《1934年证券交易法》第30条(b)款规定,"任何人进行证券业务交易不属于美国管辖的,若其进行该业务交易并未违反证券交易委员会制定的就防止规避本法而言确属必要或适当的规则和条例,则不适用本法规定或其项下的任何规则或条例。"张路译.美国1934年证券交易法.北京:法律出版社,2006:695
② Schoenbaum v. Firstbrook, 405 F.2d 200, 208 (2d Cir. 1968)
③ 同上。
④ Lytle C G. A Hegemonic Interpretation of Extraterritorial Jurisdiction in Antitrust: From American Banana to Hartford Fire. Syracuse Journal of International Law and Commerce, 1997: 24-57

到,美国法院就可以依效果标准行使管辖权?答案当然是否定的,所以部分下级法院陆续对效果标准展开了修正。

例如,在 Bersch v. Drexel Firestone, Inc. 一案中,第二巡回上诉法院虽然重申了效果标准的合理性,但也对其争议作出了回应。本案中,一群以外国投资者为主的原告因几家国内外承销商和一家国内会计师事务所在 IOS 公司的海外股票发行中的虚假陈述行为提起诉讼。原告声称,承销商在编制招股说明书时没有尽职调查,且会计师事务所没有使用公认的会计原则,导致财务报表具有虚假信息和误导性。法院对本案是否能够适用效果标准进行了全面分析,除了受到影响的数百名美国投资者,法院还列举了与本案欺诈行为有关的其他国内影响,如误导性的招股说明书削弱了外国对美国证券的信心,导致美国证券价格普遍下跌;给同时段试图在国外筹集资金的其他美国公司带来麻烦等等。总而言之,虽然 IOS 公司的股票本身没有在国内交易所交易,但其发行方的欺诈行为确实影响了美国国内的证券市场,已经可以认定满足 Schoenbaum 案中规定的效果标准的条件。然而,该案法院却认为,损害证券市场投资者的普遍信心或者损害市场经济这种非特定利益的影响不足以触发效果标准,必须考察案件利益相关者的具体影响。①

(三) 影响必须具有直接实质性

除了关注效果标准中"特定"与"普遍"影响的区别,影响的性质和程度也是不能忽视的。② 一些法院要求效果必须具有"实质性"和"直接性"才能行使域外管辖权。③

例如,在 Continental Grain (Australia) Pty. Ltd. v. Pac. Oilseeds, Inc. 一案中,Continental Grain 公司以存在重大失实陈述为由提起证券欺诈诉讼。本案中,原告从包括被告在内的三方手中购买了澳大利亚公司 PacSeeds 的全部股票。本案两名被告分别是一家加州公司 POI,拥有 PacSeeds 的 48% 股份;一名加利福尼亚州居民,POI 的总裁,拥有 PacSeeds 的 1% 股

---

① Bersch v. Drexel Firestone, Inc., 519 F.2d 974, 989 (2d Cir. 1975).
② Koal Industries Corp. v. Asland, S.A., 808 F. Supp. 1143, 1155 (S.D.N.Y. 1992).
③ E.g., SEC v. United Financial Group Inc., 474 F.2d 354 (9th Cir. 1973); Investment Properties Int'l, Ltd. v. I.O.S., Ltd., [1970—1971Transfer Binder] FED. SEC. L. REP. (CCH) 93,011 (S.D.N.Y. Apr. 21, 1971), aff'd mem. No. 71-1415 (2d Cir. 1971)

份。Continental Grain 公司在收购时对 PacSeeds 公司进行了调查,并获得了 PacSeeds 公司与 Northrup,King 公司的许可协议,该协议涉及的产品构成了 PacSeeds 公司的主要资产。然而,该许可协议当时即将面临终止后不续签的问题,且 PacSeeds 公司会被 Northrup,King 公司要求收回协议所涉及的杂交种子。以上这些关于许可协议的状态并未被如实披露,就此构成了 Continental Grain 公司指控证券欺诈的核心。在分析本案对美国造成的影响时,原告主张其虽为一家澳大利亚公司,但同时也是特拉华州 Continental Grain 集团的全资子公司,其遭受的任何财务损失都将反映在母公司的账目中,再加上被告的国籍,二者无论是单独考虑还是综合考虑,都足以支持对管辖权的认定。然而,法院却否认了这样的观点,它认为本案涉及横跨两大洲的证券交易,其中唯一的受害者是一家外国公司,有关证券没有在任何一家美国交易所进行交易,所指称的美国国内影响(Continental Grain 的母公司的财务报表中反映的 PacSeeds 股票价值下降对母公司的整体财务影响)微乎其微,并不具有实质性。①

与之对比的是,在 Consolidated Gold Fields PLC v. Minorco, S. A. 一案中,争议点是美国法院是否可以将美国证券法的反欺诈条款应用于涉及两家外国公司、发生在外国领土上的要约收购,并且目标公司的股东中只有一小部分是美国居民。在分析美国国内影响时,地区法院认为,因持有该英国公司股票而涉嫌受骗的美国人数量"微不足道",并且 Minorco 已采取一切可能的措施来确保要约收购文件不会到达 Gold Fields 的美国持有人手中,因此,地区法院得出结论,Minorco 和 Gold Fields 之间的交易仅对相对少数的美国人产生影响,无法构成实质性影响。② 然而,上诉法院却认为该交易影响的美国公民占目标公司股东的 2.5%,他们拥有 530 万股股票,市值约为 1.2 亿美元,以上因素综合起来足以构成对美国的实质性影响。③

---

① Cont'l Grain (Australia) Pty. Ltd. v. Pac. Oilseeds, Inc., 592 F. 2d 409, 415 (8th Cir. 1979).
② Consol. Gold Fields, PLC v. Anglo Am. Corp. of S. Afr., 698 F. Supp. 487, 497 (S. D. N. Y. 1988).
③ Consol. Gold Fields PLC v. Minorco, S. A., 871 F. 2d 252, 263 (2d Cir.), amended, 890 F. 2d 569 (2d Cir. 1989).

而在直接性要求方面,美国第九巡回上诉法院曾经在 United States v. LSL Biotechnologies 一案中对直接性要求进行过深入分析。① 本案涉及美国公司 LSL Biotechnologies 和以色列公司 Hazera 之间的企业合同。两家公司共同寻求通过改变基因来开发具有更长保质期的西红柿。该合同包含一项限制性条款,该条款旨在阻止 Hazera 公司将合同中的改良番茄种子出售给墨西哥。在审判中,法院对于直接影响的判断依据是《外国主权豁免法》(FSIA)中"直接"一词的使用,最高法院将其定义为"作为被告行为的直接后果"。换言之,如果一种影响是被告人行为的直接后果,则该影响是"直接"的。据此,法院得出结论,争议的限制性条款并未在美国产生直接影响。因为在法院看来,Hazera 公司能够给美国消费者带来影响的前提是已经研发出保质期更长的转基因西红柿,否则任何好的影响和坏的影响都是不确定的。鉴于该产品尚未研发出来,自然就不能认为限制未来某个时候在墨西哥销售该产品的契约会对美国消费者产生直接影响。

二、对效果标准的评价

(一)效果标准的合理性:承自客观领土原则

效果标准的前身是习惯国际法中的客观领土原则。该原则产生的背景是人们逐渐认识到严格的领土限制只能存在于理论上的设想,如果一味追求物理上的领土主义,反而会产生武断的结论。其中最为经典的例子就是跨境射枪案件,站在 A 国境内的行为人开枪射杀位于 B 国边境的受害人。此时可以依法起诉的事实(也可以理解成犯罪构成要件)发生在了不止一个国家上,即法律所禁止的行为可能与行为发生时(行为人扣动扳机的行为)的领土有关,也可能与结果发生时(受害人被击中的地方)的领土有关。如果仅将管辖权单独赋予其中任一一个国家,都有可能使罪犯开脱罪责。因此,为了避免这种后果,法学家们尝试对领土原则进行建设性的延伸。客观领土原则正是其中的一种延伸(另外一种是主观领土原则),强调的是犯罪在国外开始但在其领土内完成的情况。

国际法将客观领土原则正式确认为一种管辖权原则始于1927年常设国

---

① United States v. LSL Biotechnologies,379 F. 3d 672,680 (9th Cir. 2004)

际法院在"荷花号案"（S.S. Lotus）中所做的判决。该案中，法国邮轮"荷花号"与土耳其船只"博兹-库特号"在公海发生碰撞，"博兹-库特号"沉没，八名土耳其公民死亡。次日，当"荷花号"抵达伊斯坦布尔时，当地检方将"荷花号"上的值班人员法国海军上尉戴蒙，连同土耳其船长哈森·贝一并以杀人罪提起刑事诉讼。土耳其法院依据《土耳其刑法》第6条"任何外国人在国外犯下侵犯土耳其或土耳其臣民之罪行时，若土耳其法律规定该犯罪行为应受惩罚者，当此人在土耳其被捕，则应受惩办"的规定，对戴蒙进行了审判。法国政府则对此提出了抗议，认为碰撞发生在公海上，土耳其法院对戴蒙没有管辖权，只有"荷花号"的船旗国法国才有权对他进行审判。为了解决此争议，两国同意将管辖权问题提交常设国际法院裁定。最终，常设国际法院作出决断，认为土耳其法院享有管辖权，但却不是基于土耳其政府提出的受害者国籍理由，而是基于犯罪行为的结果产生在土耳其船只上，即产生在一个"比作土耳其领土的地方，在那里适用《土耳其刑法》是无可争议的"。

　　为此，国际法院还首次探讨了域外管辖权问题，它指出，"习惯国际法并没有一个普遍规则，禁止国家将本国法律的适用范围和本国法院的管辖权扩大到其领土之外的人、财产和行为，相反，它在这方面赋予各国广泛的自由裁量权，这种自由裁量权仅在某些情况下受到限制性规则的约束。至于其他情况，每个国家都可以自由地选择它们认为最好的和最适合自己国家的原则。"①随后基于此前提，法院就是否存在禁止土耳其提起诉讼的国际法规则进行了分析，认为本案中的船舶碰撞发生时戴蒙虽在法国船只上，但其犯罪行为的结果能在土耳其船上感受到，那就等于发生在该船船旗国（土耳其）的领土上，而且国际法也并没有禁止犯罪影响所及的船只所属国将该罪行视为在其领土内发生并起诉违法者的行为。② 综上所述，作为犯罪结果地国家土耳其行使管辖权自然也不违反国际法。尽管本案因支持了相当广泛的域外管辖权而有待商榷，但就目前而言，重要的一点是，该裁决仍然是国际法庭关于国际法对国家管辖权限制范围的最重要和最权威

---

① S. S. Lotus (Fr. v. Turk.), 1927 P. C. I. J., (ser. A) No. 10, p. 19
② 同上。

的声明。① 能够为之佐证的是,国际法院最近在 2010 年还重申了该一般原则的持久效力,其指出莲花案的表述仍然是国际法管辖权的基石。②

理论上,客观领土原则下行为所产生的"结果"原则上应该是该行为的必要组成部分,而且都是"局部的"或者"小范围的",所以并不会破坏对方的领土框架。这是客观领土原则的合理性所在。而效果标准中的"影响"与客观领土原则中的"结果"在本质上是相通的,自然也具有一定程度的合理性。有学者曾据此指出,国际社会接受效果标准不仅是合乎逻辑的,而且是必要的:如果剥夺一国管理在其境内产生或打算产生重大影响的境外活动的权力会将该国及其公民置于其他国家的内部行为和政治的摆布之下。③

(二) 效果标准的不确定性:实质影响和直接影响无法定义

效果标准本身最大的问题就是影响的性质和程度无法得到充分定义,可能会使域外管辖范围延伸得太远。尽管法院将"影响"限制为"直接"且具有"实质性",但在实际认定中却会存在诸多不确定性。

一方面,"实质性"作为一个抽象概念,本身就可以存在多种定义方式。目前对于影响的实质性判断方式大多是直接从特定案件事实中总结而来,然后再被应用于其他案例。这一过程中,可能会涉及截然不同的案件事实,甚至于不同的法律框架。在宏观层面上,实质性影响的判断方式主要存在两种:(1)这些影响在主观层面上是"重要的";(2)这些影响通过可量化的指标或相对客观的标准被证明在客观层面上是"重大的"。

就前者而言,所谓重要的标准在决定跨境管辖时显得单薄——标准太容易通过了。以拥有美国股东的外国公司为例,是否仅仅因为美国股东的存在,就可以认为外国公司在外国遭受的欺诈行为满足"重要性"要求? 而就

---

① Gerber D I. Beyond Balancing: International Law Restraints on the Reach of National Laws. Yale Journal of International Law, 1984, 10(1): 195-96; Berge G W. The Case of the S. S. "Lotus". Michigan Law Review, 1928, 26(4): 382

② Written Contribution of the Republic of Kosovo Concerning Request of United Nations General Assembly for Advisory Opinion on Accordance with International Law of the Unilateral Declaration of Independence by the Provisional Institutions of Self-Government of Kosovo, Kosovo Advisory Opinion, 2010 I. C. J. (Apr. 17, 2009), available at http://www.icj-cij.org/docket/files/141/15678.pdf.

③ Alexander R G. Iran and Libya Sanctions Act of 1996: Congress Exceeds Its Jurisdiction to Prescribe Law. Washington and Lee Law Review, 1997, 54: 1612

后者而言,虽然因使用定量因素较前者相对客观,但法院所使用的指标却缺乏统一性。这一点在反垄断案件中最为常见。例如,在 United Phosphorus, Ltd. v. Angus Chemical Co. 一案中,法院认为,由于原告从未打算在美国销售本案中有争议的产品,而且即使原告打算这样做,在美国的销售量也将是"少量",而"这种销售不会对国内商业产生任何实质性影响"。换言之,本案认为的实质性影响的关键在于数量,不过究竟何为"少量",法院没有详细阐述。① 再比如,在 Boyd v. AWB Ltd. 一案中,原告指控被告非法垄断伊拉克小麦市场,而这一事实会导致美国小麦商品和资产期末库存收盘价下跌,最终影响美国小麦价格。然而,法院认为,影响期末库存的因素有很多,伊拉克小麦市场的垄断"根本不可能成为全球组合因素中决定美国小麦期末库存,进而决定小麦价格的重要因素"②。在这一判断过程中,法院没有直接确定被指控的反竞争行为是否对美国商业产生了重大影响,而是假设伊拉克小麦市场不存在垄断行为是否会影响美国小麦的期末库存。通过这种方式,法院同样将实质性影响分析转化成对美国商业的定量影响。

可以看出,以上两种判断方式,虽分属主观和客观两种,但都存在一个很明显的问题就是:在相同的方式下,即使是类似的事实也可能得到完全不同的答案。事实上,法院在倾向于选择哪种方式时,也可能会产生很大的差异。鉴于这种不确定性,认定实质性影响容易受到操纵以达到预期的结果。

另一方面,判断"直接性"则更加困难。乍一看,第九巡回上诉法院在 LSL Biotechnologies 案中对"直接影响"的描述似乎超出了实质性影响的范围。然而,如果换位思考,似乎用实质性影响也能得出完全相同的结论。也许有人会设想,是否可能会出现一种非实质性影响的直接影响,但作出这样的区分其实并没有什么实际效果,因为实质性影响只关注某项特定效果是否具有"实质性"。这样看来,直接影响要求可能是多余的。

即使退一步认为"直接影响"分析十分必要,但如何判断"直接影响",法律条文和司法实践皆没有给出确切的解释。比较有代表性的说法除了上文提

---

① United Phosphorus, Ltd. v. Angus Chemical Co., 131 F. Supp. 2d 1003, 1012 (N.D. Ill. 2001)
② See Boyd v. AWB Ltd., 544 F. Supp. 2d 236, 239 (S.D.N.Y. 2008)

及的"直接后果"(immediate consequence),还有"合理近因关系"(reasonably proximate causal nexus)。前者将直接影响定义为被告行为的即时后果,认为如果存在不确定的干扰事件将被告行为与国内影响分离开,效果标准将得不到满足;①后者则效仿侵权法规定,认为如果损失和行为之间的关系过于遥远,那权利人将无法申请赔偿。同理,如果国内影响与国外行为之间的关系过于遥远,那法院也无法追究责任。②

不过,上述两种定义目前更多地只是为直接影响作出了一种理论上的解释,至于在司法实践中将如何适用尚不得知,法院也未给出具体的指导,这就导致概念很大程度上只是服务于当时的案件。此外,除了"直接后果"和"合理近因关系"这两个术语表面上的区别,尚不清楚二者在应用上是否存在实质性差异。

事实上,所谓"直接影响"简单来说就是指行为和效果之间的因果关系链没有中断,这也是上述两种定义根本上想表达的意思。从这个角度切入,如果被告的国外行为已经构成国内影响的事实原因(but-for causation)③,此时只是证明了因果关系链是否存在的问题。而要想证明直接影响还需要查明有没有导致国内影响的其他原因或事实存在,这些统统都是因果链中的"介入因素"。如果存在其他介入因素,则需要证明这些介入事件本身是不是由被告行为所造成的。如果是,则被告行为与国内影响之间的因果关系是不间断的,否则,这种影响就不是被告行为的直接影响。比较典型的例子是,如果国外行为虽然造成了国内重大影响,但这种影响仅仅是因为原告作为国内附属公司股东而遭受的衍生损害,这时很难想象,本国证券法为什么要为了保护这些间接后果而付出巨大的代价。

另一方面,以上讨论都只考虑了直接影响中的客观因素,那么主观因素,如意图或目的等,对直接影响的判断有价值或决定意义吗?例如,当国外的欺诈行为仅意图在中国产生影响并确实产生了部分影响,那么此时主观意图能否作为直接影响的一个因素存在?如果可以,主观意图可否超越

---

① United States v. LSL Biotechnologies, 379 F.3d 672, 680 (9th Cir. 2004)
② Minn-Chem, Inc. v. Agrium, Inc., 683 F.3d 845, 857 (7th Cir. 2012)
③ 行为与结果之间存在没有前行为,就不会有后结果的关系。CAUSE, Black's Law Dictionary (11th ed. 2019)

上述客观因素,将"遥远"的关系认定为直接影响?

诚然,一旦纳入主观因素会加强直接性分析,通过查明被告针对中国的意图,可以让管辖权利益更可靠,但这样会扰乱因果关系的客观性。我国传统刑法理论把唯物辩证法中的因果关系原理直接套用到刑法因果关系的判断中,认为事物之间的联系是客观的。① 于是,因果关系与主观因素相独立,一旦因果关系发生偏离,不仅不能仅凭主观因素追究责任,甚至严重的偏离还会导致罪行不成立。另一方面,意图本身的评估也相当困难,法院一般是根据现有的损害和动机去推定当时的意图,这样就存在很大的不确定性。尤其是在被告是公司的情况下,任何公司的目的都只能通过审查代表该实体行事的各种代理人的行为和动机来确定,这就更复杂了。

综上,无论是实质影响要求还是直接影响要求都存在很强的个案特点,无法通过抽象的语言加以定义,进而也就无法普及适用,所以,效果标准的不确定性似乎是必然的。

第三节　行为标准的构造及其评价

与效果标准并列讨论的另一项标准是行为标准:在美国,即使不利影响完全发生在国外,通过对国内行为的衡量也可能导致法院行使域外管辖权。

一、行为标准的起源和构造

(一)行为标准的起源

随着互联网证券的普及,本国证券市场的欺诈行为极有可能会引起外国投资者对涉及通过外汇购买的证券的索赔。与效果标准着眼于外国行为的国内影响不同,行为标准恰恰针对的是相反的情况——国内行为和国外影响。从表面上看,一国适用行为标准,直接受益的情况多为国外投资者和证券市场。此时,在没有国内影响的情况下,行为标准的理由就显得尤为重

---

① 刘士心.英美刑法介入原因规则及其对中国刑法的借鉴意义.政治与法律,2017(2):16

要,即当受害人居住在国外并有权在当地法院寻求补救时,为什么要向他们敞开本国法庭的大门?

行为标准首次是在 Leasco Data Processing Equipment Corp. v. Maxwell 案中进行适用。本案涉及一家美国公司对一家在伦敦证券交易所注册的英国公司的收购计划。原告在收购失败后,以被告存在虚假陈述和伪造财务数据为由提起诉讼,要求追回用于收购而购买的该英国公司股票价款。本案中绝大部分证券交易均发生在英国,如果依效果标准分析,该股票未在美国交易所上市,也未在美国境内出售,美国证券市场受到牵连的程度显然是有限的,效果及于美国投资者的结论并不足以判定美国法院拥有管辖权,所以地区法院驳回了起诉。然而,上诉法院却转而关注起被告在美国的行为,并据此开创了行为标准。经调查,尽管被告是在英国实施了欺诈交易,但其在纽约与原告公司的成员多次会面,在纽约和伦敦之间多次进行电话联络,以及使用邮件向美国投资者发送了虚假和误导性文件。因此,法院认定被告在美国的欺诈行为构成了初次虚假陈述,并且这些最初的虚假陈述是整个欺诈行为中必不可少的环节。在法院看来,即使欺诈行为没有损害美国投资者或美国市场,美国法院也可以对存在国内行为的涉外交易取得管辖权,前提是美国境内的行为"极大地助长了欺诈结果的发生"[1]。

上述案件作为行为标准的起源,仅完成了行为标准的初步构建,人们依然对行为标准的动机产生质疑。对此,美国法院在之后的案件中作出了回应,直接站在政府的高度分析了行为标准的必要性。在 IIT v. Vencap, Ltd. 一案中,IIT 是一家卢森堡投资信托公司,其以欺诈、侵占和公司浪费为由对巴哈马公司和其他居住在国外的个人被告提起诉讼。本案中,虽然存在部分美国投资者受损的事实,但远未达到实质性影响的程度。在这种情况下,法院并没有否认域外管辖权,而是认为,国会不会希望"美国成为出口欺诈性证券的基地,即使这些只面向外国人出售"[2]。同样,在 Grunenthal, GmbH. v. Hotz 一案中,第九巡回上诉法院也赞同这样的解释,并指出"如

---

[1] Leasco Data Processing Equipment Corp. v. Maxwell, 468 F. 2d 1326, 1335 (2d Cir. 1972).

[2] IIT v. Vencap, Ltd., 519 F. 2d 1001, 1017 (2d Cir. 1975).

果国会不打算阻止那些欺骗外国证券买者或卖者的人将美国作为行为基地的话,实际上就是在为这些欺诈者和操纵者创造一个避风港"①。总结而言,行为标准背后的动机是建立在监管的意图之上,以防止本国成为违法行为的避风港。

不过,即使行为标准的监管利益具有一定的合理之处,人们也对法院是否应该对给外国投资者造成损失的国内行为主张管辖权表示怀疑,所以还需要考察行为标准的特征。

(二) 国内行为的性质和程度

从行为标准的构造来看,侧重于分析本国领土内发生的行为,虽然看似比效果标准拥有更有力的领土联系,但在应用中可能更麻烦。② 主要的困难在于需要评估境内所发生的欺诈行为的性质和程度,并且如何用有限且关键的措辞总结那些能够触发行为标准的行为。"行为"本身通常就很难定义,互联网的渗透更是加剧了这一情况的复杂性,"移动"中的跨境证券交易变成常态、电子支付使得资金在世界范围内流动、欺诈行为可能由分布在多个国家的行为组成……这一切,都要求法院主观指定触发域外管辖权所需的境内行为数量和类型。

目前,各巡回法院逐渐形成三种模式:其一,第二、第五和第七巡回法院基本保持一致,要求(1)被告在美国的行为既不能仅仅是为在其他地方进行的证券欺诈做准备,也不能是较国外活动规模小的不作为形式;③(2)在美国境内发生的行为或不作为直接导致了国外投资者的损失。④

其二,第三、第八和第九巡回法院的标准则较为宽松。讽刺的是,前述法院皆声称它们所使用的规则与第二巡回法院一致,然而事实却是其所要求的行为程度要小得多。⑤ 例如,在 SEC v. Kasser 一案中,被告诱使一家加

---

① Grunenthal, GmbH. v. Hotz, 712 F.2d 421, 424-425 (9th Cir. 1983)
② Beyea G. Morrison v. National Australia Bank and the Future of Extraterritorial Application of the U.S. Securities Laws. Ohio State Law Journal, 2011, 72(3): 543
③ Bersch v. Drexel Firestone, Inc., 519 F.2d 974, 987 (2d Cir. 1975)
④ Alfadda v. Fenn, 935 F.2d 475, 478 (2d Cir. 1991)
⑤ See Coupland J M. A Bright Idea: A Bright-Line Test for Extraterritoriality in F-Cubed Securities Fraud Private Causes of Action. Northwestern Journal of International Law and Business, 2012, 32(3): 547

拿大基金公司购买债券并与两家主要是由被告控制的公司签订投资合同。这两家公司都在新泽西州设有办事处，不过一家是在加拿大注册成立的，另一家则是在特拉华州注册成立。第三巡回法院在审查本案是否符合行为标准的要求时，放弃了对国内行为程度的要求，表示欺诈行为在何处（甚至是否）完成并不重要，只要某些旨在促进欺诈计划的活动发生在这个国家即可。① 该案中的美国境内行为包括在美国举行各种会议和谈判、在纽约执行其中一项投资合同、使用美国的电报和邮件、被告公司在美国注册、使用美国瑞士银行的分行作为欺诈交易后收款的渠道、保存账簿和记录、起草后来在国外执行的协议以及将交易收益转入美国和转出美国。法院认为，被告的这些活动足以证明被告在美国境内推进了欺诈计划，因此，符合行为标准的要求。又如，第八巡回法院效仿第三巡回法院，在 Continental Grain (Australia) Pty. Ltd. v. Pacific Oilseeds, Inc. 一案中认为，即使所涉股票既未在美国证券交易所上市也未在此交易，并且有关交易的谈判和协议签署均在境外进行，只要被指控的国内行为"促进了欺诈计划并对实现该计划具有重要意义，而且涉及使用邮件和州际贸易的其他工具"②，该国内行为就足以赋予美国法院管辖权。具体到该案事实，表现为未在美国通信中披露被收购公司财务稳健性的重要信息。再如，在 Grunenthal GmbH v. Hotz 一案中，原告是一家德国公司，其指控两家巴哈马公司和一家墨西哥公司在出售一家被告公司的股票时存在虚假陈述行为。本案中美国境内的行为包括在加利福尼亚州洛杉矶召开的会议，在该会议上，双方推进了引起原告损失的交易计划。关于本案是否满足行为标准要求这一关键问题，第九巡回法院认为使用州际贸易工具进一步推动了欺诈计划，据此就可以认定美国境内存在重大行为。③

其三，哥伦比亚特区巡回法院采用了最为严格的行为标准，并对 Kasser 案和 Continental Grain 案中法院扩大管辖权的做法表示批评。在 Zoelsch v. Arthur Andersen 案中，涉及非美国原告和一家美国被告公司。原告是一

---

① Sec. & Exch. Comm'n v. Kasser, 548 F. 2d 109, 114 (3d Cir. 1977)

② Cont'l Grain (Australia) Pty. Ltd. v. Pac. Oilseeds, Inc., 592 F. 2d 409, 421 (8th Cir. 1979)

③ Grunenthal GmbH v. Hotz, 712 F. 2d 421, 423 (9th Cir. 1983)

名西德投资者,他指控一家美国会计师事务所向其西德分公司 GmbH 提供虚假和误导性信息,并有理由明知 GmbH 公司会在分发给原告和其他投资者的审计报告中使用这些信息。鉴于受害者为非美国公民,哥伦比亚特区巡回法院对本案是否享有管辖权表示怀疑。但法院仍然对本案是否符合行为标准进行了分析,其认为"当(被诉的)国内行为包含违反第 10(b)条和 10b-5 规则的所有要素"[①]时,美国法院才拥有管辖权。具体而言,原告必须证明被告行为满足以下三个要素:(1)被告对重要事实做出了不真实或误导性的陈述;或对重要事实有重大遗漏从而产生误导性后果;(2)被指控的虚假陈述与所购买或出售证券有关;(3)被告主观上明知(即希望或放任欺诈结果发生)。此外,私人原告还必须证明自己(1)依赖了虚假陈述且(2)因依赖而遭受到损害。根据以上要求,法院最终认为欺诈行为和损害结果均发生在西德,本案并不符合行为标准,遂拒绝主张管辖权。

二、对行为标准的评价

(一) 行为标准的合理性:基础是国内行为

行为标准着眼于对欺诈具有重大影响的某些行为是否直接导致了相关损害,并且无论投资者或证券交易的位置在何处。相比效果标准,它遵循的是经典的领土原则,因为它考察的是本国内部发生的行为,并根据事件的位置授予管辖权,具有重要的领土联系,所以存在一定的合理性。其背后的逻辑是,如果当事方的行为本身位于国内,那么外国公司可以合理地预见到有可能受到该国证券法的管辖,这也是行为标准相对效果标准而言,较为公平的地方。

除此之外,行为标准的适用在全球金融监管体系中也具有一定的合理性。通过彻底考虑独特的国内事实情景,行为标准至少在证券法领域内,允许了很大的灵活性,有助于确保世界金融市场的完整性和对证券欺诈的有效监管。

(二) 行为标准的不确定性:国内行为的性质和程度标准不一致

尽管前文所述的行为标准的三种模式都在不同程度上参考了第二巡回法

---

① Zoelsch v. Arthur Andersen & Co., 824 F.2d 27, 31 (D.C. Cir. 1987)

院的行为标准版本,但这种表面上的和谐并没有转化为可行的管辖权标准。行为标准仍待明确的问题是:(1)触发域外管辖权所必需的国内行为的类型和数量;(2)国内行为与国外欺诈和由此产生的损害之间需要什么联系,才能证明适用本国证券法是正当的。① 这两个问题反映了行为标准的核心,答案的些许区别都可能会对域外管辖的边界产生质的影响。美国各巡回法院不止一次地在域外管辖案件中遇到这两个问题,但都没有提供明确的指导。

就前者而言,所有适用行为标准的美国巡回法院都承认,行为标准下的国内行为"不仅仅是准备行为"。然而,问题就在于,什么样的行为称得上"不仅仅是准备行为"? 对此,第二巡回法院曾经在 Bersch 案中划定了一条界限,认为为编造欺诈性陈述而进行的行为只是准备性的,但"提交、电邮和发布虚假陈述(招股说明书)的行为不仅仅是准备行为"②。简而言之,如果提交、邮寄或发布发生在美国境内,则满足行为标准的第一部分要求。但之后,第二巡回法院又得出了相反的结论,认为这只是虚假陈述的准备行为。在 SEC v. Berger 案中,法院认为行为标准要求的境内行为不应只是传递虚假陈述信息,这是因为编制和邮寄涵盖虚假陈述信息的报表本身并不具有欺诈性,必须达到制造虚假陈述信息的程度。③

此外,导致证券欺诈行为完成的行为也具有争议。在 Alfadda v. Fenn 案中,外国原告声称他们在一家位于荷属安的列斯群岛公司内的股权因美国境内的销售被稀释了,该销售违反了招股说明书且收益被不当挪用了。地区法院认为欺诈是通过将误导性的招股说明书交到美国境外的原告手中而实施的,而随后在美国进行的稀释其权益的欺诈性销售与欺诈无关。④ 但第二巡回法院却推翻了这一结论,并认为与美国投资者进行谈判并向美国投资者出售证券是导致证券欺诈完成的行为,所以法院得出结论被告在美国的行为不仅仅是为欺诈做准备。⑤ 在 Koal Industries Corp. v. Asland 案

---

① See Weintraub R J. Commentary on the Conflict of Laws. 4th ed. New York: Foundation Press, 2001:718
② Bersch v. Drexel Firestone, Inc., 519 F.2d 974, 987, 992 (2d Cir. 1975)
③ SEC v. Berger, 322 F.3d 187,195 (2d Cir. 2003)
④ Alfadda v. Fenn, 751 F. Supp. 1114, 1118 (S.D.N.Y.1990)
⑤ Alfadda v. Fenn, 935 F.2d 475, 478-479 (2d Cir. 1991)

中，原告指控被告实施了重大虚假陈述行为以诱使他们与被告签订协议购买了被告的股票。所有谈判包括协议的起草和执行都发生在瑞士。本案在适用行为标准时，法院认为与损失有关的所有行为均发生在美国境外，不符合 Bersch 案中对境内行为的要求。①

如果说，关于触发美国法院管辖权的行为类型至少还存在争议性指导，那对于原告是否以及在多大程度上必须确定美国欺诈行为与外国损失之间的因果关系问题上，各法院基本上连指导都没有。

根据规定，行为标准除了要求行为具有重要性以外，还要求美国的国内行为是原告损失（发生在国外）的直接原因，即因果关系认定。如果外国投资者不能证明具有欺诈性的美国国内行为造成了他们的损失，该索赔诉讼就不符合美国法院的管辖要求。对于因果关系认定的一种解读是交易因果关系，这种因果关系类似于"依赖"，即如果原告在作出最终导致损失的交易决定时依赖国内的欺诈行为，则符合因果关系的要求。至于如何满足"依赖"条件法院却没有统一，大多是以个案分析的形式存在。例如，在 Itoba Ltd. v. Lep Group P. L. C. 一案中，原告 Itoba 是一家英属海峡群岛公司，Lep 则是一家总部位于伦敦的控股公司，其股票主要在伦敦国际股票交易所注册和交易。Itoba 是 ADT 公司的全资子公司，而 ADT 是一家位于百慕大的跨国控股公司，大约一半的股东居住在美国，其股票在纽约股票交易所上市。ADT 持有 Lep 股份，后为了收购 Lep 所持有的 National Guardian 公司，遂考虑增加对 Lep 的持股以便最终控制 National Guardian 公司。之后，ADT 对 Lep 展开了评估，其中一项依据就是 Lep 向美国证券交易委员会提交的 20-F 年报（注册地不在美国的外国公司年报）。一直到 ADT 以其子公司 Itoba 名义在伦敦交易所购买了大量 Lep 的股票之后，Lep 披露了一系列负面信息，使得 Lep 的股价大跌。原告认为 Lep 的年报没有披露其高风险投资和投机性商业活动，并且表示如果知道这一事实，便不会进行收购。本案中，原告并没有阅读美国证券交易委员会提供的文件，而是由他们的投资银行审查了这些文件，并且提交 20-F 年报作为唯一发生在美国的行为，与原告所购买的普通股无关，最多勉强符合"预备行为"的定义。直接遭受损失

---

① Koal Indus. Corp. v. Asland，S. A.，808 F. Supp. 1143，1154 (S. D. N. Y. 1992)

的也是外国公司 Itoba 而不是 ADT 公司,可见,对 ADT 美国股东的影响也是不够的。所以美国地方法院因本案不满足效果标准或行为标准,而驳回起诉。然而,第二巡回上诉法院却认为,原告依赖美国证券交易委员会提供的文件,这是因为他们的投资决定是基于其投资银行的报告,而该报告又是基于提交给美国证券交易委员会的 20-F 年报中的信息。所以根据衍生依赖原则,法院认为原告没有直接阅读并不阻碍依赖的形成,相反,从投资银行的角度,提交给美国证券交易委员会的 20-F 年报是原告决定购买的"实质性"的"重大原因"。另外,就该文件与原告购买的普通股无关这一因素,法院指出,虚假陈述是否与所购买的证券有关并非第 10b-5 条款的核心,更重要的是"被告所采用的欺诈手段是导致理性投资者依赖并进而购买或出售公司证券的原因"①。

  对于因果关系认定的另一种解读是损失因果关系,即美国国内的虚假陈述行为与损失之间存在因果关系。在 Dura Pharmaceuticals, Inc. v. Broudo 一案中,最高法院认为,为了充分证明损失因果关系,原告不仅必须证明价格在购买之日被抬高了而且必须同时证明是虚假陈述行为造成了经济损失。② 对此,法院解释道,虽然虚高的购买价格可能会"涉及"后来的经济损失,然而涉及损失并不意味着造成损失,而后者才是法律所要求的。因此,法院认为,原告必须证明被告的股价在虚假陈述被揭露或更正后下跌了,并且正是因为该虚假陈述行为而下跌的。可以看出,损失因果关系证明的是虚假陈述真相被公布与损失之间的因果关系,如果允许将这一因果关系的证明等同于满足"直接导致"要求,就会产生一个问题,那就是无法倒推哪些国内欺诈行为在在损失中起了作用。况且,虚假陈述行为也未必会立即反映在股价的涨或跌上。在某些情况下,虚假陈述可能会影响股票的市场价格,但可能不会很快表现出来。例如,如果市场认为某公司每股收益应为 1 美元,并且已经反映在当时的股价中,那么当公司报告它每股收益为 1 美元时,即使该报告是虚假的(可能已经亏损了),此时股价很可能不会改变。③ 事

---

① Itoba Ltd. v. Lep Group PLC, 54 F.3d 118, 123 (2d Cir. 1995)
② Dura Pharmaceuticals, Inc. v. Broudo, 544 U.S. 346-347 (2005)
③ Nathenson v. Zonagen Inc., 267 F.3d 400, 419 (5th Cir. 2001)

实上,有时股价下跌与价格被人为抬高的理论并不矛盾,因为虚假陈述行为很可能减缓了本来会下跌得更快的价格,从而提高了投资者购买股票的价格。总之,采用损失因果关系理论来证明虚假陈述行为直接导致了原告的经济损失,并不完全符合"直接导致"的要求。

第四节 交易标准的确立及其评价

从发展历史来看,行为标准和效果标准都是独立产生的,但在相当长的时间内,行为标准和效果标准的组合适用成为美国证券法域外管辖的通用规则,即行为—效果标准,认为当相关行为发生在美国或在美国感受到影响时,就可以适用美国法律。① 虽然学界曾经对该组合标准的适当性和逻辑性表示怀疑,但在司法实践中并没有遭到拒绝,只是各法院之间对于标准的应用极其不一致,甚至于基本相同的案件事实都可能导致相反的结果。② 正是因为这一点,寻求转变的声音不断高涨,才有了之后"交易标准"的"后退"。

一、交易标准的确定和内容

(一) 莫里森案件事实及下级法院判决

该案是典型的F立方(Foreign-cubed)案件,即外国投资者因其在外国证券交易所购买的证券涉及欺诈而起诉外国被告的诉讼。原告Morrison为澳大利亚公民,在澳大利亚证券交易所购买了澳大利亚国民银行的股票。该股票在澳大利亚证券交易所和其他国家证券交易所进行交易,但没有在美国证券交易所进行交易。澳大利亚国民银行仅在纽约证券交易所发行并交易其美国存托凭证(ADR)。1998年,澳大利亚国民银行收购了位于佛罗里达州的HomeSide Lending公司,该公司在美国从事抵押贷款服务。作为抵

---

① Simowitz A D. The Extraterritoriality Formalisms. Connecticut Law Review,2019,51(2):382-383

② Fulkerson B L. Extraterritorial Jurisdiction and U. S. Securities Law: Seeking Limits for Application of the 10(b) and 10b-5 Antifraud Provisions. Kentucky Law Journal,2004,92(4):1080

押服务商,其公司收入主要来源于提供抵押贷款服务的费用。该费用最终会以估值模型计算出来的现值名义体现在资产负债表"抵押贷款服务权益"(MSR)科目项下。2001年,澳大利亚国民银行了解到这家佛罗里达公司的估值模型存在问题,会高估抵押贷款的持续时间,从而人为提高该公司抵押合同的价值。随后这项虚高的价值被记录在了澳大利亚国民银行的财务报告中,但澳大利亚国民银行并没有采取行动。最终由于实际抵押贷款时间小于预期,澳大利亚国民银行被迫减记该资产,导致股票下跌,购买澳大利亚国民银行普通股的股东就此遭受了损失。为此,以原告为代表的外国投资者对澳大利亚国民银行提起了证券欺诈诉讼,控告 HomeSide Lending 公司操纵其财务账簿以抬高公司价值,且澳大利亚国民银行知情却未采取措施。

毫无疑问,本案如果要适用行为—效果标准,问题的关键就在于欺诈行为的发生地。原告声称是在佛罗里达州高估了抵押合同的价值,但纽约南区联邦地区法院认为"银行将高估的价值纳入财务报告这一关键事实发生在澳大利亚,而在美国的行为至多是整个证券欺诈链条中的一个连接"①,所以驳回了起诉。随即第二巡回法院维持了一审判决,其认为行为标准适用于 F-cubed 案件的前提是,被告在美国境内的行为对于其在美国境外实施的欺诈行为而言不仅仅是预备性的,且外国投资者在美国境外所受的损失是美国境内行为直接导致的。本案中,尽管是在美国境内高估了抵押合同的价值,但 HomeSide Lending 公司只是向澳大利亚国民银行报送了这一错误估值,没有直接发送给广大投资者,广大投资者是从澳大利亚国民银行的披露中才获知此项信息,因此法院不具有事项管辖权。② 最终,本案又被上诉至最高法院。

(二)交易标准的确定

这是最高法院首次处理证券法域外管辖问题③,首先,最高法院重申了

---

① In re Nat'l Australia Bank Sec. Litig., No. 03 CIV.6537 BSJ, 2006 WL 3844465, at * 8 (S.D.N.Y. Oct. 25, 2006)

② See Morrison v. Nat'l Australia Bank Ltd., 547 F.3d 167, 176-177 (2d Cir. 2008)

③ 莫里森案的另一重大变革,是最高法院澄清了确认域外管辖问题涉及规定性管辖权问题(legislative jurisdiction:所指控的行为是否在法规规定的范围内),而非一直以来认为的事项管辖权问题(subject matter jurisdiction:法院是否有权审理此案)。规定性管辖权和事项管辖权之间的区别很重要,但法院在裁决域外管辖案件时往往忽略了这一点。规定性管辖权问题是国际法和(转下注)

反域外适用推定原则(the presumption against extraterritoriality),①指出除非具有相反的明示意图,国会立法仅适用于美国辖区之内,这是解释美国成文法含义的基石。通过研究美国《1934年证券交易法》第10(b)条的措辞和历史,最高法院认为没有明确的迹象允许证券法域外管辖,因此反域外适用推定原则并没有被推翻,《1934年证券交易法》第10(b)条也并未延伸至域外。

不过,仅凭该结论还不能解决本案,原告又提出在美国国内适用《1934年证券交易法》第10(b)条,因为部分欺诈行为发生在美国域内(发生在佛罗里达州的资产评估)。而最高法院却认为不能仅仅因为涉及国内因素而推翻反域外适用推定,有必要判断第10(b)条的适用范围,即"第10(b)条禁止哪些行为"。对此,斯卡利亚大法官先对第二巡回法院所采取的行为—效果标准进行了批判,认为效果标准、行为标准及二者的组合,都没有任何坚实的基础,"措辞复杂又难以预测"②。随即,他引入了聚焦分析(focus test),③通过对《证券交易法》进行文本分析,认为该法的重点在于"交易",即在美国境内的证券购买和销售行为。因此,《证券交易法》第10(b)条的适用范围不是所有的欺诈行为,而是仅限于"美国证券交易所上市的证券交易行为以及其他证券在美国国内的交易行为"④。这就是所谓的"交易标准"(transactional test)。它彻底推翻了前40多年法院应用行为—效果标准来确认域外管辖权的一贯做法,成为证券法域外管辖历史上的一大转折。

乍看之下,交易标准似乎否定了域外管辖,实则却将部分域外管辖案件转化为了领土管辖。根据莫里森案,域外管辖分析分为两步,第一步,法院

(续上注)礼让问题,无论是作为平衡测试还是合理性问题,它涉及的是一国对其境内外活动主张权力的合法性。相比之下,事项管辖权侧重于法院是否拥有裁决争议的权力。与支持规范性管辖权的广泛国际原则不同,事项管辖权主要是基于立法机构的意图,表现为立法机构在特定领域授予管辖权的确切程度和性质。因此,某一特定领域的法规可能具有规定性管辖权,但如果立法机构没有赋予法院事项管辖权,该案就无法审理。本案中,原告诉称被告违反了《证券交易法》第10(b)条和第20(a)条,联邦法院就享有事项管辖权,但原告是否能通过《证券交易法》的域外适用而获得救济,是证券法的域外效力问题。

① Foley Bros., Inc. v. Filardo, 336 U.S. 281, 285 (1949).
② Morrison v. Nat'l Australia Bank Ltd., 561 U.S. 247, 281-82, 130 S. Ct. 2869, 2893-94, 177 L. Ed. 2d 535 (2010).
③ 关于聚焦分析的详述请见下文第三章。
④ Morrison v. Nat'l Australia Bank Ltd., 561 U.S. 247, 274, 130 S. Ct. 2869, 2888, 177 L. Ed. 2d 535 (2010).

必须确定相关法规是否明确允许域外适用;如果相关法规没有明确允许域外适用,则第二步需要法院通过聚焦分析决定案件是否符合相关法规的国内适用。当涉及法规重点的事实行为发生在域内时,则直接适用该法律且不需要考虑域外管辖的问题,反之,当涉及法规重点的事实行为发生在域外时,则不论领土联系有多少,案件都属于不被允许的域外管辖范畴。最明显的是,行为—效果标准允许的外国原告就其在外国证券交易所购买的证券涉及的欺诈,起诉外国被告的 F-cubed 类型案件,美国证券法将不再适用。[①] 这样看来,与同时扩展适用主客观领土原则的行为—效果标准相比,交易标准确实进行了限缩,它只承认与法规重点相关的领土延伸概念。具体来说,以莫里森案为例,法院考察的是效果的位置(外国投资者受欺诈影响后购买或销售证券的地点),而不是行为的位置(在美国和外国均发生了虚假陈述)。

二、对交易标准的评价

(一) 交易标准的合理性:明线标准

交易标准的设定背景是行为—效果标准的不可预测性愈发严重,引起了其他国家的不满。在这种背景下,交易标准的首要目的就是追求一定程度的确定性。对此,莫里森案试图通过两个方面达成这一目的。其一,莫里森案最先做的就是重申反对域外适用推定原则。在以往的历史中,美国法院面对法规的空白,并没有完全否决域外管辖。而是在探讨域外管辖并不违反国际法原则的基础上,积极地承担起识别国会意图的责任。通过创造方法确定何时以及在多大程度上能够主张域外管辖权,并将其作为反域外适用推定原则的例外条件存在。但随着适用上的不断扩张,域外管辖权逐渐产生了滥用的趋势。为了扭转这一趋势,莫里森案发挥了反域外适用推定原则的作用,澄清了国会没有打算将《1934 年证券交易法》第 10(b)条进行域外适用的"意思"。尽管有些人可能会争辩说,在短期内,这是非常低效的,或者可能纯粹为了法律的发展而牺牲了诸如莫里森案的外国原告等当事方的利益,但随着时间的推移,司法机构如果始终如一地、忠实地坚持反

[①] 石佳友.我国证券法的域外效力研究.法律科学,2014,32(5):132

对域外适用推定,将向国会发出明确的信息,指出法规中的部分内容需要更明确的说明。这将有助于避免"司法能动主义"(judicial activism)和"法官臆断造法"(judge-speculation-made law)。①

其二,通过把管辖范围限制在国内交易所或者其他证券的国内交易,交易标准以"明线规则"②为标志,规划了一道明确的域外管辖界限。与适用行为—效果标准时需要根据具体案件事实考察行为和效果的数量和质量不同,交易标准至少消除了这种不确定性和不可预测性。③ 确定域外管辖权不再依靠的是临时分析,这对于投资者,尤其是非美国投资者而言提供了清晰的指导。外国公司不需要担心在收购美国公司或是在美国筹集资金时会受到美国证券法的监管,即使他们的证券交易并不在美国。同时,这种确定性还可以间接降低与发行证券相关的成本,从而允许证券发行方以更好的价格向投资者出售证券。

此外,适用交易标准意味着法院只关注引起国内重大关切的行为,必然会大大减轻美国法院的负担。这一点不仅是出于节省美国国内执法和司法资源的考虑,同时也是出于限制外国采取报复性司法风险的考虑。特别是在这个全球化的时代,互联网使得任何行为和任何国家之间都有可能建立联系,即使这种联系非常脆弱。如果继续放任行为—效果标准的扩张,美国法律的实施将被视为一种法律帝国主义行为。④

(二) 交易标准的不确定性:对国内交易的理解存在分歧

可惜的是,以上交易标准的目标似乎失败了。现实的结果是提供的治愈方法(新的交易标准)并不比疾病(传统的行为—效果标准)好得多。⑤ 更

---

① Wu J. Morrison v. Dodd-Frank:Deciphering the Congressional Rebuttal to the Supreme Court's Ruling. University of Pennsylvania Journal of Business Law,2011,14(1):343

② See Rocks A. Whoops! The Imminent Reconciliation of U. S. Securities Laws with International Comity after Morrison v. National Australia Bank and the Drafting Error in the Dodd-Frank Act. Villanova Law Review,2011,56(1):186

③ Baquizal K. The Extraterritorial Reach of Section 10(B):Revisiting Morrison in Light of Dodd-Frank. Fordham International Law Journal,2011,34(6):1582

④ F. Hoffmann-LaRoche Ltd v Empagran SA,542 US 155,169 (2004)

⑤ Ventoruzzo M. Like Moths to a Flame? International Securities Litigation After Morrison:Correcting the Supreme Court's "Transactional Test". Virginia Journal of International Law,2012,52(2):437

准确地说,对于交易标准的解释方式,可能会表现出不亚于行为—效果标准中所诟病的模糊性:交易标准的表述与行为—效果标准一样脆弱,美国最高法院为了追求语言上的"简洁"未能定义某些关键术语,不仅未消除遗留的不确定性,反而使以前半稳定的状态陷入了混乱。①

按字面意思,交易标准可以细分成两个分支:"国内交易所上市的证券交易"和"其他证券在国内的交易"。首先从第一个分支入手,莫里森案后,很多法院都认为在外国证券交易所购买和出售证券是域外的而非国内,②但这并非没有争议。最值得注意的是,该措辞似乎表明如果证券是在美国和外国证券交易所交叉上市,那么即使实际交易是在外国交易所完成的,该交易也应被视为国内交易。这一点尤其在涉及美国存托凭证等类似股票衍生工具的案件中争议很大。美国存托凭证(ADRs)是可转让凭证,持有人可以获得该凭证所代表的外国股票的权利,但不享有外国股票的所有权。美国存托凭证允许美国投资者通过中介存托机构(如纽约梅隆银行、摩根大通银行和德意志银行)投资外国公司,以美元定价和交易,并以美元货币结算股息和其他资本收益。③ 这类工具很多情况都只满足上市条件,但实际是在其他国家进行的交易,所以在考察这种类型的证券是否符合交易标准时,可能会存在很多无法明确的问题。

在 United States v. Martoma 一案中,被告就曾经以美国存托凭证交易属于域外交易,不应受《1934 年证券交易法》第 10(b)条约束为由申请驳回起诉。然而法院拒绝支持这一辩解,并认为美国存托凭证属于证券类型,并在纽约证券交易所上市交易,因此满足交易标准中第一个分支的要求。在推理的过程中,法院并没有强调美国存托凭证所代表的证券是在哪里交易

---

① Reed A. But I'm an American! A Text-Based Rationale for Dismissing F-Squared Securities Fraud Claims After Morrison v. National Australia Bank. University of Pennsylvania Journal of Business Law,2012,14(2):528

② See, e.g., In re Vivendi Universal, S. A. Sec. Litig., 765 F. Supp. 2d 512, 531 (S. D. N. Y. 2011); Plumbers' Union Loc. No. 12 Pension Fund v. Swiss Reinsurance Co., 753 F. Supp. 2d 166, 178-79 (S. D. N. Y. 2010); Société Générale, 2010 WL 3910386, at * 5-6; In re Alstom SA Secs. Litig., 741 F. Supp. 2d 469, 471-72 (S. D. N. Y. 2010); Cornwell v. Credit Suisse Grp., 729 F. Supp. 2d 620, 625-26 (S. D. N. Y. 2010)

③ Chiappini V M. How American Are American Depositary Receipts? ADRs, Rule 10b-5 Suits, and Morrison v. National Australia Bank. Boston College Law Review,2011,52(5):1796

或购买的,而是认为即使该证券是在美国境外购买的,该证券也是在美国国内证券交易所上市,从严格依据交易标准的表述来看,确实满足交易标准第一个分支的要求。①

然而,其他法院却没有接受这种"上市理论"。在 In re Alstom Sa Securities Litigation 案件中,原告购买了一家法国能源公司的股票,该公司的股票在巴黎泛欧交易所和美国纽约证券交易所双重上市,原告是在巴黎泛欧交易所进行购买的。据此,原告辩称他们在海外购买的证券也在纽约证券交易所上市,这一事实足以符合交易标准,但地区法院认为这是"对莫里森案的选择性和过于文字化的解读,忽视了该决定的更大意义"②。为了避免过于僵化的理解,法院援引了莫里森案的几个部分,揭示了交易标准其实关注的是证券交易实际发生的地方,而不是购买活动直接指向的证券交易所。法院认为,这种更正是非常必要的,如果《1934年证券交易法》第10(b)条允许在任何交易所购买证券的原告在美国提起诉讼(只要在美国交叉上市),那么第10(b)条的域外适用范围将比在行为—效果标准下更加广泛。

无独有偶,在之后的 City of Pontiac Policemen's and Firemen's Retirement System v. UBS AG 案中,第二巡回上诉法院也拒绝从字面上解读这一语言。③ 在该案中,外国证券在纽约证券交易所交叉上市,但购买证券的地点在外国证券交易所。如果按照交易标准的措辞,管辖范围涉及国内证券交易所上市的证券,这就表明即使实际交易是在外国交易所上完成的,在美国和外国交易所交叉上市的证券交易也应被视为美国国内交易。然而,第二巡回上诉法院却认为,这样的案件不是莫里森案下的"国内交易",即使它确实涉及"在国内交易所上市的证券的交易"。法院进一步解释,认为交易标准强调的是在国内交易所上市的证券的"交易",包括的是任何形式的国内交易,关注的是所涉证券的实际购买地点,而不是它们的上市地点。

一些法院甚至走得更远,认为最高法院在交易标准中真正要表达的是

---

① United States v. Martoma, No. 12 CR 973 PGG, 2013 WL 6632676, at * 5 (S. D. N. Y. Dec. 17, 2013)
② In re Alstom SA Sec. Litig., 741 F. Supp. 2d 469, 472(S.D.N.Y. 2010)
③ City of Pontiac Policemen's and Firemen's Retiremeit System v. UBS AG, 752 F. 3d 173 (2d Cir. 2014)

在美国证券交易所"上市并交易"。在 In re Vivendi Universal. S. A. Sec. Litig. 一案中,Vivendi 公司的股票主要在法国证券交易所上市交易,同时,代表该股票的 ADR 在美国证券交易所上市,不过该股票仅根据美国《1934 年证券交易法》第 12(b)条进行了登记,未在美国证券交易所上市。原告辩称,向美国证券委员会登记证券就等于在美国证券交易所上市。然而,法院并没有支持这一辩解,其认为股票登记与股票在交易所上市是两个不同的性质,无法互换。① 紧接着,法院又进一步分析,认为即使普通股在国内交易所上市,这些股票也必须满足交易要件。其直接指出,也许莫里森案中斯卡利亚大法官只是犯了一个表述性错误,交易标准的真正意思应该是"在国内交易所上市并交易"。②

如上所述,由于莫里森案并没有澄清在什么情况下证券的"上市"是与国内相关,下级法院正在以不同的方式处理莫里森案引起的问题:某些情况下,法院会遵循对交易标准的字面理解,而在另外一些情况下,法院则会依赖交易标准背后的意图。就目前而言,至少在涉及非常规证券时,证券仅仅在国内交易所上市是不够的,还必须求交易也在该国内交易所进行。毕竟美国最高法院将《1934 年证券交易法》的焦点定位在证券交易上,因此最重要的因素应该是交易完成的地方,而不是公司为了履行要求进行上市或登记的地方。然而,这种要求国内交易所上市并交易的观点也并非完全没有问题。如果将交易标准的两个分支作为一个整体考虑,既然最终二者都需要国内交易,那为什么法院需要确定两个不同的方面?在上市并交易的前提下,满足第一个分支就自然也满足第二个分支,此时第二个分支的要求就显得多余。这样看来,"上市理论"和"上市并交易理论"似乎都无法令人绝对信服,下级法院在选择过程中产生矛盾似乎是必然的。

此外,关于证券交易所的其他潜在问题可能仍然存在,只是尚未在现实中发生纠纷。最值得注意的是,目前尚不清楚当国内证券交易所通过合并、收购、合资或是其他方式与外国证券交易所建立联系的情况下,法院将如何

---

① In re Vivendi Universal, S. A. Sec. Litig., 765 F. Supp. 2d 512, 529 (S.D.N.Y. 2011)
② 同上。

定义"国内交易所"。这不仅仅是一种理论上的设想,早在2011年,纽约泛欧交易所就已经与德意志证券交易所达成合并意向。当面对此类交易所时,如何确定交易所位置的方式可能有以下两种:一是,通过交易所公司总部的所在地,不过这种方式可能会将部分国际企业集团进行的交易视为超出美国《1934年证券交易法》第10(b)条的范围;二是,考虑具体执行交易的某个特定子公司或其他主体,但鉴于许多证券交易的电子性质,这可能需要对交易所执行系统进行逐案评估。

另一方面,如果交易不是在交易所进行的,那么交易标准就会启动第二个分支——"其他证券在国内的交易"。如果说第一个分支尚且能够一致地(尽管可能是任意地)适用,那关于第二个分支的应用则被证明更为糟糕。它主要涉及的是非常规证券的场外交易,如基于证券的掉期协议等,交易不仅更加分散,并且形式更加复杂,对于这种复杂金融工具怎样才能构成国内的购买和出售,交易标准并没有任何指导。①

与证券交易所交易不同的是,在认定场外交易中购买或销售发生的位置之前,首先需要回答一个额外的问题——交易何时完成。对于这一点,美国法院采取了不同的方法,其中主导型的做法是寻找"不可撤销责任"(irrevocable liability)发生的时刻。它最早是由纽约南区法院在 Plumbers' Union Local No. 12 Pension Fund v. Swiss Reinsurance Co. 一案中提出,②随后得到了第二巡回法院的确认。在 Absolute Activist Value Master Fund Ltd. v. Ficeto 案中,第二巡回法院首次对上述问题进行了讨论。尽管本案不涉及非常规证券,但法院在审理中的权衡因素揭示了将交易标准应用于复杂金融工具方面的一些问题。

在该案中,原告是九家位于开曼群岛的对冲基金,它们代表包括美国在内的全球投资者投资于各种类型的资产。其指控担任基金投资经理的 Absolute Capital Managing Holdings Ltd. 和一家美国经纪交易商的负责人存在欺诈行为,导致投资者的资金遭受巨大损失。鉴于原告购买了未在国

---

① Beyea G. Morrison v. National Australia Bank and the Future of Extraterritorial Application of the U. S. Securities Laws. Ohio State Law Journal,2011,72(3):569
② Plumbers' Union Local No. 12 Pension Fund v. Swiss Reinsurance Co. ,753 F. Supp. 2d 166,177 (S. D. N. Y. 2010)

内交易所交易的公司股票,因此法院首先指出交易标准第一个分支不适用于本案事实。于是,本案的争议点就变为本案中的交易是否符合交易标准第二个分支中的国内交易。首先,法院仔细审查了"购买"和"出售"的法定和一般定义。法院援引了合同法以及曾经的案例,①认为"购买"和"销售"发生在买方和卖方有义务完成交易时或者当事人获得不可撤销的责任时。此外,出售在其通常定义中被视为"以一定的价格转让财产或所有权"。根据这些原则,法院最终得出结论,不可撤销责任点或所有权转让点可用于确定证券购买或出售的地点,进而证明国内交易是否存在。② 换言之,当事人在美国获得不可撤销责任或转让所有权的情况才属于交易标准第二个分支的国内交易。值得注意的是,为了证明这些非交易所交易属于交易标准下的国内交易,原告声称他们的交易是通过一家在美国证券交易委员会注册的经纪交易商进行的;并且对冲基金在美国大量销售,才导致美国投资者受损;标的证券是由美国公司发行,并在 SEC 注册。对此,法院进行了反驳,认为经纪交易商的所在地只能作为相关因素,而不能作为决定因素进行考虑,并且,法院也否认标的证券的国内"身份"对购买和销售的地点有影响,毕竟根据交易标准的措辞,"国内"一词是被用作"交易"的修饰语,而不是"证券"。③

随后,当再次面临场外交易案件中的类似问题时,其他法院也陆续采用"不可撤销责任"标准以确定案件事实是否符合交易标准第二个分支中的国内交易要求。④ 然而,"不可撤销责任"标准本身也存在无法明确的地方。根据第二巡回上诉法院的说法,不可撤销的责任发生在"交易各方相互承诺的时候",即"各方达成意思一致,标志着当事方有义务履行他们同意履行的义务,即使形式上履行时间不是现在。法院面临的问题是,现代证券交易往往不是在同一时间和地点完成的。鉴于投资的全球性和在线交易的普遍性,

---

① Radiation Dynamics, Inc. v. Goldmuntz, 464 F.2d 876 (2d Cir. 1972).
② Absolute Activist Value Master Fund Ltd. v. Ficeto, 677 F.3d 60, 68 (2d Cir. 2012).
③ Absolute Activist Value Master Fund Ltd. v. Ficeto, 677 F.3d 60, 68 (2d Cir. 2012).
④ See, e.g., U.S. v. Georgiou, 777 F.3d 125, 135 (3d Cir. 2015); SEC v. Levine, 462 Fed. App'x. 717, 719 (9th Cir. 2011); Quail Cruises Ship Mgmt. v. Agencia de Viagens, 645 F.3d 1307 (11th Cir. 2011); U.S. v. Isaacson, 752 F.3d 1291, 1299 (11th Cir. 2014).

出售成为不可撤销的时间和地点可能难以确定。事实上,目前大多数的交易情况都是双方位于不同的城市不同的国家,彼此通过电子文档进行交流。在此现实下,调查不可撤销责任可能需要对交易的进行及其基本文件进行详细审查,这就需要像适用行为—效果标准一样深入研究事实,包括合同的订立、采购订单的下达、金钱往来、所有权转移等大量事实。在许多此类案件中,法院深入研究了投资合同的条款,以确定不可撤销责任的点,但是却产生了不一致的结果。例如,许多合同指定交易的完成受制于成交的必要条件,类似政府当局的批准或交易平台、存托机构的清算等。在审查这些合同时,关于双方何时何地受约束这个问题,有的法院会拒绝考虑任何一方都无法控制的情况,有的法院则选择忽略或适当忽略当事人的控制条件。法院正在努力解决以下问题:当责任认定为不可撤销的时间不一致时,合同双方应该怎么办？事实上,法院在完成交易所需的一系列跨国虚拟事件中确定一个特定的行动,作为当事人责任变得不可撤销的时刻,往往是一个谜。

例如,在 Cascade Fund, LLP v. Absolute Capital Mgmt. Holdings, Ltd. 一案中,总部位于开曼群岛的投资基金公司面向美国投资者进行了招揽投资。随后,原告将认购协议寄往开曼群岛,并通过纽约和欧洲银行电汇的方式进行了几项投资。法院在审查何时发生不可撤销责任时,重点研究了本案中的认购协议,并援引了其中一项条款作为驳回起诉的决定性因素。该条款允许被告以任何理由拒绝该协议,据此,法院认为该交易直至被告接受前都不能算作完成交易。①

相比之下,In re Optimal U. S. Litigation 案虽然有着同 Cascade Fund 案中极为相似的事实条件,法院却依据细小的差别得出了不同的结论。该案中,潜在基金购买者需将填妥的认购表格邮寄或传真给爱尔兰的一家基金管理公司,并且表格中明确规定爱尔兰基金管理公司"在款项结清之前,保留接受此项认购的权利"。② 对此,法院承认投资认购确实在爱尔兰才最终被接受,但根据合同单据对购买地点的标示(纽约州),法院认为仍然可以

---

① Cascade Fund, LLP v. Absolute Capital Mgmt. Holdings Ltd., No. 08-CV-01381-MSK-CBS, 2011 WL 1211511, at * 22 (D. Colo. Mar. 31, 2011).

② See In re Optimal U. S. Litig., No. 10 Civ. 4095, 2011 U. S. Dist. LEXIS 46745, at * 47 (S. D. N. Y. May 2, 2011).

算作在美国国内完成交易。

如果这还不够复杂,当案件涉及非常规证券且不发生所有权转移时,应用不可撤销责任标准则面临根本困难。在有关证券掉期协议("SBS")、差价合约("CFD")和股票挂钩票据等投资的一类案件中,交易查询变得更为复杂,因为人们可以专注于衍生品交易,也可以"浏览"该衍生品及其所引用的证券。此时,仅仅关注与所有权转移或发生不可撤销责任时刻有关的技术问题显然是不足够的。

在 Parkcentral Global Hub Ltd. v. Porsche Automobile Holdings SE 案中,超过30家国际对冲基金持有涉及大众汽车股票的掉期合约。与此同时,德国保时捷公司在德国发表公开声明,表示它没有任何意图收购大众汽车公司。然而,在接下来的两年里,保时捷公司却秘密地操纵了一系列证券交易,以获得大众汽车公司的控股权。之后,保时捷公司的计划被揭露,大众汽车公司的股价随之迅速暴涨,保时捷公司因此获得了巨额收益,但持有掉期合约的各方却因此受到了巨大的损失。最终,持有掉期合约的美国各方以保时捷公司关于其不打算收购大众汽车公司的公开声明具有欺诈性为由提起诉讼。

本案中,掉期合约中的标的股票仅在国外证券交易所上市交易,保时捷公司被指控的欺诈性公开声明也是在外国作出,并且它也不是掉期合约的当事人。掉期合约的当事人并不享有标的股票的所有权,掉期合约发生在美国,从而引发了关于国内交易的讨论。具体而言,鉴于大众汽车公司的股票仅在国外证券交易所交易,所以本案的争议点就在于掉期合约交易是否符合交易标准第二个分支中未在交易所上市的证券的国内交易。

在纽约南区法院审理中,法院首先承认掉期合约构成《1934年证券交易法》中的"证券",接着,法院对国内交易进行了分析。对此,法院放弃了不可撤销责任标准,转而将重点放在了"经济现实"(economic reality)上。[①] 法院认为,由于掉期合约的经济价值与标的证券的价值存在着内在联系,因此,

---

① 这种做法借鉴了最高法院在确定衍生工具是否属于联邦证券法规的规制对象时所采用的"经济现实"方法。该方法允许美国证券交易委员会和法院着眼于交易的经济性,以更加灵活的方式判断衍生工具的性质,以确保不会有人通过创造新的工具来逃避证券法律规制。See Reves v. Ernst & Young, 494 U. S. 56, 63 n. 2 (1990).

在决定掉期合约是否能援引《1934 年证券交易法》第 10(b)条的保护时,标的证券的性质必须发挥一定的作用。① 于是,法院将对掉期合约交易地点的关注转移到了掉期合约中标的证券的交易地点,而本案中,标的证券是在国外证券交易所和国外证券市场交易的,因此,法院最终驳回了本案,并表示这样做避免了因掉期合约中的一方位于美国而导致美国证券法扩张适用的情况,符合莫里森案限制域外管辖的目的。

随后,第二巡回上诉法院审查了地区法院的裁决,尽管其得出了相同的结论,但采取的既不是不可撤销责任标准或所有权转移标准,也不是经济现实方法,而是着眼于莫里森交易标准背后的政策原因。在分析的最开始,法院首先明确的是莫里森案中最高法院制定的规则与立法机关制定的规则是有区别的,前者通常是一种追溯性行为,并非能够管理所有未来的问题,各法院仍然需要根据眼前的案件作出决定,这是本案中法院进行个案分析的前提。随后,法院并没有直接探讨本案中的掉期合约交易是否属于国内交易这个问题,而是以一个新问题展开分析:根据莫里森案,证券的国内交易事实是否足以保证适用《1934 年证券交易法》第 10(b)条(充分条件),还是仅仅是确立该条适用范围的必要条件?② 法院指出,如果存在国内交易就足够了,那么国内和国外任何地方的证券欺诈行为都可能适用于《1934 年证券交易法》第 10(b)条。本案就是一个典型的例子,即使保时捷公司不是掉期合约中的一方,其虚假陈述行为发生在德国,并且标的证券仅在国外证券交易所上市,但仅凭掉期合约交易发生在美国这一事实,保时捷公司仍然可能受美国证券法的约束并承担责任。这显然是值得怀疑的,因此,法院得出结论,国内交易只是确定《1934 年证券交易法》第 10(b)条是否适用的必要条件,而不是充分条件。

为了支持其结论,法院通过以下两点进行论证:其一,从文字表述来看,交易标准并没有明确表示,仅凭存在国内交易这一点就足以推翻反域外适用推定原则,从而适用《1934 年证券交易法》第 10(b)条。通过交易标准能

---

① Elliot Assocs., L.P. v. Porsche Automobil Holding SE, 759 F. Supp. 2d 469, 476 (S. D. N. Y. 2010)

② Parkcentral Glob. Hub Ltd. v. Porsche Auto. Holdings SE, 763 F. 3d 198, 214 (2d Cir. 2014)

够确认的是,《1934年证券交易法》第10(b)条仅适用于国内交易,但这并不等于《1934年证券交易法》第10(b)条适用于所有国内交易。其二,从政策背景来看,莫里森案的主要关注点是防止美国与其他国家之间发生冲突。如果仅因为存在国内交易,就允许法院将法规适用于完全受国外监管的行为,并且外国被告甚至可能对该国内交易毫不知情,这种做法显然将严重破坏莫里森案关于第10(b)条不具有域外适用性的坚持,并产生国家之间的冲突。

考虑到这些因素,法院扩大了国内交易分析的范围,其认为,在主要是国外交易的情况下,它不需要应用不可撤销责任标准来确定本案中是否存在国内交易,因为无论如何,国内交易只是此类案件中适用交易标准的必要因素,进而很可能会被其他相关事实所抵消。换言之,法院的结论是,即使证券交易符合不可撤销责任标准下的国内交易,但如果交易主要发生在国外,法院也不能直接适用交易标准进行管辖。这种将国外交易作为一个前提去考虑的方法,目的就是为了保证在发生跨国交易时,《1934年证券交易法》第10(b)条不会被贸然赋予域外效力,从而违反国会意图。

从上述判决内容可以发现,尽管法院声称在Parkcentral案中进行的推理是对莫里森案的解释,但实际上它是在创建一个全新的方法,即允许采用灵活的方法来确定《1934年证券交易法》对涉及域外因素的非常规证券的适用性。① 诚然,这种方法确实符合莫里森案中避免冲突的政策背景,然而问题是,法院并没有赋予该方法以普适性的定义和标准,这就意味着最高法院曾经批判的不可预测性再次"回归"了。对于非常规证券而言,交易标准不再是一个明线标准,其更多地起到一个最低阈值的作用,即在满足交易标准的前提下还需要法院对案件事实进行个别评估。

值得注意的是,第二巡回法院没有回应一审法院所提出的经济现实方法的问题。对此,有学者进行了评价,认为经济现实方法并不符合交易标准的内核,因为经济现实方法关注的是交易的经济影响,而交易标准关注的是交易地点,二者存在明显的矛盾。② 并且,就本案中的掉期合约而言,证券法

---

① 就目前而言,其他法院尚未将Parkcentral案中采取的方法扩展至非常规证券之外。
② See McCartin T J. A Derivative in Need: Rescuing U. S. Security-Based Swaps from the Race to the Bottom. Brooklyn Law Review,2015,81(1):382

并没有要求必须进行登记和注册,这就导致标的证券的发行人通常无法确定现有的掉期合约数量,更不用说确定掉期合约交易的地点。外国发行人既没有参与,也可能完全不知道在他国国内发生了掉期合约交易,如果允许通过经济现实标准将此类情况纳入美国法院管辖,将违背莫里森案的初衷。有鉴于此,目前只有少数法院采纳了经济现实方法,至于该方法在未来能发挥怎样的作用尚有待观察。

综上所述,交易标准的两个分支均不能实现明线和稳定的应用。从理性的证券司法解决或传统的主权监管利益分配的角度来看,它产生的结果可能是武断的。

第二章
我国证券法域外管辖的适用基础

在对证券法现有域外管辖权标准进行梳理后,我们会发现,现有标准各有优劣,无法一概而论。每个标准的产生都有其深刻的历史原因和合理性,但这并不等于我国应该照搬所有的标准。域外管辖权标准的构建首先必须契合适用标准的部门法本身,这就需要在特定的法律框架下对其域外管辖的适用基础进行研究。具体而言,我们需要站在证券法的立场下,分别从证券法域外管辖的内在需求和国际可接受性两个角度去识别二者对于域外管辖权范围划定了怎样的边界,并在此基础上形成对标准构建的指导。

第一节 证券法域外管辖的内在需求

在确定证券法域外管辖权范围之前,我们必须退后一步,询问域外管辖制度应该寻求实现什么目标,即一国出于何种内在目的才会考虑将其证券法的管辖范围延伸至域外。对此,域外管辖制度作为证券法中的规范,其目的不仅需要符合证券法的目的,也不能对证券法的目的施加过度限制或否认。① 所以,下文将在证券法目的的框架里探讨域外管辖的目的。

尽管表述不同,但各国证券法的主要目的都是围绕投资者保护和维护国家证券市场的完整性这两个方面。例如,我国《证券法》第1条就规定,"为了规范证券发行和交易行为,保护投资者的合法权益,维护社会经济秩序和社会公共利益,促进社会主义市场经济的发展,制定本法"。再比如,美国《1933年证券法》及《1934年证券交易法》规定美国证券监管的主要政策是保护投资者和维护国家证券市场的完整性。② 不过,保护投资者和维护市场毕竟是一个总括性的概念,仅仅分析到这一层面远不足以解决域外管辖权的范围,我们还需要更深入地了解它们二者的边界——证券法可以为保护投资者和维护市场延伸至什么程度?进言之,难道只要是为了保护投资者和维护市场,国家就可以行使域外管辖权吗?这就需要细细从两种政策的本质中寻找答案。

一、保护投资者的需要

(一)关于投资者保护的疑问

投资者保护在我国证券监管目标中的核心地位,从对证券法本身的梳理中便可窥见。以我国为例,我国于2019年底新修订了《证券法》,本次修订最大的亮点莫过于在《证券法》中增设了"投资者保护"专章,以集中立法的方式全面完善投资者保护制度。此外,新《证券法》中"投资者"一词出现的次数为84次,远高于修订前证券法中的28次,也充分体现了我国对投资者保护的重视。然而,"投资者保护"的概念虽然经常被引用,却很少被直接定义,似乎当使用"投资者保护"一词进行讨论的时候,人们就已经对这一词汇达成共识。事实上,这种共识也只是一个抽象的概念,投资者保护在不同背景下究竟意味着什么仍不明确。例如,当我们确定投资者身份后,最先询问的就是投资者需要从什么人或从哪里获得保护,以及如何提供这种保护?其次,投资者保护旨在保护投资者免受哪方面的伤害,是在寻求信息或谈判

---

① Choi S J, Guzman A T. National Laws and International Money: Securities Regulation in a Global Capital Market. Fordham Law Review, 1997, 65(5): 1857
② See Securities Act of 1933 § 2(b), 15 U.S.C. § 77b(b); Securities Exchange Act of 1934 § 3(f), 15 U.S.C. § 78c(f).

条款方面缺乏筹码还是被不良行为者欺骗从而被人为影响?① 最后,更深入地思考,当两个投资者之间的利益发生冲突时,或者当保护投资者的私人利益和维护市场的公共利益之间发生冲突时,又该适用哪些规则? 此外,不能忽视的是,不同类型的投资者在不同情况下可能需要不同的保障。

(二) 投资者保护理论与投资者多样性的冲突

传统上,投资者保护是建立在"理性投资者"假设之中。② 但是,"理性投资者"或"一般理性人标准"充其量只是一个模糊的概念,③在行政和司法意见中也只是概括性地引用,并没有明确其定义以及判断的标准。④ 为了明确"理性人"的含义,学者们尝试从性别、情绪、经验、专业知识等各个方面去定义理性投资者的特征。⑤ 尽管以上思考不尽相同,但都为证券监管提供了一个很有影响力的范式:理性(reasonable)投资者就是理性(rational)行为者。其最明显的特征就是,理性投资者在做出投资决策之前,能够阅读和理解市场上的所有噪音和信号,包括正式披露、经济数据、市场走向、毫无意义的投机和不负责任的谣言。⑥ 在这样的前提下,只要能够获得必要的信息,理性

---

① Guttentag M D. Protection From What? Investor Protection and the JOBS Act. U. C. Davis Business Law Journal,2013,13(2):208-209

② Hoffman D A. The "Duty" to Be a Rational Shareholder. Minnesota Law Review,2006,90(3):527-540;Sachs M V. Materiality and Social Change:The Case for Replacing "the Reasonable Investor" with "the Least Sophisticated Investor" in Inefficient Markets. Tulane Law Review,2007,81(2):475;Langevoort D C. Selling Hope, Selling Risk:Some Lessons for Law from Behavioral Economics About Stockbrokers and Sophisticated Customers. California Law Review,1996,84(3):699

③ Heminway J M. Female Investors and Securities Fraud:Is the Reasonable Investor a Woman?, William and Mary Journal of Women and the Law,2009,15(2):293-294;Padfield S J. Is Puffery Material to Investors? Maybe We Should Ask Them. University of Pennsylvania Journal of Business and Employment Law,2008,10(2):365

④ 如在严志远、广发银行股份有限公司宁波宁海支行金融委托理财合同纠纷((2019)浙02民终3916号)等案中,法院仅表述原告应具有一般理性投资人经验;广东广州越秀法院判决陈某诉某银行委托理财合同纠纷((2019)粤0104民初4973号)等案中认为法院在审理适当性案件时应"综合理性人能够理解的客观标准和金融消费者能够理解的主观标准来确定卖方机构是否已经履行了告知说明义务",但未具体说明理性人标准。

⑤ Huang P H. Moody Investing and the Supreme Court:Rethinking the Materiality of Information and the Reasonableness of Investor. Supreme Court Economic Review,2005,13(1):109; Black B,Gross J I. Making It Up as They Go Along:The Role of Law in Securities Arbitration. Cardozo Law Review,2002,23(3):1037

⑥ Lin T C W. A Behavioral Framework for Securities Risk. Seattle University Law Review, 2012,34(2):336-349

投资者就能正确评估某项投资中的风险和收益。因此,当前为理性投资者设计的监管体系旨在为投资者提供必要的投资信息和工具,以便投资者可以保护自己免受不良影响。① 从这一点看,作为克服信息不对称的最直接手段,强制披露制度正好贴合了该理念,于是逐渐成为证券法的主要指导政策。以我国为例,新证券法的核心变化之一就是对于信息披露的修改,不仅将信息披露义务人的范围进行了扩大,还丰富了信息披露的内容,重点是投资决策所必要的信息。可以预见的是,标准化的强制性披露规则大幅度降低投资者收集、验证和分析信息的成本,②有助于投资者更好地对市场价格作出判断,作出科学决策。

然而,越来越多的行为经济学家们却开始质疑理性行为假设的神圣性,并引入了一种新的范式,即非理性投资者。③ 他们认为,理性投资者是以经济人假设为前提,这种以最大化市场回报为目标的个体更多地植根于经济学理论而不是现实。真正的投资者虽然不至于像个孩子般天真,但确实并非完全理性。首先,真实投资者在进行投资之前往往缺乏理解和处理综合信息的时间、意愿和能力,④他们甚至都不具备基本的金融知识。⑤ 在面对复杂的任务时,他们会倾向于通过启发式或捷径作出决策以节省认知努力,因为在他们看来重要的是"完成"而不是"优化"。⑥ 其次,真实投资者还容易受到情绪、偏见和不相关的刺激影响,从而导致过度交易和次优投资决策。⑦ 例如,真实投资者通常具有不健康的"信心过剩"、"损失厌恶"和"盲目

---

① Black B S. The Legal and Institutional Preconditions for Strong Securities Markets. UCLA Law Review, 2001, 48(4): 783

② Coffee J C. Market Failure and the Economic Case for a Mandatory Disclosure System. Virginia Law Review, 1984, 70(4): 733-734

③ Posner R A. Rational Choice, Behavioral Economics, and the Law. Stanford Law Review, 1998, 50(5): 1553; Langevoort D C. Taming the Animal Spirits of the Stock Markets: A Behavioral Approach to Securities Regulation. Northwestern University Law Review, 2002, 97(1): 139

④ Langevoort D C. Taming the Animal Spirits of the Stock Markets: A Behavioral Approach to Securities Regulation. Northwestern University Law Review, 2002, 97(1): 135

⑤ Fata N. Extreme Departure: Not So Extreme in the Public Offering Context. Seton Hall Law Review, 2019, 49(4): 945

⑥ Simon H A. Models of Bounded Rationality: Economic Analysis and Public Policy. Cambridge Massachusetts: The MIT Press, 1984: 12

⑦ See Lin T C W. A Behavioral Framework for Securities Risk. Seattle University Law Review, 2012, 34(2): 340-344

从众"等危险心态,①大大削弱了他们做出最佳投资决策的能力。最后,很多情况下,有的投资者甚至并不知道自己真正想要的是什么,他们或许是被广告、推销等商业手段劝诱,②或许是当场构建自己的偏好。这就表示投资者的行为往往无法用理性来解释,它有可能取决于信息呈现的方式,抑或是决策环境的性质,甚至是投资者所处的人生阶段。糟糕的是,以上所有的行为偏差并非孤立的怪癖,而是一致的、根深蒂固的、系统的行为,是无法克服也无法被彻底纠正的。③ 总而言之,真实的个人投资者是复杂的,是多变的,最重要的是充满缺陷的。

因此,对于真实市场的多元化投资者来说,证券监管中的投资者保护是很难准确衡量的,容易陷入过宽或过严的质疑中。④ 在理性投资者和有效资本市场假设中,每个人都可以依靠平等的机会和自身的能力来实现正回报,此时可以很容易实现公平的投资者保护水平。然而,现实世界中的投资者却是参差不齐的,他们不仅需要不同类型的保护,甚至于他们的利益可能还会处于直接的冲突之中。⑤ 基于此,我们不禁反思如果仅以投资者保护为由进行司法介入,除却明显的侵害投资者行为,有时执法的标准可能无法固定。在这样的前提下,下文将转向证券市场角度看待证券司法介入的动机。

二、维护市场完整性的需要

(一) 关于维护市场完整性的疑问

与投资者保护一样,维护市场完整性作为证券监管的核心目标之一,也存在一个大致的概念轮廓,然而当其成为一种规范性的术语时,这样的概念

---

① Shiller R J. Measuring Bubble Expectations and Investor Confidence. Journal of Psychology & Financial Markets, 2000, 1(1): 50-52; Hoffman D A. The "Duty" to Be A Rational Shareholder, Minnesota Law Review, 2006, 90(3): 553-554; Hirshleifer D, Teoh S H. Herd Behaviour and Cascading in Capital Markets: A Review and Synthesis. European Financial Management, 2003, 9(1): 44-52

② 陈洁. 投资者到金融消费者的角色嬗变. 法学研究, 2011, 33(5): 89

③ Choi S J, Pritchard A C. Behavioral Economics and the Sec. Stanford Law Review, 2003, 56(1): 2; Gilson R J, Kraakman R. The Mechanisms of Market Efficiency Twenty Years Later: The Hindsight Bias. The Journal of Corporation Law, 2003, 28(4): 723

④ Lin T C W. Reasonable Investor(s). Boston University Law Review, 2015, 95(2): 469

⑤ Anabtawi I. Some Skepticism About Increasing Shareholder Power. UCLA Law Review, 2006, 53(3): 570

就显得过于模糊,缺乏原则性的内容。那么,维护(保护、促进等)市场的完整性究竟意味着什么?显然,这个问题是建立在"市场完整性"这一基本概念的基础上。如果市场活动持续很长一段时间,我们是否可以得出结论,即市场具有完整性?或者,只有当一个市场是有效的、有竞争力的或没有欺诈的(至少基本上没有欺诈),我们才可以将其定性为具有完整性?可随之而来的问题是,怎样才能判断一个市场是有效的、有竞争力的或没有欺诈的?某些明显具有欺诈特征的市场活动尚且能够被识别,但对于那些虽不构成欺诈但也会对证券市场产生不良影响的活动,如通过自身优势获取和使用重要的非公开信息,又将如何判断?如果无法确定市场完整性的内容,那我们又该如何衡量或评估司法机构在实现这些目标方面的举措?是要求司法机构努力消除市场操纵和内幕交易等所有不良交易行为?还是要求司法机构走得更远,例如确保公司信息的透明度、价格信息的透明度和市场准入的平等性?

(二) 市场完整性理论

《牛津词典》对"完整性(integrity)"有多种解释:(1)不存在部分、元素被拿走或缺失的情况;未分割状态;完全性;(2)条件未被破坏或者违反;未受损伤的或未腐败的状态;初始完美状态;健全(3)(a)没有道德败坏;清白的;无罪的;(b)道德准则健全;高尚的品格;正直、诚实、真诚。[1] 可以看出,以上含义不仅是对一种状态的描述,还可以是对个人道德品行的评估。而当证券监管机构使用"完整性"概念时,必然是限制在构成证券市场可实现的特征的背景下,因此,在这种情况下,"完整性"仅限于确保市场"不受损害""不腐败"和"健全"。

不过,即使以这种方式语境化,"完整性"的概念依然存在不明确的地方,需要进一步分析。常见的"完整性"定义来源于金融学科,彼时所谓的市场完整性概念相对狭隘,例如,有学者认为完整性市场指代的是"一个信息平等的市场或者是一个没有内幕交易和市场操纵的市场"[2];也有学者认为"当股票价格完全反映市场信息时,就存在完整性"[3]。事实上,前者和后者

---

[1] Integrity, Oxford English Dictionary (11th ed. 2022)
[2] Comerton-Forde C, Rydge J. Market Integrity and Surveillance Effort. Journal of Financial Services Research, 2006, 29(2): 149
[3] Margotta D. Market Integrity, Market Efficiency, Market Accuracy. Business Review, Cambridge, 2011, 17(2): 14

虽然角度不同,但都反映了一个问题,即完整性的定义与价格和价值有关。对于金融学者来说,资本资产定价模型(CAPM)和有效资本市场假说(ECMH)的影响导致了一种预测,即"在信息有效市场上,价格将尽可能反映资产的基本价值"①。如果价格反映了资产的基本价值,这将导致最有效的资本配置,因为投资者为证券支付的费用不会超过它们的内在价值。因此,维护市场完整性似乎就意味着消除可能干扰价格反映资产基本价值这一基础的做法。

以上是从金融学的角度探讨完整性的含义,那么维护价格反映价值这一点对于法律而言又意味着什么?在经典的 Basic Inc. v. Levinson 案②中,法院详细讨论了市场完整性概念。针对质疑"投资者依赖于市场完整性假设"的观点,法院作出了回答。在这一过程中,其认为有效市场假说的描述性和规范性基础密切相关。首先,法院承认了有效市场假说确实存在问题,但同时也认为这一假说在推定投资者依赖上具有合理性。在此观点下,市场不仅包含证券的公开信息,而且通常是正确的(至少没有严重扭曲)。③ 只有在这种关于有效市场运作的常规描述性主张下,投资者依赖市场价格的规范理由才会更强。因为如果一只股票所在的市场从根本上是有效的,投资者是可以合理期望该股票的价格在很大程度上反映了它的价值。在这种情况下投资者进行的交易,就不是简单地下注,而是购买了自认为符合价值的东西。而证券价格被人为扭曲的行为正是破坏了这一假设,所以投资者在受到损失时才有合理的理由进行索赔。

从这个角度而言,证券法维护证券市场的完整性本质上是在通过推定的权利来保护投资者的这种依赖。试想如果投资者群体对市场完整性产生了质疑,即认为市场价格是不准确的或是市场信息是完全不对称的,那么他们势必会调整自己的行为,直至退出市场。因此,司法机构有必要对影响有

---

① Avgouleas E. The Mechanics and Regulation of Market Abuse: A Legal and Economic Analysis. New York: Oxford University Press, 2005: 53

② Basic Inc. v. Levinson, 485 U.S. 224, 239-241, 108 S. Ct. 978, 980, 99 L. Ed. 2d 194 (1988)

③ Gilson R J, Kraakman R. Market Efficiency After the Financial Crisis: It's Still A Matter of Information Costs. Virginia Law Review, 2014, 100(2): 314

效市场假设的行为进行干预。这里与单纯的投资者保护不同,维护市场完整性并不是以个人投资者为目标,它涉及的是整个投资者群体对于市场的信任度。可以肯定的是,并非所有影响有效市场假设的行为都会破坏投资者对市场的信赖,毕竟相信上市公司内部控制和证券监管能够阻止所有不良行为是不现实的,但是至少司法机构必须能够防止重大的欺诈行为或市场操纵行为。

三、证券法域外管辖需要平衡私人利益与公共利益

通过对投资者保护与市场完整性的讨论,我们可以明显的看出,前者更侧重于私人利益,而后者则侧重于公共利益。大多数情况下,二者的关系是协调一致的,但也可能存在冲突。[1] 这是因为,投资者保护具有多样性,而只要有投资者从司法途径中获益,我们就可以得出结论,证券法保护了该投资者的利益。但如果需要确定司法介入是否符合公共利益时,就意味着需要考虑与公共相关的因素,此时公共利益就可能会缩小投资者保护的含义。这一点在域外管辖案件中可能需要尤为关注,即境外证券违法行为可能在损害境内投资者利益的同时,并未达到扰乱境内市场秩序的程度。前几年备受热议的瑞幸咖啡案就在一定程度上反映了这个问题。2020年4月,在美国上市并在开曼群岛注册的瑞幸咖啡,向美国证监会自暴其财务造假,引发重大丑闻。国内有部分投资者也参与了其上市前融资、IPO募资以及后续增发,并遭受了损失。但是,无论是从境内关联企业的财务状况和业务状况来看,[2]还是从银保监会的声明来看,[3]本次事件对于证券市场秩序以及以

---

[1] 参见[西]戈西马丁·阿尔弗雷泽著;刘轶,卢青译.跨境上市:国际资本市场的法律问题.北京:法律出版社,2010:73

[2] 本次事件爆发以后,全国中小企业股份转让系统还特别向在其平台挂牌的瑞幸关联企业神州优车公司出具了问询函,要求该公司就其与瑞幸其他关联企业之间的收购交易、债务担保、债务偿还计划、公司与瑞幸的股权关系,以及瑞幸事件对公司业务的具体影响作出说明。参见《关于对神州优车股份有限公司的二次问询函》,https://www.neeq.com.cn/uploads/1/file/public/202004/20200410195427_r50t24mwlq.pdf,最后访问时间:2024年5月20日。

[3] 银保监会对瑞幸咖啡在国内银行发生的贷款风险和在国内保险机构购买的董事高管责任保险的赔付可能性进行了评估,指出瑞幸在境内银行系统的授信额度和贷款余额较小,不会对境内银行造成重大风险,而董事高管责任保险的理赔因案情复杂存在着不确定性,并表示将积极配合主管部门依法严厉惩处造假行为。参见《银保监会国新办新闻发布会答问实录》(2020年4月22日),https://www.cbirc.gov.cn/cn/view/pages/ItemDetail.html?docId=899340&itemId=915&generaltype=0,最后访问时间:2024年5月20日。

中国内地消费者为主要对象的产品与服务市场秩序的冲击都较小，尚不足以达到扰乱境内市场秩序的程度。① 最终，本案并未实行域外管辖。尽管本案没有对域外管辖权标准中"境内市场秩序"所代表的公共利益和"投资者合法权益"所代表的私人利益之间的逻辑关系进行细化和确认，但从结果来看，它确实提出了一个问题，那就是在判断域外管辖时是否需要平衡私人利益和公共利益。

当投资者提起证券诉讼时，一方面，该诉讼具有完全私人的一面——为不法行为的受害者获取赔偿；另一方面，通过提起这种诉讼，诉讼当事人也在一定程度上维护了相关法规所代表的公共利益。在这种情况下，私人利益与公共利益是重叠的。然而，这只是国内诉讼的常规状态，国际诉讼中情况可能有所不同。虽然跨国证券案件对特定投资者造成了重大不利影响，但这些国外交易除了对当事人造成经济损失以外，能否进一步对国内证券市场构成重大威胁是有待商榷的。国内投资者在进行国外交易前，他们应该知道这是在不同于国内证券法律制度下进行的购买，并且在决定承担风险的同时也已经为可能的风险预估了证券价格。假设某一国家或地区的法律允许以他国证券法视为欺诈的方式进行交易，一旦国内投资者接受交易，意味着他同时也承担了该市场固有的风险。如果最后他真的遭受损失，这一损失对国内证券市场是没有直接影响的，毕竟这类交易的前提就不存在于国内证券市场，国内投资者依然只需要关注现有的风险。即使存在些许间接影响，那也完全无法对国内监管体系造成破坏性的影响。因此，在这种情况下，案件仅涉及诉讼当事人的救济，此时保护国内投资者的重要性就需要重新评估，尤其是存在对等的国外救济措施时，开展国际合作或者尊重外国治理利益相比跨国管制计划就显得更为重要。②

事实上，证券法既可以作为管理投资者与发行人之间关系的法律来研究，③也可以被理解为旨在阻止市场失灵、避免投资者承担大规模外部性的

---

① 冷静.新《证券法》"域外管辖条款"适用的相关问题.地方立法研究.2021,6(4)：16
② See Choi S J, Guzman A T. The Dangerous Extraterritoriality of American Securities Laws. Northwestern Journal of International Law and Business，1996，17(1)：214-216
③ See O'Hara E A. Ribetein L E. The Law Market. New York：Oxford University Press，2009：1-10

法律。① 上文已经表明,在维护证券市场完整性方面,并不是以个人投资者为目标,它涉及的是整个投资者群体对于市场的信任度。公平有序的市场不仅是经济稳定的基石,而且是社会稳定的基石。这个宏伟的愿景比投资者的个人主张或需求更广阔。虽然确实可以通过对证券交易的监管(投资者的保护)来实现维护证券市场完整性的目标,然而,在国际背景下,将这些规定的适用范围延伸至域外并不一定有助于促进这一目标。这是因为,对证券市场完整性最有效的保护来源于资本流动性。② 而证券法域外管辖的代价恰恰于此:虽然域外管辖并不直接禁止海外交易,但通过迫使参与者接受国内法律,它实际上对此类交易施加了额外的成本,毕竟交易的一方(可能是发行方)需要承担可能受交易地以外证券法律约束的风险。长此以往,外国发行人为了避免这种情况和相关成本的增加,可能会简单选择限制向该国投资者发行产品,这种做法表面上伤害的是该国想要进行此项证券交易的投资者,实际上最终影响的是该国证券市场的整体流动性。③

从这个角度而言,在域外管辖案件中平衡私人利益与公共利益就显得十分必要。当今世界,各国对于投资者和发行人在信息披露和风险方面的规模和偏好各不相同,可能会出现一系列针对不同群体的不同制度。而投资者会根据这些制度下所反映的监管差异选择相关证券进行交易。我们应当承认至少有一些投资者能够在没有绝对保护的情况下进行谈判以获取信息并做出明智的投资决定。通过在其他司法管辖区进行投资,投资者实际上已经选择了他们所希望的监管保护水平并在此基础上评估交易价格。甚至有些时候,投资者还会为了追求交易价格而故意绕开成本较高的监管保护。例如,假设有发行人选择在披露成本较低的制度中发行证券,投资者自然会认为该交易可能具有较高的欺诈风险,于是投资者将根据欺诈成本对预期价格进行调整。通过这样的方式,发行人和投资者将会有更多的选择,

---

① Fox M B. Securities Disclosure in a Globalizing Market: Who Should Regulate Whom. Michigan Law Review, 1997, 95(8): 2551

② Choi S J, Guzman A T. National Laws, International Money: Securities Regulation in a Global Capital Market. Fordham Law Review, 1997, (65): 1862

③ See Cox J D. Rethinking U. S. Securities Laws in the Shadow of International Regulatory Competition. Law and Contemporary Problems, 1992, 55(4): 174-175

资本的流动性也会随之提高,进而提高全球资本市场的效率。

总而言之,鉴于证券法域外管辖问题的特殊性,我们在决定是否行使域外管辖权时需要重新思考保护投资者和保护市场的权重。当投资者在投资时已经能够理解和预判适用于他们的法律制度并据此评估了相应的交易价格,即使该法律制度缺乏现有国内证券制度中的某些保护,此项交易也并不存在不公平的因素。如果投资者在购买证券后蒙受损失,那也是资本市场的固有风险所导致,毕竟证券交易本质上就是风险投资,投资者在投资之前就应该将风险纳入交易成本之中。一国不会仅仅因为受害投资者的请求就向其开放本国法院,是否需要进行域外管辖还需要法院在私人利益与公共利益之间进行平衡。不过,这并非意味着投资者保护就此变得不重要,投资者保护依然是证券法的首要目的之一,只是当监管机构需要通过域外管辖制度保护投资者时,它会被要求考虑该行为是否能够促进证券市场的公共利益。

第二节 证券法域外管辖的国际可接受性

通过对证券法域外管辖目的的讨论,可以从国内角度为证券法域外管辖权的范围划定一个基本的轮廓,然而不同于国内管辖权的排他属性,域外管辖权还涉及案件在全球所有国家之间的管辖权分配。因此,在探讨域外管辖权问题时,还需要从国际角度分析域外管辖权的国际可接受性。

理论上,获得国际可接受性的最佳方法莫过于政府之间就某一跨境证券监管问题进行合作并达成一致。无论证券法的域外管辖是否具有正当性,只要一国试图将其法律适用于境外,就必然涉及国家之间对跨境证券行为的联合问题。鉴于不同国家之间的监管体系差异较大,在任何一个环节当中都有可能引起监管摩擦。但如果国家之间能够建立完善的证券跨境监管合作机制,那以上问题自然迎刃而解。

事实上,早在《证券法》明确域外管辖制度之前,我国就已经开展了包括双边、区域以及多边在内的多种跨境证券监管合作模式。

在双边合作方面,主要形式为缔结司法互助条约和签订双边谅解备忘录。司法互助条约(简称 MLATs)是指两国就某些跨境证券监管事项约定相互提供司法协助的法律协议,包括法律文书的发出与送达、相互承认与执行、调查的协助执行等。① 鉴于司法互助协议具有极强的指向性,两国可以较为迅速且顺畅地开展相关合作事宜。谅解备忘录是有关国家或地区的证券监管机构之间签署的,约定双方就某些事项达成执法合作的意向性文件。② 尽管谅解备忘录对缔约双方不具备法律强制力,但由于缔约国可以灵活选择意向的条款,因此,谅解备忘录成为各国证券监管机构最常用的跨境监管合作模式。截至目前,中国证监会已与接近 70 个国家和地区的证券期货监管机构签署了双边监管合作谅解备忘录。③

在区域性合作方面,中国证监会早在 2014 年就与香港证监会签署了《沪港通项目下中国证监会与香港证监会加强监管执法合作备忘录》,随后,又于 2016 年签署了《内地与香港股票市场交易互联互通机制下中国证监会与香港证监会加强监管执法合作备忘录》以取代前者。上述备忘录建立了涵盖线索和案件调查信息通报、协助调查和联合调查、文书送达、协助执行、投资者权益损害赔偿、执法信息发布、人员培训交流等执法各环节的全方位合作机制,确立了双方在各自法律权限范围内尽可能为对方提供最充分的执法协助"原则。得益于此,2017 年中国证监会与香港证监会密切合作,迅速查办了唐汉博跨境操纵"小商品城"案,以及唐汉博、唐园子操纵市场案。④ 除此之外,我国还积极加入了有关跨境证券监管合作的区域性合作协议,如《中国—东盟全面经济合作框架协议》《10 + 3 领导人关于互联互通再联通倡议的声明》《东亚合作联合声明》等等。以《东亚合作联合声明》为例,《声明》为东亚各国的交流构建了一个良好的合作框架,并指导各成员在金

---

① 参见李金泽.跨国公司与法律冲突.武汉:武汉大学出版社,2001:142
② 参见韩洪灵,陈帅弟,陆旭米等.瑞幸事件与中美跨境证券监管合作:回顾与展望.会计之友,2020(9):7
③ 参见证监会官网:http://www.csrc.gov.cn/pub/newsite/gjb/jghz/202102/t20210225_393092.html,2024 年 5 月 20 日访问。
④ 参见中国政府网:《证监会与香港证监会紧密合作 严惩首宗利用沪港通跨境操纵市场案件》,https://www.gov.cn/xinwen/2017-03/10/content_5176199.htm,2024 年 5 月 20 日访问。

融领域内加强东盟和中日韩等各国在共同关心的金融证券等方面的交流与协作,通过"10+3"模式加强互助机制的构建。①

在多边合作方面,IOSCO 国际监管合作框架下开展的多方跨境证券监管合作是较为权威的模式。IOSCO 的主要职责是制定证券监管领域的国际标准,推动各国之间的监管合作。2002 年,IOSCO 制定了《关于咨询、合作与信息互换的多边备忘录》,该备忘录旨在信息收集、调查执行、互助等方面建立统一基准,以促进不同监管理念的理解与融合,从而达到便利签署方处理与执行跨境证券违法案件的最终目的。不久,为了应对日益复杂的跨境案件,IOSCO 又于 2017 年发布了《关于磋商、合作与信息交换增强版多边谅解备忘录》,该增强版多边备忘录增加了签署方获得和分享审计工作底稿、强制证人作证、冻结资产、获取和分享网络服务器及电信记录等方面的重要权力,有力拓展了各国(地区)监管机构间信息交流的广度和深度。② 早在 2007 年,我国就签署了 IOSCO《多边备忘录》。目前我国已经加入了包括理事会下设的八个标准制定委员会、增长与新兴市场委员会及其指导委员会以及亚太地区委员会等机构,并担任了多边备忘录监督小组副主席等职务。同时,我国证券监管机构也积极与其他国际组织开展证券领域的交流与合作,例如我国与国际货币基金组织(IMF)签署关于开展中长期技术援助的谅解备忘录、与经济合作与发展组织(OECD)联合召开上市公司治理国际研讨会以及参与世界贸易组织(WTO)等多边框架下的合作。③

诚然,监管合作有利于促成全球执法的统一性,进而减少矛盾和纠纷,但指望监管合作可以解决所有涉外问题显然是不现实的。相较于规则而言,各个国家之间的执法实践和文化差异很大程度上会破坏监管协调目标的达成,使得合作结果无法预测,并且有时还会产生严重滞后。我们仍然需要从法律的角度,通过建立稳定的管辖权基础,以促进域外管辖制度的系统化和制度化。

---

① 邱永红.我国证券监管国际合作与协调的不足与完善对策.社会科学战线,2006(4):201
② 参见刘凤元,邱铌.证券市场跨境监管研究——以 EMMoU 为视角.金融监管研究,2019,12:100
③ 《中国证券监督管理委员会年报 2016》,第 51 页,http://www.csrc.gov.cn/pub/newsite/zjhjs/zjhnb/201710/P020171031588960228179.pdf

一、域外管辖权的国际法框架：合法但须具有正当性

域外管辖权涉及国际管辖权，意味着一国不能仅凭国内法的相关规定就享有域外管辖权，还需要受到国际法的约束。具体而言，国际法如果规定主权国家在某些事项上不享有管辖权或者主权国家没有按照国际公认的管辖权主张依据行使，它就不能授予其法院或立法机构以管辖权。① 因此，域外管辖权的国际法框架是国际可接受性问题的开端，即国际法是否允许各国行使域外管辖权以及相关管辖权基础。

（一）国际法中的域外管辖权分析

"管辖权"（Jurisdiction）一词经常被不同的使用者在不同的语境下赋予不同的含义，②传统上，管辖权要么被视为一个单一概念，指代国家对人、地点、事物（包括财产）和事件行使强制或其他形式的权力的能力；要么根据不同的标准，将其分为几种形式，如按行使权力的机构分为立法管辖权、裁判管辖权和执行管辖权，③或者按行使权力的依据分为属地管辖权、属人管辖权等。

在这些定义和分类中，直接与本书相关的是国际法与国内法上的管辖权类别。据国际法权威著作《奥本海国际法》所述："管辖权既牵涉到国际法，也牵涉到每一个国家的国内法。国际法决定国家可以采取各种形式的管辖权的可允许程度，而国内法则规定国家在事实上行使他的管辖权的范围和方式。"④前者被称为"国际管辖权"，后者为"国内管辖权"。通过这一区分，我们可以清楚地认识到管辖权在国内法和国际法上的意义是截然不同的。但目前关于管辖权的法律，主要是国内法上的，或者是由国内法发展而来。⑤ 受此影响，人们对于管辖权概念的把握大多是从本国法律出发，无

---

① Mann F A. The Doctrine of Jurisdiction in International Law. Recueil des Cours，1964，111：10
② Akehurst M. Jurisdiction in International Law. British Year Book of International Law，1972-1973，46：145
③ Currie R J. International & Transnational Criminal Law. Valencia：Aspen Publishers，2010：50
④ ［英］詹宁斯，瓦茨著；王铁崖等译.奥本海国际法.第一卷第一分册.北京：中国大百科全书出版社，1995：327
⑤ 参见［英］詹宁斯，瓦茨著；王铁崖等译.奥本海国际法.第一卷第一分册.北京：中国大百科全书出版社，1995：327

形中使得许多管辖权问题被掩盖了。

事实上,管辖权在国内法上的意义更多地存在于司法上,即根据以确定某个或某类案件应由国内哪个或哪类法院受理的标准。① 这里的前提是,对于本国领土范围内的事项,本国法院当然拥有无限管辖权。然而,管辖权在国际法上的意义却是一国受理某些具有涉外因素的案件的法律依据,即管辖权在国际法框架下解决的是某个诉讼案件应该归哪个国家的法院裁判的问题。这就意味着,只有当涉外案件的国际管辖问题得到肯定时,即确认本国有权管辖后,该案件才能完全转化为一国国内法的问题,按照该国的司法制度来决定应由国内何地、何类及何级法院受理。② 由此可见,域外管辖权是独立于国内管辖权的,有些国家在对待涉外案件时仅以国内管辖权的依据就此论证域外管辖权是完全不够的。在探讨国际管辖权问题时,必须先从其国际性质的角度思考,并且在判断管辖权是否存在时,合乎国际法的有关规则比合乎国内法更为重要。

在早期,国际法中的域外管辖分析基于绝对的领土主义,认为所有主权国家在其领土范围内享有专属监管权力。③ 因此,根据这一原则,对域外行为的监管会被视为侵犯他国主权从而违反国际法。然而到了20世纪初,国际法逐渐认识到严格的领土限制似乎只能存在于理论上的设想,在面对涉及多个司法管辖区的全球案件时,传统管辖规则的局限性愈发明显。在这种背景下,法律思想逐渐由形式主义向现实主义和实用主义转变,④进一步推动了国际法对域外管辖权的承认。

根据国际管辖权原则,目前国际法公认的域外管辖权基础包括五类:(1)主客观领土原则允许一国对其境外属于领土延伸的主客观行为行使管辖权;⑤(2)国籍原则允许一个国家惩罚该国国民所犯的行为,而不论其身处

---

① 倪征燠.国际法中的司法管辖问题.北京:世界知识出版社,1985:1
② 同上。
③ See Mann F A. The Doctrine of Jurisdiction in International Law. Recueil des Cours,1964,111:30-31
④ Parrish A. The Effects Test: Extraterritoriality's Fifth Business. Vanderbilt Law Review,2008,61(5):1471-1472
⑤ Chehtman A. The Philosophical Foundations of Extraterritorial Punishment. New York: Oxford University Press,2010:57; Triggs G D. International Law: Contemporary Principles and Practices. Chatswood: LexisNexis Butterworths,2006:347

何处;①(3)被动人格原则允许一国对外国公民在国外对其本国公民犯下的行为主张管辖权,而不管犯罪发生地在哪,也不论犯罪人的国籍为何;②(4)保护原则允许一国对外国国民在其领土外针对国家安全或其他有限类别的某些行为主张管辖权;③(5)普遍管辖原则允许一国对严重的国际犯罪主张管辖权,无论该罪行是否发生在本国领土境内,无论犯罪嫌疑人或被害人是否具有本国国籍,无论该罪行是否侵犯了本国的国家利益。④ 以上国际管辖权原则充分证明了国际法对于域外管辖不仅没有禁止,相反,国际法在域外管辖的管辖依据上还具有包容性,至少当国内法对域外某些事项进行挑战时,并不必然违反国际法。⑤

不过,国际管辖权原则的宽泛性也让人陷入新的疑惑:是不是只要没有违反国际法,一国就可以自由行使域外管辖权而无需考虑其他国家?显然,这是违反直觉的,需要进一步分析。

(二) 域外管辖权的正当性问题

理论上,国内法对于国外行为的管辖系属国内事务,但国际法也同时规定了禁止权利滥用原则。换言之,主权虽然授权一国可以做任何它想做的事情,但对应地,国际法也规定一国不能阻止其他国家做任何它想做的事情。⑥ 然而,现实中的很多情况是,一国法院在决定是否行使域外管辖权时都仅限于最有效地满足本国利益的手段,并没有积极考虑其他国家的利益需求。而当域外管辖权实质上成为对地方属地管辖权的干涉或侵犯时,该权利很可能就被滥用了。

域外管辖被其他国家抵制的一个最直接的理由就是,它可能会干涉他国为解决相关伤害而制定的其他措施。例如,在维生素卡特尔诉讼中,一些政府就认为,美国法院的私人诉讼将破坏国内监管工作中地方特赦计划的有效性。⑦ 尽

---

① 王铁崖. 国际法. 北京:法律出版社,2007:167
② 张旭. 国际犯罪刑事责任再探. 吉林大学社会科学学报,2001,2:5
③ See Cameron I. The Protective Principle of International Criminal Jurisdiction. Hanover: Dartmouth, 1994:316-320
④ 朱利江. 对国内战争罪的普遍管辖与国际法. 北京:法律出版社,2007:6
⑤ 郭华春. 美国金融法规域外管辖法理、制度与实践. 北京:北京大学出版社,2021:17
⑥ 参见余鸿斌,周怡. 论国际法中的权利滥用与诚信原则. 重庆理工大学学报(社会科学版). 2011,25(4):61
⑦ See F. Hoffmann-La Roche Ltd. v. Empagran S.A., 542 U.S. 155,168 (2004)

管这些反对意见在每一个特定的域外管辖案件中不一定都被接受,但它们切实提出了一个值得关注的具体问题,即当域外管辖与当地监管机制发生冲突时,域外管辖是否构成对地方属地管辖的干涉或者侵犯?① 再者,域外管辖被其他国家抵制的第二个担忧就是,私人诉讼方式可能不是追求公共监管目标的适当手段。从实践来看,目前域外管辖案件的起点都是私人诉讼,且大多数案件涉及的是反垄断以及证券市场监管领域,而随之而来的问题是,并非所有国家都倡导通过私人诉讼处理市场监管事务。换言之,每个国家都可能存在不同的监管文化,比如某些国家制度表现出了在行政和刑事监管方面的偏好,②同时,也会有某些国家更支持民事监管执法。③ 最关键的是,以上这些担忧都可能仅存在于特定的国家和问题中,因此,即使我们假设本国利益都是合法的,也并不一定意味着为了实现这些利益的每一次域外管辖行为都是正当的,这需要在具体的域外管辖案件中进行差异化分析。从这个角度而言,所谓域外管辖的自由其实是相对的,即它应该是一个相对于其他国家权利的问题,而不仅仅是一个国家基本权限的问题。④

如果不考虑域外管辖的正当性,那域外管辖就会沦为一国霸凌其他国家的工具,这一点在近几年美国的域外管辖实践中表现得尤为突出。2008年国际金融危机爆发后,美国经济实力相对下降,其域外管辖却逐渐进入了一个爆发期,并且迄今为止没有显示出任何收敛的迹象。美国不仅扩展了域外管辖的范围,包括反腐败、毒品、反恐、洗钱、人权、互联网等十几个领域,手段也逐渐丰富,除了征收巨额罚款、切断关键物资出口等传统措施外,还不断尝试新的管辖方式,对管辖对象实现更精准、更持续的打击。

---

① See Orentlicher D F. Whose Justice? Reconciling Universal Jurisdiction with Democratic Principles. Georgetown Law Journal, 2004, 92(6): 1119; Stephens B. Upsetting Checks and Balances: The Bush Administration's Efforts to Limit Human Rights Litigation. Harvard Human Rights Journal, 2004, 17: 200-202

② See Buxbaum H L. German Legal Culture and the Globalization of Competition Law: A Historical Perspective on the Expansion of Private Antitrust Enforcement. Berkeley Journal of International Law, 2005, 23(2): 474

③ See Fiebig A. Modernization of European Competition Law as a Form of Convergence. Temple International and Comparative Law Journal, 2005, 19(1): 64

④ Brownlie I. Principles of Public International Law. 6th ed. New York: Oxford University Press, 2003: 297-298

在这一过程中,美国域外管辖的正当性被其他国家反复提及,其中争议最大的点就是美国的域外管辖存在严重的动机问题,大多是精准的"定点打击"。尽管美国政府在打击海外贿赂、证券欺诈等领域也会对美国本土企业和公民进行严厉查处,但从大量案件的查处规模和力度来看,美国国际经济领域的域外管辖几乎成为专门针对外国企业和公民的"经济武器",根本目标其实是要在充分实现其国家利益的基础上谋求霸权地位。① 以"阿尔斯通——弗雷德里克·皮耶鲁齐案"为例,法国政府长期怀疑该案的真正动机是为了打击法国工业巨头阿尔斯通。因为在弗雷德里克·皮耶鲁齐(Frédéric Pierucci)等企业高管因海外贿赂被逮捕及长期关押的时期里,正值美国工业巨头通用电气对阿尔斯通旗下燃气轮机业务展开收购的关键时刻,而且阿尔斯通为了达成庭外和解,向美国司法部支付了巨额罚金,给当时的企业造成了严重的财务困难。② 此类案件并非个例,随着我国综合国力的提升,中国无疑成为"美国陷阱"的下一个重点制裁对象。2017年,特朗普政府发布了《国家安全战略报告》,将中国定位为"战略上的竞争对手",开启了中美关系恶化的序幕。随后自 2018 年开始,在"美国优先"及"公平贸易"理念的指导下,特朗普政府又采取了征收关税、限制投资等多种对华经贸保护政策,至此,中美在国际经济领域的对抗正式进入了白热化阶段。③ 尤其近几年,美国滥用《与敌国贸易法》(Trading with the Enemy Act,简称"TWEA")、《国际紧急状态经济权力法》(The International Emergency Economic Powers Act,简称"IEEPA")等法律赋予的行政权力,④肆意对涉及电子、网络等发展势头正盛的相关中资企业展开调查,⑤通过批量将中国企

---

① 柳剑平,刘威. 美国对外经济制裁问题研究——当代国际经济关系政治化的个案分析. 北京:人民出版社,2009:152
② 戚凯. 霸权羁缚:美国在国际经济领域的"长臂管辖". 北京:中国社会科学出版社 2021:77
③ 张玉环. 特朗普政府的对外经贸政策与中美经贸博弈. 外交评论,2018,35(3):34
④ TWEA 是一战期间美国为了防止敌对国家获取战争支援物资制定的对外贸易出口管制法案,在战争时期授予总统决定是否批准与敌国间商业贸易、如何处理敌国资产等问题的权力。而 IEEPA 则针对和平时期授权总统宣布进入国家紧急状态的权力,允许总统进行金融管制、征收与美国公民及财产有利害关系的外国资产。参见王佳. 美国经济制裁立法、执行与救济. 上海对外经贸大学学报,2020,27(5):53
⑤ 刘瑛,刘正洋. 301 条款在 WTO 体制外适用的限制——兼论美国单边制裁措施违反国际法. 武大国际法评论,2019,3(3):156

业和科研机构列入所谓的各种清单的举动,①让相关实体不仅丧失与美国进行商业交往的机会,还可能导致第三国自觉断绝与该实体来往,使得被制裁对象陷入技术封锁和国际供应链隔离,最终起到遏制中国发展的目的。②

毫无疑问,因缺少正当性要求,美国域外管辖本质上已经沦为维护美国霸权地位和利益的手段,而这正是我国在构建域外管辖制度中需要格外警惕的。如何在域外管辖制度中推动国际社会共同的价值与利益的建构,同时又能维持良好的国际社会关系,是我国在满足正当性要求中必须考虑的。基于此,下文将从证券法的角度提出更为具体的要求。

二、 国际关系范式下监管利益的本土化意义

(一) 全球市场引发的国际监管问题

目前,全球市场之间的紧密联系增加了现代金融的广度和深度,为各国创造了一种新的监管利益,同时也加深了国际关系的复杂性,给各国在确定管辖权方面带来了新的压力。以2004年美国法院审理的一系列价格垄断诉讼为例,③在这些案件中,几家外国公司达成的定价安排协议虽然已经影响了美国市场,并给美国买家带来了损失。然而,该美国市场受损的事实其实是垄断行为的全球性所辐射的对象之一,而并非垄断行为的直接对象。无论阴谋背后的行为发生在何处,这些阴谋的影响都可以在世界范围内的任何地方实现。此时,对于美国或者其他受影响的国家而言,管辖权问题就存在争议。支持域外管辖权的观点认为,某些产品的经济市场不能以地理位置为界限,其生产和决策过程本身就具有全球性。正因如此,监管工作也必须面向更

---

① 出口管制问题是我国近几年来遭遇域外管辖最多的领域。所谓"出口管制实体清单"(Entity List)是由美国商务部 BIS 负责管理并执行,只要被政府认为已参与或涉嫌参与《出口管理条例》第 744 部分第 11 项规定的 5 种情况有关的行为就会引起最终用户审查委员会对涉及该主体的出口、再出口审查及颁发许可证的关注,从而导致商务部拒绝颁发许可证。五种情况包括:支持参加恐怖活动的人;对于美国国务院认定支持国际恐怖主义的政府起到了帮助作用;以提供零部件、技术或资金等方式运送、开发、维修、生产常规性武器;阻挠美国产业和安全局或国防贸易控制委员会进行最终用途审查,如防止访问、拒绝提供相关信息、提供虚假或误导性信息等。See Export Administration Regulations (EAR), 15 CFR, subchapter C, part 744

② 参见王震. 对新形势下美国对华"长臂管辖"政策的再认识. 上海对外经贸大学学报, 2020, 27(6): 99-100

③ F. Hoffmann-La Roche Ltd. v. Empagran S. A., 542 U. S. 155 (2004)

广泛的市场,并考虑所有市场(全球市场)的监管利益。如果允许外国原告就外国交易中遭受的伤害在美国法院提起诉讼,最直观的好处就是可以利用美国反垄断法中的三倍损害赔偿制度实现最佳的全球威慑水平,最终达到提高行业行为标准、造福全球消费者的目的。相对的,反对域外管辖权的观点则严格限制域外管辖权的行使,其认为由于外国购买者遭受的损害属于外国行为引起的外国影响,而非国内影响,因此不符合能够建立管辖权联系的要求。

同样,与反垄断案件具有相似全球维度的证券案件也面临着全球监管挑战,甚至比之更严峻。如果说垄断行为要达到影响市场结构及竞争状态的程度还取决于该行为对相关市场的控制能力和控制方式的话,那在证券市场中产生证券欺诈跨境影响则要容易得多,相应的,管辖权冲突也会更加频繁。鉴于国家间信息自由流动和有效资本市场理论,在国外市场歪曲公司股权价值的欺诈行为很大可能会影响多个司法管辖区的证券价格。这里以一个典型案例加以说明,在 Baan 公司证券诉讼案件中,Baan 公司是一家荷兰公司,同时在美国和国外证券交易所上市。本案原告为在国外证券交易所购买股票的购买者以及在美国证券交易所购买股票的购买者团体。他们声称,该公司的高管在提交给美国证券交易委员会的文件以及在美国和其他地方发布的各种新闻稿、公开声明和新闻文章中做出了虚假陈述,人为抬高了该公司股票的购买价格。原告特别指出了发行人证券在不同金融市场交易的相互关联性,并指出"Baan 公司的股票在全球市场上同步交易的事实"。[①] 因此,在他们看来,不同司法管辖区的损害和影响是相互交织的,并由此引发两种影响:其一,在美国境外做出的虚假陈述会影响美国证券交易所证券的价格,从而对美国国内证券市场及投资者造成损害;其二,提交给美国证券交易委员会的文件中的虚假陈述也会影响外国证券交易所证券的价格,从而对在国外购买证券的人造成损害。在第二种观点的基础上,原告提出一种"全球市场欺诈"理论:即使他们不直接依赖提交给美国证券交易委员会的欺诈性文件,这些文件中的虚假陈述也必然会影响国外证券市场中相应证券的价格。[②]

[①] In re Baan Co. Sec. Litig., 103 F. Supp. 2d 1, 10 (D.D.C. 2000)
[②] 同上。

本案中所描述的金融市场相互关联性得到了广泛认可,在许多其他案件中,外国证券购买者都注意到了(发行人)证券的"一体化"全球市场或国内外证券市场的"统一性"。一些发行人甚至会故意利用这种相互关联性,以此逃避当地监管。曾经在一起案件中,一家来自香港的发行方在纽约进行了虚假陈述,但目的却是为了增加其证券在香港证券市场上的需求。[①] 不过,这种故意为之的情形属于个例,更常见的情况是,在一个司法管辖区实施的策略将以简单的方式在其他司法管辖区产生影响。在涉及一家德国制药公司的案件中,外国证券购买者指控该公司对某种药物的潜力进行了虚假陈述,其指出被告在美国发布的公司最新研发药物成功的消息影响了发行人证券的所有交易市场,并导致了全球性的损害。从这个角度而言,即使保护的是外国购买者免受证券欺诈,似乎也符合本国证券监管的内在利益,毕竟他们为证券支付的价格将最终影响证券在本国的销售价格。

认清这一事实意义重大,它揭示了这样一种现象,就是在世界范围内的垄断阴谋和证券不当行为中,由于全球市场的性质,行为虽然发生在某一司法管辖区,但行为的影响却可以遍布世界任一地方。在这种情况下,全球政府面临的监管激励机制正在发生变化,即一些国家或地区的国内制度与国际制度存在监管差距导致对垄断行为或证券不当行为的整体威慑不足,从而为持续的监管行为产生激励,也为多个国家创造了监管利益。[②] 面对如此频繁的跨境监管问题,理想的状态是存在一个类似于世界贸易组织(WTO)的全球金融监管机构进行集中执法。然而,由于金融监管权主要以地域为基础,在此前提下全球金融监管机构可能会对国家权威提出独特的挑战,毕竟金融资本具有无与伦比的流动性,"牵一发而动全身",一旦执行可能会对各个产业造成无法预计的连锁反应,这就意味着全球金融监管机构似乎不太可能实现。[③] 于是,各国法院被迫重新思考自身在解决全球规模问题中的

---

① In re China Life Ins. Co. Ltd. Sec. Litig., No. 04-CV-02112 (S.D.N.Y 2006), 2006 WL 551381

② Arner D W. Adaptation and Resilience in Global Financial Regulation. North Carolina Law Review, 2011, 89(5): 1610-1611

③ See Trachtman J P. The International Law of Financial Crisis: Spillovers, Subsidiarity, Fragmentation and Cooperation. Journal of International Economic Law, 2010, 13(3): 723

作用和定位,域外监管恰好成为解决问题的新手段。

(二)跨国证券监管的社会意义仍需根植于本土利益

如前所述,在这个不当行为容易导致全球经济受损的时代,跨国监管通过充分调动各国优秀资源,似乎成为解决全球损害的一种新型手段。特别是对于无法应对全球经济损害挑战的发展中国家,这种援助的意义可能是重大的。然而,跨国监管也同时会面临其他国家的质疑:无论跨国监管的初衷为何,所适用的法律都是国内法而非国际法,这已然超越了现有国际司法体系。在这个全新的框架中,法院可能会将本地伤害与全球伤害交织在一起,并将自己置于全球监管机构的地位。然而,主张管辖权或域外适用国内规范不仅仅是合法性或有效解决争端的问题,与所有法律行为一样,主张域外管辖权也可以被视为一种需要产生一定意义的行为,即某人、某公司或某行为受到一国管辖的意义是什么?尽管在跨国金融盛行时,这一基本问题在很大程度上被忽视了,但如果我们要对管辖权在全球化时代中的作用进行更丰富的描述,就必须认真考虑这个问题。

管辖权一般与地理上的空间概念密不可分,通常而言,"本国法院在本国界限内享有管辖权"中的所谓"界限"指代的是本国领土空间范围内。换言之,一国只对本国空间范围内的行为进行塑造和约束。但这是否等于行为就是由其所在的物理空间决定的?一般而言,领土管辖权并不是一个灵活的概念,毕竟地理边界是一条"明线"规则。然而,就管辖空间而言,它是抽象的和同质的构想。管辖权不是根据具体因素(如人口、资源或其他能够准确描述的因素)来定义的,它是一个抽象的区域。所谓抽象,是指一个司法管辖区的空间是独立于该物理空间的任何单一属性而被设想的。而物理(地理)范围是这一抽象空间的主要表现形式,例如行政区域的划分明确了各个国家内部管辖权的界限。当然,抽象空间还可能有其他的表现形式。

尽管从物质属性来考察司法管辖权看起来很诱人,但它令人烦恼的地方就在于,它同时也是一种固定的物质技术,即决定管辖权的元素是事实性的。然而,司法管辖权除了能够表现为一种物理结构以外,它也可以是一种"世界观",一种表达和理解社会世界的方式。实际上,一定范围内的行为标准其实是在当下的社会结构中进行塑造和约束的。① 不过,这并不意味着管辖权是"纯粹的意识形态",也并不意味着不同国家、城市和地区之间的物理界限"不是真实的"。物理界限当然是真实的,但它们之所以真实是因为它们不断地被变为现实。各地区征收税收、统计 GDP、出台本地政策等,没有这些社会实践,物理界限就不会真实。而当我们思考到社会实践,进而就可以在社会空间这个层面去抽象地看待管辖权。

不可否认的是,空间或场所既是社会关系及组织结构产生的媒介也是结果,因此,二者经常会发生重合。然而,社会空间(结构)的范围不仅包括本地范围,也包括非本地范围以及这个范围所呈现的社会意义。②

伴随全球化的发展,巨大的社会经济变化给各国带来了许多"外在"存在,我们几乎所有人都能感受到来自其他国家的人、行为和机构的影响。尽管交通和通信似乎减少了在他国进行诉讼的负担,但在这个改变的社会空间中,管辖规则所体现的意义同样发生着变化。另一个国家可能不再只是作为一个外国国家,它更多地会被视为一个外来的权力中心或监管机构。对此,管辖权规则将不再局限于减少地域性负担,而是发展出社会意义。

因此,从社会结构和物理空间的关系来看,管辖权规则并不是简单地从关于最有效分配权力的功利主义计算中产生的。相反,行使管辖权成为社会划定空间或划定物理和象征性界限的方式的一部分。这样的边界并不是作为物理世界的内在部分存在;它是一种社会建构。诚然,司法进行管辖的目的是促进社会公正,并将不平等或不合法的内容合法化,但这并不意味着不同的管辖系统需要消除一切不公正、不平等或不合法的行为。换言之,管辖权规则的选择反映了一定范围内的社会成员对其生活的物理空间以及如何定义社会的态度和看法。

当某个国外行为在某种程度上违背了一个国家或社会的法律规范时,该国可以选择两种方式来看待这一行为:其一,该国可以仅将行为定义为违

---

① See Kogan T S. Geography and Due Process: The Social Meaning of Adjudicative Jurisdiction. Rutgers Law Journal,1991,22(3);Ford R T. Law's Territory (A History of Jurisdiction). Michigan Law Review,1999,97(4)

② Kogan T S. Geography and Due Process: The Social Meaning of Adjudicative Jurisdiction. Rutgers Law Journal,1991,22(3):634

规,并视为一种对本社会的外部威胁;其二,该国可以将违规行为视为本社会的内部威胁并要求对其进行规范。这种将威胁定义为社会外部或内部的行为在一定程度上就是有关管辖权的问题。当一个国家行使法律管辖权时,它实际上象征性地在将自己的统治地位凌驾于某个行为者之上,并可能将原本被视为外部威胁的行为转化为需要进行内部裁决的行为。于是,主张管辖权从社会意义的角度可以被视为"驯化"混乱以及加速社会愈合的一种方式。例如,一国对于国际犯罪的审判,并不是为了对这一个体进行惩罚,而是为了在发生可怕而混乱的人类悲剧后维护国家的权威和控制权力。同理,当今全球资本主义有时对于各个国家而言也相当于只服从自身规律的外部破坏力量,而通过将这些外国公司纳入当地管辖范围的行为,也是为了保持国家对于某些破坏社会秩序的行为的控制力。

虽然跨国证券管辖将域外管辖权的合理性放在了国际监管背景下,但在这些案件中,行为不仅跨越了国界,也超越了国界,其他司法管辖区也能同时感受到伤害。如果某一国家将国内某一政策或利益单方面视为国际社会普遍的或共同的目标,并以国际监管为由进行域外管辖,那对于其他国家而言不仅是不公平的,还会破坏国际法为稳定整个国家社会之间的关系而提出的实际和潜在要求。我们必须认识到强制的同质性要求本质上就是一种压迫,而政府权力的另一面是在不断产生差异、理解差异以及承认差异。接受差异原则鼓励我们放弃某些务实性的政策,转而尊重社会群体自主性的需求。因此,试图将全球监管不足的问题纳入国家管辖范围并不是一种有效的办法,会不可避免地遇到国际关系范式的基本约束——地方法院并不承担全球监管职责。

从社会意义上分析,主张证券法域外管辖权,必须兼顾本国社会空间范围内的监管利益及相关属民的利益。换言之,只有在确实有必要实现国家的监管目标时,才可以主张管辖权。主张管辖权的情况必须与国家的监管目标一致。在选择这些目标时,各国实际上是自由的,但是它们在界定旨在实现它们所选择的目标的法律的国际适用范围时,必须遵守必要性和一致性的要求。因此,连接因素的选择不是绝对酌情权的问题,至少,它必须反映某种开明的自我利益。这种开明的自身利益原则构成了国际证券法在管辖权基础方面实践中的共同点。

这里值得讨论的一类案件就是F-cubed案件,即外国原告因其在外国证券交易所购买的证券涉嫌欺诈而起诉外国被告的案件。可以看出,这些案件与起诉地法院几乎没有什么明显的联系,只是由于全球化偶然地让外国原告和外国公司组成的案件与起诉地产生了某些管辖权联系,例如外国公司的总公司位于起诉地,或外国公司的部分股东位于起诉地等等。而私人外国原告之所以放弃可能更合适的外国法院,转而选择略显牵强的起诉地法院,最大的原因是他们认为在起诉地能够得到的利益保护(更直接地说是赔偿)更多。① 除此之外,对于起诉地法院而言,很难说有什么其他利益关系。即,此类域外管辖案件更多的只是在追求私人利益的增加,而非明显的本国证券市场利益。在这种情况下,是否有必要取代更合适的外国法院进行跨国证券管辖是值得商榷的。

综上所述,应对监管全球活动的挑战需要的不仅仅是找到一种方法来扩大、改变或放弃特定的管辖规则,它需要对这些规则所代表的世界观进行探究,并对特定国家或国家机构在制度规范上能够起到的作用形成共识。从这个意义上说,域外管辖不能仅从功能或结果上判断其正当性,还需要援引管辖权规则背后的社会意义。这在证券法域外管辖中,特指本土化的监管利益。

三、基于冲突管理的等效性要求

依前文可知,在跨境证券问题上,全球市场的一体化给各国域外管辖带来了新的问题——"监管冲突困境"。这种以国家管辖权为基础的监管冲突与国际私法传统理论中的"法律冲突"并不属于同一体系。对于各类金融活动,每个国家都规定了相应的法律监管体系,国家之间的监管管辖权是彼此独立、相互"割据"的。② 理想状态下,各个国家享有的监管管辖权的界限应

---

① White K M. Is Extraterritorial Jurisdiction Still Alive? Determining the Scope of U. S. Extraterritorial Jurisdiction in Securities Cases in the Aftermath of Morrison v. National Australia Bank. North Carolina Journal of International Law and Commercial Regulation,2012,37(4):1199

② 刘子平.金融监管管辖权冲突问题初探:基础问题与国际实践.金融监管研究,2024(6):27

当十分清晰,即应受监管的金融活动能够毫无争议地落入特定的监管框架内,并且相互之间不存在交叉。然而,基于各种主客观诱因,现实中各监管主体管辖权边界并不足够清晰,某项行为应受谁监管的争议不断出现,双方各执一词,从而使管辖权冲突的发生成为可能。① 而法律冲突在传统国际私法上有独特的含义,它是指因各国或地区在同一民商事领域权利义务规定不同而发生的法律适用上的冲突。② 因此,法律冲突也被国际私法领域称为"法律适用上的冲突",侧重点为如何选择法律。③

各国或地区在跨境管辖方面的冲突困局使得境外市场参与者不得不花费大量时间和精力去学习各个市场的规则以免遭受不必要的损失,同时,积极的监管竞争有可能影响各国之间的正常交往,对其他政治、经济等领域的谈判和合作带来不必要的影响。因此,我们必须将冲突管理方面的内容纳入域外管辖权的正当性要求中。

(一) 从等效认定制度中汲取冲突管理的经验

关于域外管辖案件最突出的问题就是,本国法院对这一类诉讼的裁判依据并不是国际法,而是国内法。这就提出了一种可能性,即依据法院地的监管法进行的规范并不具有共通性,而只是法院地国根据自身的政治和经济背景制定的偏地方性的监管政策。尤其是当某种行为在发生地被允许,但在受影响的其他司法管辖区却被禁止时,两个国家之间就会发生实质性的冲突。这一点经常被一国作为抵制他国域外管辖的诉讼理由,即域外管辖可能会干扰其为解决特定伤害而制定的既定监管措施。虽然这些反对意见并非在每一个特定案件都具有有效性,但它们确实提出了一个合理的质疑,即域外管辖案件中法院地的监管理念和措施可能会与其他地方存在质的区别。例如,当一国试图规范的不当竞争行为被其他国家认为是合法行为时,或者在其他国家没有惩治内幕交易时试图规范此类行为等。诸如此类的例子还有很多,毕竟一国制定法规和监管体系的目的是监管本国的资

---

① 主客观诱因包括立法技术的限制、立法对象的改变、监管套利和监管竞争。参见刘子平.金融监管管辖权冲突问题初探:基础问题与国际实践.金融监管研究,2024(6):29-33
② 参见李双元主编.国际私法学.北京:北京大学出版社,2011.3;丁伟主编.国际私法学.上海:上海人民出版社,2004:6
③ 参见董晅.法律冲突概念与范畴的定位思考.法学,2012(3):38

本市场,而不是监管其他地区的资本市场。

理论上,国家之间在某一项实体立法方面的相似性越大,一国在对其国内法进行域外适用时,就可能会在一定程度上获得他国认可。从这个角度而言,虽然一国可能认为外国法院干涉了其处理境内事务的能力,但这种不满的根源可能更在于外国法院的裁决内容,而不仅仅是外国法院作出裁决这一行为。①

因此,为了避免将完全不同于其他司法管辖区的法律规则应用于与外国有关的交易,我国需要将制度差异作为影响域外管辖权范围的因素之一,寻求国际上共同的或是具有功能等效性的法律规范。这一要求来源于等效认定制度,其实质是在区域内建立相对统一的监管标准,最终达到减少监管矛盾、提高监管效率的目的。该制度起源于国际贸易领域中各国对质量评定标准的互相认定,随后该方法逐渐在其他领域中得到应用并丰富起来,例如各国对国际会计准则和国际信息披露标准的采用等,这些共同原则实际上形成了一套共同的规范,可以有效地解决监管冲突问题。

需要注意的是,等效认定制度缓解监管冲突的方式是在对比本国与外国相关监管规则之后,认为外国的监管可以达到本国监管的结果,且不与本国监管利益相抵触,最终承认该外国监管的效力。② 这与域外管辖权的最终目的是截然相反的。不过受到上述制度的启发,我们可以认识到一个事实,那就是尽管域外管辖对他国法律和政策可能具有冒犯性,但如果某些规范反映了不同证券体系之间的高度趋同,那么在涉及此类规范的案件中,关于域外管辖的大部分国际紧张局势可能会得到避免。同时,国内法院也能在因违反这些规范造成全球损害而提起的诉讼中发挥更大的作用,提高域外管辖案件中监管利益的正当性。

---

① Snell S L. Controlling Restrictive Business Practices in Global Markets: Reflections on the Concepts of Sovereignty, Fairness, and Comity. Stanford Journal of International Law, 1997, 33(2): 221

② 例如,2008 年美国商品期货交易委员会(CFTC)针对跨境衍生品监管发布的《解释指南》及其执行令中就场外衍生品的域外监管也提出了"替代合规"政策,若他国或地区监管机构对其清算所的监管标准、持续管理和监督上与美国的具有同等效果,则可以利用该国或地区监管规则替代美国的监管规则。See Final Guidance Exemptive Order Regarding Compliance with Certain Swap Regulations

（二）反欺诈条款具有国际等效性

当然，评估监管规范的功能等效性以识别出同质性的标准并不是一项简单的任务。尤其是与反垄断法律不同，各个国家之间在证券监管法律和政策方面存在着很大差异，即使是在基本监管原则上达成一致，也会在法律规范的实际运作和适用方面上有所不同。① 最为典型的是，各国在注册条款同时也是与披露要求有关的规定上存在着很大的差异。该规定旨在为购买证券的投资者提供信息，虽然这些要求在保护投资者以及证券市场上的效果是等效的，但在技术上可能具有高度的地区特殊性，反映了不同的市场条件。法国就因担心阻碍企业进入资本市场而避免增加披露要求。事实上，国外很多公司都担心过多的披露会帮助其竞争对手，它们会倾向于在保密性更高的地方发行证券或开展业务。为了迎合这些需求，有些国家对于发行人的披露要求就相对宽容，转而要求投资者对获取投资信息负有主要责任。鉴于这些特殊的情况，美国证券交易委员会就曾制定过指南明确表示，允许外国公司自行选择是否遵守类似条款的要求。

可以看出，鉴于各个国家处于不同的经济发展阶段，其对资本市场的要求可能会具有独特性和时效性，就此产生的结果就是证券领域内的共同规范相较其他领域要少得多。然而即便如此，国际上仍然对证券监管中的某些常态问题表示出了共同的态度，它们至少可以帮助我们确定一些等效性的起点。

目前，随着互联网成为一种流行的证券买卖方式，②不同国家的证券交易所通过数据链路逐渐连接成一个整体，③最终使得世界证券市场之间的联系变得越来越牢固和突出。而在有效市场中，影响交易价格的公开信息势必会通过相互关联的证券市场在全球范围内广泛传播，此时再坚持欺诈的不利影响仅限于行为发生地是不符合现实的。④ 正如中国人寿保险案中所

---

① Gerber D J. Prescriptive Authority: Global Markets as A Challenge to National Regulatory Systems. Houston Journal of International Law, 2004, 26(2): 302 n.19

② Urquhart J G. Transnational Securities Regulation. Chicago Journal of International Law, 2000, 1(2): 472-473

③ Licht A N. Games Commisions Play: 2 x 2 Games of International Securities Regulation. The Yale Journal of International Law, 1999: 24-62

④ Murray B P, Pesso M. The Accident of Efficiency: Foreign Exchanges, American Depository Receipts, and Space Arbitrage. Buffalo Law Review, 2003, 51(2): 390

提出的论点一样："市场欺诈理论不可能在美国境内适用,但在美国境外却不适用,因为如果证券只在美国境内对信息做出反应,全球交易员就会利用价格差异,在一个交易所买入,在另一个交易所卖出。"①换言之,全球市场的现实本身就必然导致欺诈行为的影响会跨越国界,因此,很多国家都承认扩大本国证券法对欺诈行为的管辖范围是不可避免的。②

除了现实需要,反欺诈规则的内容本身还具有其他等效性基础。与其他证券法规涉及公司实体的内部组织和管理政策不同,反欺诈规则的域外适用并不会严重干扰他国的经济或监管政策。③这是因为反欺诈规则保护的是投资者免受与购买或出售证券有关的任何虚假和误导性陈述的影响,旨在消除市场中的欺骗和操纵。而向投资者作出虚假陈述在直觉上就是错误的,并且很大可能违反任一司法管辖区的证券法,毕竟没有国家会默许其国民从事欺诈的行为。④ 总之,在域外管辖案件中,让一国遵循他国的反欺诈规则的技术性和成本都相对较低,⑤容易获得认同。当然,这也并非绝对,不同司法管辖区之间的反欺诈规则也可能存在细微差别,例如不同的依赖标准、不同的重要性定义、不同的主观要求以及不同的时效期限等,但可以肯定的是,无论身处何处,欺诈都是"坏的",它被广泛认定为一种侵权行为。⑥

---

① In Re China Life Ins. Co. Ltd. Sec. Litig., No. 04-CV-02112(S.D.N.Y. 2005 年 1 月 19 日)

② See Reidenberg J R. Technology and Internet Jurisdiction. University of Pennsylvania Law Review, 2005, 153(6): 1954-1955

③ Taylor E A. Expanding the Jurisdictional Basis for Transnational Securities Fraud Cases: A Minimal Conduct Approach. Fordham International Law Journal, 1983, 6(2): 328-329

④ Corso L. Section 10(b) and Transnational Securities Fraud: A Legislative Proposal to Establish a Standard for Extraterritorial Subject Matter Jurisdiction. George Washington Journal of International Law and Economics, 1989, 23(2): 603 n. 215

⑤ See Jalil J P. Proposals for Insider Trading Regulation After the Fall of the House of Enron. Fordham Journal of Corporate & Financial Law, 2003, 8(3): 697-698

⑥ See Murano N. Extraterritorial Application of the Antifraud Provisions of the Securities Exchange Act of 1934. Berkeley Journal of International Law, 1984, 2(2): 321

第三章
我国证券法域外管辖权应适用效果标准

证券法域外管辖的内在需求要求一国行使域外管辖权的动机必须平衡投资者保护和市场保护二者所代表的私人利益与公共利益的关系。同时,证券法域外管辖的国际可接受性又从管辖利益的本土化和适用规范的等效性要求这两点对域外管辖的正当性方面予以解释。而通过内在需求和国际可接受性这两个方面,我们基本可以为证券法域外管辖权范围划定一个合理的框架。在此框架下,我国证券法域外管辖权标准又该如何选择?哪一项或哪几项标准更加契合证券法域外管辖权的合理范围?下文将对效果标准、行为标准和交易标准展开两两对比,以期找寻最适合我国证券法域外管辖权的标准。

第一节 效果标准与证券法反欺诈规则更契合

尽管效果标准和行为标准一般都是组合适用,但并不意味着二者是一种替代关系,相反,二者是两种截然不同的标准,代表着两种不同的监管利益,需要作出区分。而区分这二者的意义在于,监管利益的性质,即是规范行为还是确定影响,可以为确定域外管辖范围提供一个明确的基准。

一、监管利益性质的区别

证券监管包含两种类型的监管利益,一是效果监管,涉及对证券市场不利影响的监管(无论行为的地点如何);二是行为监管,涉及本国领土上发生的违法行为(无论这种行为的影响在国内还是国外)。据此,效果标准和行为标准分别对应的是证券法中的效果监管和行为监管两种模式。

(一) 效果标准的监管利益在于规制不利影响

简而言之,在证券法域外管辖中适用效果标准体现了国家保护投资者和国内证券市场免受不利影响的监管利益。这意味着效果标准中的影响因素是触发效果监管的核心,无论被指责的行为是否发生在本国领土内,只要该行为已经或意图在本国领土内产生影响,该国就可以以效果监管的理由行使管辖权。例如,中国投资者前往美国证券交易所进行证券交易,却因对方实施虚假陈述而遭受损失,该虚假陈述行为可能因给中国投资者和中国证券市场带来影响而受到中国法院管辖。据此可以推断出,在效果监管下,确定国内影响的有无比确定行为的位置更重要。正如有学者所言,"邪恶与其说是活动本身,不如说是活动的结果。"[1]

效果标准下监管利益的出发点直接来源于证券法的目的。根据上一章对证券法目的的阐述,一国在保护投资者和证券市场完整性方面具有正当利益。而随着全球证券市场日益一体化,过于严格的领土方法可能会使本国法院无法有效解决跨境证券交易中的问题,从而对国内投资者和证券市场产生不良影响。因此,让效果标准作为实现证券监管目的的手段,不仅充分而且必要。

(二) 行为标准的监管利益在于规制违法行为

相比之下,在证券法域外管辖中适用行为标准体现了国家对具有国外影响的国内行为的监管,其监管利益存在于规制行为本身。[2] 例如,一家英

---

[1] Trautman D D. The Role of Conflicts Thinking in Defining the International Reach of American Regulatory Legislation. Ohio State Law Journal,1961,22(3):594

[2] Coffee J C. Racing Towards the Top?: The Impact of Cross-Listing and Stock Market Competition on International Corporate Governance. Columbia Law Review,2002,102(7):1794-1795

国公司在中国开会期间向美国投资者出售了仅在伦敦证券交易所上市的证券,投资者指控该英国公司存在重大虚假陈述行为,中国法院可能会因该虚假陈述行为主要环节发生在中国而进行管辖。即使该行为难以确定在国内是否存在影响,或者实际上只存在国外影响,也能体现国家在规制行为方面的监管利益。

行为标准是证券法领域独创的域外管辖权标准,在此标准下维护监管利益的正当性有以下三点:首先,若法院放弃行为标准下的监管利益,则可能会变相鼓励证券欺诈者将国内当作他们的行动基地和避风港,并通过国内将欺诈计划出口至海外。① 其次,从互惠的角度,如果一国拒绝对在本国发生但未产生影响的行为行使管辖权,则在同样的情况下,其他国家也会怠于执行其证券法。② 一国行使域外管辖权能够鼓励其他国家有效执行反欺诈规则。最后,法院在维护行为标准下监管利益的同时,通过规制行为能够鼓励证券行业提升自身道德水平,形成高标准的商业道德,对一国证券市场发展也是有益的。③

不可避免地,由于既定效果背后总是存在某种行为这一事实,效果标准与行为标准的适用有时也会产生某种混淆。最典型的是,行为标准和效果标准下都可以由外国投资者提起诉讼,所以当外国投资者在国内证券市场购买证券时,可能就会引起混淆。IIT v. Cornfeld 一案就提供了一个很好的例证。原告提供了一种投资工具,基金持有人可以通过该工具参与购买由一家卢森堡公司选择和管理的证券投资组合,而卢森堡公司又由其国外母公司控制。IIT 拥有居住在 154 个国家的近 145 000 名基金持有人,其中约有 218 名基金持有人居住在美国。在 1960 年代末和 1970 年代初的繁荣高峰期,IIT 持有价值 3.75 亿美元的资产,其中约 40% 是美国证券。本案涉及 IIT 对某些美国公司的收购事项,这些收购大部分发生在美国。原告声称被告经理诱使原告进行特定投资并从中收取个人回扣,因此违反了美国证监会补充制定的第 10b-5 规则。第二巡回法院依行为标准处理了本案,理由

---

① Sec. & Exch. Comm'n v. Kasser,548 F. 2d 109,116 (3d Cir. 1977)
② Cont'l Grain (Australia) Pty. Ltd. v. Pac. Oilseeds, Inc.,592 F. 2d 409,421 (8th Cir. 1979)
③ See Grunenthal GmbH v. Hotz,712 F. 2d 421,425 (9th Cir. 1983)

是本案涉及的是美国公司的证券,且交易完全是在美国境内完成。① 但是如果仔细分析会发现,Cornfeld案实际上更应当作为一个效果监管案件来处理,因为原告是一个在美国证券市场投资并受到欺诈影响的受害者。相比用与虚假陈述行为有关的交易行为发生在美国的事实证明美国的间接利益相关者身份,用美国证券市场和美国投资者直接受损的事实证明美国直接利益相关者的身份会更具有说服力。

(三) 效果标准与行为标准在监管利益上是独立的

值得注意的是,除了认清效果标准和行为标准在监管利益上存在区别以外,我们还应确认一点的是,无论效果标准还是行为标准,都是独立存在的,并且二者都足以单独作为行使域外管辖权的标准。之所以澄清这一点,是因为美国法院曾经通过混合适用效果标准和行为标准的方式以此来证明美国国内存在重要且充足的监管利益。有学者甚至称其为域外管辖权案件中"重要的新发展"。② 然而,上文已经揭示了对国外行为的国内影响的监管和对具有不利国外影响的国内行为的监管是不同的。有学者将两种监管利益都放在了保护国内投资者和国内市场这个目的背后,是存在问题的。保护国内投资者和国内市场的这一监管目标,应只属于关注国内影响的效果标准。而行为标准是对具有国外影响而不是国内影响的国内欺诈行为进行的规制,应与保护国内投资者和国内市场利益没有直接关系。因此,在域外管辖案件中,如果已经通过适用行为标准确立域外管辖权,就没有必要再考察是否符合效果标准,反之亦然。但是,如果某项行为只满足两个标准中的部分要求,则不能以此确立管辖权,即两个不同监管利益的两半并不能构成完整的一个。

当在国内行为不足以支撑域外管辖权的案件中寻找国内影响以增加其管辖权分析的分量时,就会出现严重的问题。例如,在 Europe & Overseas Commodity Traders, S. A. v. Banque Paribas London 一案中,法院认为,如果电话(或任何其他进入美国的通信)征询或传达要约的对象仅仅是临时身

---

① IIT, an Int'l Inv. Tr. v. Cornfeld, 619 F. 2d 909, 919 (2d Cir. 1980)
② Dumas D. United States Antifraud Jurisdiction Over Transactional Securities Transactions: Merger of the Conduct and Effects Tests. U. Pa. J. Int'l BUS. L. , 1995, 16: 721

处美国的外国人并且不存在其他可以增加管辖权权重的事实时,该证券交易行为是不足以支持行为标准下的域外管辖权。[1] 其中增加管辖权权重的事实包括对其他美国当事方造成损害、在美国进行经济活动等。在法院看来,如果没有这些可以增加管辖权权重的事实,仅靠在美国的通话或会议是无法建立管辖权的,特别是当证券交易明显受另一个国家监管或另一个国家享有强烈的监管利益时。表面上看,该分析体现了美国法院克制行使域外管辖权的一面,但实际上,法院所提出的增加管辖权权重的事实并不能辅助证明行为标准下监管利益的重要性,因为它并没有体现国内的通话或会议行为极大地助长了欺诈结果的发生。法院所提出的其他美国当事方受到损害的事实以及在美国进行经济活动的事实只与效果标准有关,但在原告并非美国人的前提下,无法构成效果标准下的监管利益。总之,本案无法行使管辖权的根本原因其实是在于国内行为不满足行为标准,在该结论下,任何其他事实都不足以扭转该结论。也就是说,假设外国证券市场的投资者试图依据行为标准提起诉讼,并在诉讼中同时列举了国内证券市场投资者同样受到损害的事实,两种事实下所体现的监管利益不应产生混淆。进言之,国内证券市场的投资者受到损害的事实,不能代替证明国外影响与国内行为之间存在直接因果关系。

二、两种标准下对证券法反欺诈规则监管利益的维护

既然前文适用规范的等效性要求将证券法域外管辖权范围限定在了对证券法领域中反欺诈规则的域外适用中,所以对于域外管辖权标准的选择就必须在该规则下进行讨论。可以肯定的是,所有法规的制定都是为了达到给定的结果或效果,所有禁令都有规定性(以行为为导向)和预防性(以效果或损害控制为导向)的一面。所以对于反欺诈规则而言,其既可以表现为一种效果法规,也可以表现为一种行为法规。但这并不等于效果标准和行为标准下的监管利益与反欺诈规则中的监管利益均是完全契合的。

(一) 行为标准与反欺诈规则的行为监管利益存在脱节

从行为标准而言,其维护的监管利益首先在于防止本国成为欺诈行为

---

[1] Eur. & Overseas Commodity Traders, S.A. v. Banque Paribas London, 147 F. 3d 118, 129 (2d Cir. 1998)

的避风港,虽然这个理由看起来很有说服力,但深入分析后发现它可能是错误的。即使有目的地试图从国内出口欺诈行为,实际交易所在地国家(即欺诈行为的进口国)通常也会比出口国享有更大的监管利益。如果进口国采取行动制止其境内的欺诈行为,那么出口国就无所谓欺诈行为的避风港一说。反之,如果进口国根据其监管法律认为没有必要或不希望对该欺诈行为采取行动,则出口国应该服从行为发生地国家的判决,毕竟该国具有更强的监管利益。

其次,行为标准维护的监管利益是为了防止他国不执行反欺诈规则以及鼓励国际上有效的反欺诈执法。这一点实际上是认为国际社会希望一国在国际形势下积极执行本国证券法,然而,这也是没有根据的。美国法院在宣布这一理由时,明显忽视了其他国家抵制其行使域外管辖权的历史。事实上,在美国开始实行域外管辖制度后,就曾经有大约20个国家制定了旨在保护其公民金融交易机密的保密法,并且大约有16个国家颁布了旨在阻挠外国对国内交易的调查和阻止执行外国判决的阻止立法。[①]

最后,认为行为标准的监管利益是可以提升证券业的商业道德标准这一点也是没有说服力的。虽然一国政府确实会试图提高标准并改变证券交易行业的行为,但美国法院据此就推断出本国证券法规从设立之初就打算将其适用范围及于外国证券交易是没有历史根据的。反域外适用推定原则就已经能够证明国会主要关注的是国内条件,除非法规或立法历史另有明确规定。而且,提升证券业的商业道德标准完全可以通过强化本国证券市场监管达到目标,不必大费周折地去管辖只侵害外国投资者权益的跨境证券欺诈行为。

从上述对行为标准的监管利益分析可以看出,尽管它从表面上看反映的确实是规制行为的利益,但该利益与反欺诈规则中规制行为的利益还是有区别的。前者通过规制行为获取的利益更多的是一种宏观上的理想设想,在一定程度上是美国法院为了适用行为标准人为制造的联系,现实中是

---

① See Kauffman R G. Secrecy and Blocking Laws: A Growing Problem as the Internationalization of the Securities Markets Continues. Vanderbilt Journal of Transnational Law, 1985, 18(4): 820-821

否存在以及是否能够实现这种利益并没有历史根据。更关键的是,适用某项标准不应仅考虑该标准的理想结果,其不利后果也应一并考虑:行为标准比效果标准更麻烦的弱点是无法界定哪些行为属于行为标准中的"行为"。鉴于全球证券市场的兴起,行为跨越多个司法管辖区很大程度上是一个随机(而不是非常相关)的事件。例如,在证券交易中,许多行为都可能导致最终交易;通信可能跨越管辖范围、律师可能进行跨境调查、资金也可能进行国际流动。考虑到行为标准的适用方式,仅仅寻找足够的本地行为(甚至试图对欺诈的基本要素发生在哪里作出人为判断)似乎并不十分复杂,但如何解读这些行为是否符合行为标准却无法形成共识,似乎任何行为都可能被广义或狭义地解读,从而导致域外管辖权的结论不一致。鉴于行为的潜在广度,行为标准原则上应该谨慎适用,即使适用也应该作为效果标准的例外或补充手段。

(二)效果标准与反欺诈规则中的效果监管利益相互契合

证券欺诈条款也许是证券监管背景下效果监管的最典型例子。前文表明,证券法的目的是保护投资者以及维护证券市场完整性。在这个目的指引下,证券法通过披露和制定基本行为规则来保护国内证券市场的完整性,以对市场施加一定的秩序要求。证券欺诈正是违反了披露和相关行为要求,干扰了国内市场的有序运作以及对个人投资产生不利影响。事实上,与援引反垄断条例来纠正反竞争影响类似,反欺诈条款的目的也是为了弥补那些受到欺骗的投资者的利益。这是由证券法的目的决定的,据此,当证券欺诈扰乱国内市场有序运作或对个人投资者产生不利影响时,应承担该法规定的责任。

而效果标准与反欺诈条款的契合是显而易见的。其一,效果标准着眼于国外行为对国内市场秩序和相关利益的影响,而反欺诈条款所保护的利益也具有本土化的特点,即对本国范围内的市场竞争秩序、公共利益、投资者权益等利益进行保护,本国范围之外的相关利益当然不受本国证券法保护。从这一角度来看,反欺诈条款的适用也就自然应当把行为影响的范围作为核心判断标准,将欺诈行为对国内市场造成的影响作为关注的焦点,如此一来,欺诈行为的实施地、实施者的国籍或企业的注册地也就显得没那么重要了。

其二,对于发生在域外的证券欺诈行为,效果标准与其他标准相比能够在经济全球化背景之下对我国的市场和投资者进行更好的保护。① 全球一体化市场的存在表明,证券欺诈行为可能会对独立但相互关联的市场产生不利影响。从这个角度来看,如果本国法律所禁止的行为在该国造成不利影响,则本国的法院应具有管辖权,无论该行为发生在何处。虽然效果标准存在干涉他国主权的嫌疑,但它在扩大反欺诈条款适用范围的同时,也包含了对其域外效力的限制,即反欺诈条款的域外适用只会出现在欺诈行为对国内市场造成影响的情况下。

综上所述,与行为标准相比,效果标准与证券法反欺诈规则中的效果监管利益更加契合,如果将效果标准作为域外管辖权的标准,能更好地发挥证券法反欺诈规则在域外管辖制度中的作用。

第二节 交易标准无法满足证券法域外管辖的内在需求

通过对效果标准与行为标准进行比较后,本书认为效果标准与证券法反欺诈规则更契合,更能维护证券法反欺诈规则之下的监管利益。那么,当效果标准遇到交易标准时,二者又会产生怎样的结果?

一、确定管辖范围方式的区别

效果标准和交易标准在确定管辖范围的方式上存在很大的差异:前者依据的是立法背后的假设意图,具有很强的延展性;后者则依据的是法规文本和历史推断,具有虚假的客观性。

(一)效果标准:来源于立法背后的假设意图

自 1929 年美国股市崩盘后,美国国会就放弃了原先不干预的政策,相继

---

① See Siegmund E. Extraterritoriality and the Unique Analogy Between Multinational Antitrust and Securities Fraud Claims. Virginia Journal of International Law,2011,51(4): 1047

通过了《1933年证券法》和《1934年证券交易法》，并成立美国证券交易委员会，自此形成一套完整的证券监管体系。其中，反欺诈条款成为这一体系的基石，它禁止任何操纵或欺骗手段。不过，该条款的措辞并没有明确其是否能够适用于外国行为或外国人，毕竟1929年的国会没有预见到全球证券市场的扩张，这一点也不奇怪。糟糕的是，就法律解释的历史方法而言，也几乎只涉及国内市场以及保护市场中的国内投资者。具体而言，依据反域外适用推定原则，美国法院在解释某一项法规是否能够延伸至域外时应该遵循以下两则指导：一是，在确定一项法规是否具有域外适用性时，法院应将法规的语言解释为仅适用于那些在规范中已明确可以进行管辖的人或事物。① 二是，法院应仅在美国领土范围内适用法规，除非国会明确规定了例外。② 而由于国会没有明确将美国证券法规的适用范围扩大到美国领土以外的个人，因此依据对法律解释的历史方法而言，法院应对证券法的域外适用采取限制性做法。

在面对以上法规和立法解释的空白，美国法院没有就此完全否决域外管辖，相反，它试图通过推测反欺诈条款所依据的国会意图中得到启示。对此，第二巡回法院曾经承认，其所作出的关于证券法中域外管辖问题的结论并不取自于法规以及立法解释中的语言，而是在参考证券法和其他法规关于涉外因素的判例法和评论的基础上，推测国会在面对这些问题时可能的意图。③ 于是，法院认为，国会不会希望国外的不法行为者可以自由地在国内造成伤害，并且假设国会应该会确保一些在国际市场进行投资的国内投资者可以在国内法院追究欺诈责任。在此推测下，法院进而将跨国证券欺诈解释为《1934年证券交易法》第10(b)条所涵盖的"任何人"使用"任何手段"进行与"任何证券"有关的欺诈。

(二) 交易标准：源自法规的文本和历史推断

莫里森案最大的创新就是创设了聚焦分析，以确定法律的管辖范围：如果涉及法律重点的事实行为发生在本国，则直接适用该法律，反之，如果涉

---

① American Banana Co. v. United Fruit, 213 U.S. 347, 357 (1909).
② 同上。
③ Bersch v. Drexel Firestone, Inc., 519 F.2d 974, 987, 993 (2d Cir. 1975).

及法律重点的事实行为发生在国外,则不允许适用该法律。这就提出了一个问题,即法院应如何决定某一法律的重点是什么?换言之,如果聚焦分析是确定域外管辖权的标准,那么确定聚焦分析的标准是什么?对此,莫里森案并没有提供一般标准,而只是根据当前案件涉及的法律进行分析,最终确立了独属于证券法的交易标准。

与效果标准不同,交易标准充斥着斯卡利亚大法官的文本主义思想,以及对目的主义和相关概念的批判。在斯卡利亚大法官看来,目的主义与文本主义是两种相互竞争的方法论,如果采用目的主义,文本的词语和含义将会被抽象构思的"目的"或"后果"所取代。正如斯卡利亚大法官在《读懂法律:法律文本的解释》一书中所指出的那样:目的主义最具破坏性(也是最诱人)的特征就是它的可操纵性。任何法律或私人命令的规定都可以说存在多种目的,这些目的可以按照等级形成一个抽象的阶梯。① 例如,一项禁止盗窃的法律,其最狭隘的目的就是防止人身盗窃;然后,按照一般性的升序,从保护私有财产到维护私有制再到通过使生产者能够享受其劳动成果来鼓励生产活动直至最后促进共同利益。由于目的论者是从目的中得出文本的意义,而非从文本意义中得出目的,所以他可以自由地到达这一阶梯中的任何一个目的,同时在这个过程中,他还可以依据所选择的目的层次来填充或改变文本。② 通过强调规则的预期效果,法官容易忽略规则本身,甚至无视规则文本。对此,斯卡利亚大法官总结道,用目的主义取代文本分析,会让法院错误地进行法律偏向分析,所以除非有文本依据,否则这样的目的分析完全没有指导意义。③

正是在对目的主义批判的背景下,交易标准选择了文本主义,即按照立法机关"本来希望"的方式解释法规。通过研究证券法文本,法院从以下几个方面确定了美国《1934年证券交易法》第10(b)条的"重点":首先,根据美国《1934年证券交易法》序章中对该法宗旨的描述,"为对州际、国外商业中

---

① See Scalia A, Garner B A. Reading Law: The Interpretation of Legal Texts. Minneapolis: West Publishing, 2012: 18-19
② 同上。
③ See Scalia A, Garner B A. Reading Law: The Interpretation of Legal Texts. Minneapolis: West Publishing, 2012: 22-76

及通过邮递运行的证券交易所和场外交易市场进行监督,为防止该等交易所和市场上的不平等、不公平做法及为其他相关目的,特制定本法",①法院认为这清楚地反映了国内交易所在规范对象中具有首要地位。② 其次,对于未在国内交易所注册的证券,法院认为《1934年证券交易法》第30(a)条和30(b)条的文本清楚地表明,国会"完全专注于国内购买和销售"③。第30(a)条规定,"任何经纪商或交易商违反证券交易委员会制定的就维护公共利益、保护投资者或防止规避本法而言确属必要或适当的规则和条例,直接或间接利用邮递或利用任何州际商业手段或工具在美国管辖范围外或不受其管辖的交易所进行属于美国管辖内或受其管辖的地点的居民发行人、依照该地点的法律组建的发行人或主营业地位于该地点的发行人的任何证券之交易的,应属违法。"④第30条(b)款规定,"任何人进行证券业务交易不属于美国管辖的,若其进行该业务交易并未违反证券交易委员会制定的就防止规避本法而言确属必要或适当的规则和条例,则不适用本法规定或其项下的任何规则或条例。"⑤法院认为,这两款均从侧面反映了交易的地点决定了《交易法》是否适用的问题。最后,法院认为《1934年证券交易法》第10(b)条也表明国会关注的是证券交易。第10(b)条规定,"任何人直接或间接利用任何州际商业手段或工具、利用邮递或利用全国性证券交易所任何设施……违反证券交易委员会为维护公共利益或保护投资者而制定的必要或适当规则和条例,使用或利用任何操纵或欺诈手段或计谋的",⑥均属违法。法院从该款表述上认为,第10(b)条惩罚的并不是所有欺诈行为,而只是与购买或出售有关的欺诈行为。换言之,违反第10(b)条仅要求存在欺诈行为是不够的,还必须限定在购买或销售中的欺诈行为。⑦ 综上所述,交易标准

---

① 张路译.美国1934年证券交易法.北京:法律出版社,2006:3
② Morrison v. Nat'l Australia Bank Ltd., 561 U.S. 267, 130 S. Ct. 2885, 177 L. Ed. 2d 535 (2010)
③ Morrison v. Nat'l Australia Bank Ltd., 561 U.S. 268, 130 S. Ct. 2885, 177 L. Ed. 2d 535 (2010)
④ 张路译.美国1934年证券交易法.北京:法律出版社,2006:695
⑤ 张路译.美国1934年证券交易法.北京:法律出版社,2006:695
⑥ 张路译.美国1934年证券交易法.北京:法律出版社,2006:161
⑦ Morrison v. Nat'l Australia Bank Ltd., 561 U.S. 272, 130 S. Ct. 2887, 177 L. Ed. 2d 535 (2010)

侧重于从法规语言中得到域外管辖权范围的结论,而不是从域外管辖需要实现的目的出发。

表面上看,以上法院的分析应该是一个法律解释问题的明智做法。然而,问题在于,它可能存在前提上的两个问题:其一,立法者并没有确定成文法"重点"的习惯,从而允许法院选择构成该法规的国内适用的内容;其二,这些论点实际上并没有真正表明证券交易才是《交易法》的重点。例如,《交易法》第30(b)条是关于外国证券交易豁免的内容,但并不绝对。如果仔细阅读,会发现该款实际上并未妨碍《交易法》适用于美国境外交易,相反,它规定了例外情况。同时,第30(a)条则授权美国证券交易委员会颁布规则和条例,以防经纪商或交易商在进行海外交易时利用第30(b)条中的豁免逃避美国法院管辖。由此可见,第30(a)和(b)条并未表明《交易法》不适用于境外交易,至于证券交易是《交易法》重点的结论更是无从谈起。再比如,尽管《交易法》第10(b)条确实没有惩罚与购买或出售证券无关的欺诈行为,但问题是,该款也并没有涉及在没有欺诈的情况下购买或出售证券的问题。因此,这并不能直接证明在欺诈与购买或出售之间,后者就是《交易法》的重点。事实上,交易标准让法院只关注交易而无视欺诈行为,可能是一件很荒谬的事情。正如斯卡利亚大法官本人所表示的那样,关于类似的邮件欺诈法规,"承担责任的是邮件欺诈,而不是邮件和欺诈。"成文法禁止的主要行为是非法使用任何操纵性或欺骗性的手段或诡计。在刑法术语中,"使用欺诈手段或诡计"是犯罪行为,而"购买或出售任何证券"等相关元素可能仅称为伴随情况。因此,很难理解为什么犯罪的主要要素应该是无关紧要的,而只关注交易地点。

此外,通过聚焦分析确定证券法的管辖范围还会陷入逻辑证明上的循环。莫里森案中,法院重申了反域外适用推定原则,以此证明国会通常是就国内事务而不是国外事务进行立法,除非国会明确表示赋予法规域外效力的肯定意图,否则必须假设它主要关注国内条件。随后,法院又根据法规语言得出结论,国会无意规范境外证券交易。表面上看,这样的推断似乎是环环相扣的。但是,如果法院可以得出这样的结论,那援引反域外适用推定原则又有什么意义呢?换言之,如果法院必须决定国会是否打算将法规用于眼前的案件情况,那么确定域外管辖权的标准就没有多大用处。归根结底,法院决定案件是否涉及域外管辖的目的就是为了决定是否需要援引反对域外适用推定原则。最终的结果是，莫里森案法院创造了一个完全循环的测试：为了援引反域外适用推定原则以决定国会是否打算让证券法适用本案，而要求法院确定国会是否打算让证券法适用本案。①

二、两种标准下对投资者和证券市场的保护力度

（一）交易标准对投资者和证券市场的保护力度最弱

简而言之，交易标准的管辖方式就是在地理上将交易份额列为"国内"或"外国"，以分别决定本国证券法是"适用"抑或"不适用"。这种关注交易地点的方法，虽然应用起来很容易，但会产生值得怀疑的结果。

首先，对特定证券交易地点的关注将可能导致对私人诉讼权的任意分配。有学者指出，该标准在实践中是任意的、不公平，其反映的不是投资者的选择，而只是市场环境。② 例如，对于交叉上市的证券，经纪人将使用为客户提供最大财务优势的交易所，在这种情况下，国内投资者可以通过国内经纪人购买国内证券交易所上市的证券，但交易可以在国外证券交易所执行。而根据美国法院所主张的"上市并交易理论"，投资者只有在国内证券交易所进行交易，才能通过本国证券法主张索赔，其他情况将被禁止追偿。讽刺的是，在现代交易环境中，证券交易主要转移到电子平台，证券交易所的地理位置更多地存在于虚拟意义上，投资者可能并不知道他们的证券交易最终是在国内交易所还是国外交易所上进行。结果就是如果交易正好发生在国内交易所，投资者才能获得证券法的保护，最终，投资者保护似乎变成了一个随机事件。试想如果证券交易中充斥着欺诈行为，但受到损害的投资者却因一些偶然的因素（非自己的过错）而无法在本国法院寻求救济，这显然是不符合证券法建立证券欺诈监管体系的目的。此外，从公平的角度来看，期望机构和成熟的投资者了解交易规则并相应地构建他们的证券交易方式可能是合理的，但以此来要求普通投资者肯定是不现实的。

---

① Gevurtz F A. Determining Extraterritoriality. William and Mary Law Review, 2014, 56(2): 370
② Bartlett R P III. Do Institutional Investors Value the Rule 10b-5 Right of Action? Evidence from Investors' Trading Behavior following Morrison v. National Australia Bank. Journal of Legal Studies, 2015, 44(1): 184

其次,交易标准无法有效地将那些因实际欺诈的地点、当事方的所在地和交易的经济性而需要本国法院补救的案件与那些应该留给外国法院监管的案件区分开来。在某些情况下,它可能允许法院管辖与本国联系较弱的案件,却禁止管辖含有大量本地因素的案件。例如,交易标准对F立方案件的不同处理就揭示了这种现象。F立方诉讼有三种可能类型:(1)外国投资者起诉外国发行人因本国交易而产生的欺诈行为;(2)本国投资者起诉外国发行人因外国交易而产生的欺诈行为;(3)外国投资者起诉本国发行人因外国交易而产生的欺诈行为。根据交易标准的表述,只有第一种索赔可以根据适用本国证券法,即使该索赔与国内的联系可能根本比不上后两者。再比如,A是一位本国投资者,他被误导购买了一家在本国注册成立并开展业务的公司的证券,所有的谈判均发生在本国境内,只是最后的证券交易由该投资者在国外完成。尽管本案中国内联系占主导地位,但从交易标准的狭义解读来看,投资者仍然无法援引本国证券法进行救济。更糟糕的是,外国法院或外国监管机构可能也对此毫无兴趣,毕竟与国外的联系只有交易发生的位置这一项。在这种情况下,本国投资者可能面临两难境地,既无法获得自己国家的救济,也无法寻求外国法院的救济,从而产生监管空白。

最后,交易标准的明线优势也可能成为明显的监管漏洞:那些恶意经营的人很容易操纵他们的交易以保持有罪不罚的一面。鉴于前所未有的资本流动性和无处不在的在线交易,私人行为者可以很容易地将其交易地点转移到任何司法管辖区的领土之外。在最坏的情况下,它为私人行为者选择退出某一国证券法的约束创造了漏洞。因为在交易标准下,欺诈行为是否是国内的或欺诈行为的国内影响是什么并不重要,法院只关注交易地点。这就意味着,证券交易商只需将其活动限制在国外证券交易所,就可以很容易地逃避交易标准的适用范围。长此以往势必会侵蚀证券监管在打击证券欺诈方面的威慑力,并严重动摇投资者的信心。

总之,上述分析表明,交易标准为了追求可预测性优势并抑制行为—效果标准下的滥用,却偏离了证券法保护投资者和保护市场的基础。[①] 尽管交

[①] Buxbaum H L. Remedies for Foreign Investors Under U. S. Federal Securities Law. Law and Contemporary Problems,2011,75(1):172

易标准批判行为标准和效果标准难以应用,但交易标准带来的危害可能更大:它回归到了一种"相当狭窄和有限的领土保护方法"①,将证券法对投资者的保护降低到了令人无法接受的程度,②并产生了在行为—效果标准下不存在的问题。不考虑原告的国籍、交易的谈判或完成地点(行为)以及交易损害的地点(效果)等等这些与监管利益息息相关的因素,而只关注交易发生在哪里。这合乎逻辑吗?或更直白地说,这公平吗?它甚至可以允许某些与领土联系较弱的案件继续适用,但禁止某些具有实质性联系的案件,仅仅因为其偶然地不符合交易位置的要求。③ 显然,这与证券法域外管辖的内在需求完全不符。

以至于莫里森案件后不到一个月,美国国会又通过了《多德—弗兰克华尔街改革与消费者保护法案》(Dodd-Frank Act)(以下简称为"多德弗兰克法案")。其中第929P(b)条,被解读成对莫里森案件的回应。它指出,如果发生在美国境内的行为构成"违法行为中的重要步骤"(即使证券交易行为发生在美国境外且仅涉及外国投资者)或发生在美国境外的行为对美国产生了"可预见的实质性影响"时,美国法院对美国证券委员会或美国政府(司法部)提起的证券欺诈诉讼具有域外管辖权。此外,多德弗兰克法案还在第929Y条中规定,美国证券交易委员会需进行研究,并在18个月内向国会报告是否应将第929P条规定的标准从美国证券交易委员会或政府发起的行动扩展到私人诉讼。事后,美国证券交易委员会于2012年4月发布研究报告时,并未就此问题提出明确建议。④ 不过,在一份来自世界各地的42位法学教授的联合意见书中,他们表示,尽管他们承认在证券集体诉讼的效力和

---

① Rotem Y. Economic Regulation and the Presumption Against Extraterritoriality-A New Justification. William & Mary Policy Review,2012,3:234
② 在交易标准下,国内外投资者进行交易只要发生在国外一律得不到救济。
③ Boehm J L. Private Securities Fraud Litigation After Morrison v. National Australia Bank:Reconsidering A Reliance-Based Approach to Extraterritoriality. Harvard International Law Journal,2012,53(1):285
④ U. S. SEC. & EXCH. COMM'N,Study on the Cross-Border Scope of the Private Right of Action Under Section 10(b) of the Securities Exchange Act of 1934,https://www.sec.gov/files/929y-study-cross-border-private-rights.pdf.本报告中,SEC对行为、效果和交易标准都进行了广泛的讨论,包括支持和反对意见,但最终未能就《交易法》的域外管辖给出最佳解决方案,并将此问题交由未来立法和司法发展去解决。

私人股东权利的范围方面存在意见分歧,但作为一个整体,所有的改革均应该一致性地适用于国内和受影响的外国发行人,这才是合乎逻辑的。因此,他们支持将证券法域外管辖权范围扩展至私人原告提起的诉讼。虽然这些意见没有被明确采纳,但不管怎样,无论之前莫里森案是如何规定的,至少美国证券委员会或司法部又可以根据行为—效果标准抵御离岸证券欺诈行为。从行为—效果标准的再次恢复可以看出,美国作为交易标准的创造者,在实施的过程中也发现其并不符合证券法保护投资者和国内市场秩序的目的,它的提出更多的是作为抵制行为—效果标准滥用的一个暂时性的工具,并不能做到解决域外管辖权问题,反而造成了更大的混乱,所以交易标准在现有的标准中应该首先被排除。

(二)效果标准对投资者和证券市场的保护力度最强

尽管效果标准存在许多缺陷,但在投资者和证券市场保护方面,它具有绝对的优势,毕竟它就是以此为根基建立起来的。尤其是对于中国证券市场这样一个新兴证券市场而言,效果标准能够在其融入国际化证券市场的初期为国内投资者提供关键保护。

目前,我国证券市场的国际化进程可以分为两大空间流向:第一类是"引进来",如沪港通、深港通、沪伦通,其主要特点是由两地政府部门主导推动,双方证券监管部门和交易场所事先在证券的发行上市、交易结算、信息披露、投资者保护等市场基础制度上作出协调安排,为便利两地资本要素双向流动搭建一个专门平台,两地资本要素在此平台上流动能够享受特殊便利。[1] 第二类是"走出去",如境内企业赴海外上市,其主要特点是企业或个人在境外资本市场中将完全以外国人的身份参与到境外资本市场中去,适用境外资本市场关于外国人的一般性规定,无法享受前一种政府主导模式下的制度便利。[2] 无论是推行"引进来"还是"走出去"政策,都说明随着我国证券市场开放程度的不断提高,我国境内投资者可以交易的涉外股票或其他证券产品将逐渐增多。这对于境内投资者而言无疑是一种机遇,但同时也是一种挑战。

---

[1] 于萍.新《证券法》下跨境证券监管制度的完善.见:卢文道,蔡建春主编.证券法苑(第三十卷).上海:上海证券交易所,2020:438

[2] 同上。

尽管国际化进程中各个资本要素跨境的方式有所不同,但都可能涉及无法适用属地管辖的情形。例如,境外上市企业在信息披露方面对境内投资者产生误导或欺骗,包括通过粉饰财务报表的方式夸大企业实力、避重就轻对一些本应披露的信息予以保留、未及时向境内投资者披露等等。再比如,境外发行人到境内发行股票或存托凭证(DR)时,其在境外的股权交易或资产交易损害到境内证券持有人的利益的情况,或者中介机构在境外将存托凭证转换为基础证券的行为存在违规情节并扰乱境内市场秩序的情况等等。① 上述行为,无论境内投资者的损失大小,只要交易不发生在境内,就绝对无法通过交易标准维护境内投资者的利益。相反,效果标准则要宽松的多,司法机构只要证明境内投资者和国内证券市场受到实质性的损害,就有可能通过效果标准将上述行为纳入我国证券法的管辖范围,从而维护境内投资者和境内市场的利益。

　　效果标准之于交易标准的这种宽松性对于我国境内投资者以及国内证券市场而言是具有现实意义的。根据《上海交易所统计年鉴(2023卷)》,截至2022年底,我国自然人投资者的持股总市值占比约为23.19%,专业机构投资者的持股总市值占比约为21.69%;自然人投资者开户总数约为3.24亿,其中持股市值在50万元以下的中小投资者占比达79.98%。② 由此看出,我国证券市场仍然是以散户和个体投资者为主,因此,中小投资者的保护工作在我国资本市场的发展中占据着关键性的地位。然而,由于教育水平不足、专业知识匮乏、市场信息不对称等原因,我国中小投资者成为资本市场的弱势群体,甚至成为各机构乃至上市公司"狩猎"的对象,后者通过虚假陈述、内幕交易、操纵市场等手段,将投资者的财富转移到自己手中。③ 再者,从我国现有证券市场制度来看,投资者保护的声誉机制、市场主体的诚信意识和违规者的淘汰退出机制都不健全,④因此,投资者利益保护的市场机制其实是不足的,需要倚靠国家权力。当前,我国证券市场秩序的维护几乎完全依赖于行政执法,当

---

① 冷静.新《证券法》"域外管辖条款"适用的相关问题.地方立法研究.2021,6(4):13
② 上海证券交易所:《上海证券交易所统计年鉴(2023卷)》,https://www.sse.com.cn/aboutus/publication/yearly/documents/c/10747773/files/3d6aae2466cc4c43808f5d98976f35e6.pdf,最后访问时间:2024年5月20日。
③ 钟腾.中小投资者保护的中国实践:创新、成效与企盼.金融市场研究,2024(4):2
④ 陈洁,孟红.我国证券市场政府监管权与市场自治的边界探索——基于监管目标及监管理念的重新厘定.南通大学学报(社会科学版),2020,36(3):118

证券市场违法侵权行为被发现后，一般首先会由监管部门介入进行调查，并对相关市场主体依法进行行政处罚。经年累月，我国投资者对于使用行政手段维护市场秩序的依赖性过强，同时，对于使用司法手段维护自己的权益却疏于了解或者产生懈怠。但在国际证券案件中，对于投资者而言，最直观、最实在的保护恰恰是民事司法救济手段，能够让投资者受损的权益得到不同程度的修复和弥补，从而挽回其遭受的经济损失。因此，通过效果标准降低国际民事诉讼的门槛，对于提高中小投资者的司法保护水平具有十分重要的意义。

综上所述，鉴于效果标准在投资者和证券市场保护方面的优势，以及这种优势对于我国投资者保护制度方面的现实意义，效果标准比交易标准更能在域外管辖制度中保护境内投资者以及境内证券市场。

至此，通过行为标准、效果标准和交易标准的两两对比，现在我们可以得出结论，我国证券法域外管辖权标准应当选择效果标准，具体可以表述为"在中华人民共和国境外的证券发行和交易活动，对中华人民共和国境内市场秩序和境内投资者产生了直接、可预见的实质性损害时，中华人民共和国法院具有管辖权，可以依照本法有关规定处理并追究法律责任"。

第三节 效果标准的内在缺陷和外在限制需要

尽管效果标准较行为标准、交易标准更适用于证券法域外管辖，但这并不代表效果标准就完全是正确的。事实上，效果标准存在着固有缺陷，再加上证券市场环境的推波助澜，域外管辖权极有可能呈现出不断扩张的趋势，甚至带有霸权色彩。为了阻止这一局面发生，我们需要对效果标准的适用进行一定的限制，以缓解和他国之间的国际冲突。

一、效果标准的固有缺陷：它是一种单边主义

（一）效果标准本质上是一种单边主义授权原则

较之传统的属地原则和国籍原则，效果标准显然更具有可塑性。属地

原则和国籍原则是各国法院最常用的管辖权原则,同时也是法官主观自由度最低的管辖权原则。前者要求法院调查某一需要管制的行为是否发生在领土范围内,即是否在本国领土上发生了证券欺诈行为?后者则要求法院调查公民身份或根据其他法律确定与国内的关系,即行使证券欺诈行为的人是否是遵守本国法律义务的本国公民?理论上,领土和公民身份的基本方面通常是固定的,可以很容易地参照既定的法律和公共文件来确定,并且不需要法官评估原因、目的或监管动机,他们只需要探讨谁做了某事或者在哪里做了某事。显然,在属地和国籍管辖原则下,法官几乎不存在任何可以自由裁量的空间,即当行为人实施证券欺诈行为时,管辖权就已经确定了。相比之下,通过效果标准,法院则可以不再受限于谁做了某事或在哪里做了某事这种客观事实,而是可以借由对国外行为的影响及其程度的主观评估,成功摆脱领土与国籍对主权权力的约束,法官的主观自由度要高的多。

正是由于效果标准具备如此高的灵活性,它成为解决域外管辖案件中最有力也是最广泛的武器,可以这样说,现代域外法治的故事就是效果标准的故事。然而,在效果标准成为"灵丹妙药"的同时,它的问题也逐渐暴露出来。纵观效果标准的发展历程,可以发现,无论是早期的一般性影响,还是后期的实质性影响,其合理性构造都只关注于国外行为对国内的绝对影响,并在此基础上寻求本国法律的适用性,而没有考虑外国法律的同等适用性。① 这就表示,无论效果标准具备多大的合理性,其在本质上都是不完整的:它从结果来看涉及的是国际上的多方行为,但在过程上却只是一种单边主义授权原则,即并没有为本国法律扩展到国外可能导致的任何冲突提供指导,自然也就不能防止执行本国法律可能带来的"国际并发症"。这种单边主义立场最大的后果就是会在无形中推崇本国立场的至高无上,使得效果标准陷入一种功能性应用的陷阱,最终被国家的政策目标所取代,美国既往的域外经济制裁就是明证。出于维护美国经济霸主地位的终极目标,美国法院通过将国外行为的影响与国内市场和国内投资者人为联系

---

① See Dodge W S. Extraterritoriality and Conflict-of-Laws Theory: An Argument for Judicial Unilateralism. Harvard International Law Journal, 1998, 39(1): 124

在一起,进而打着域外管辖的幌子干涉他国金融贸易自由、打压他国企业正常发展。

(二) 效果标准无法进行自我限制

在20世纪40年代效果标准成立之初,效果标准所能产生的影响确实是有限的。毕竟,在一个相互依存程度较低的世界中,外国公司在国内市场产生影响的可能性还很小,法院进行域外管辖的契机自然也很少。但现在,频繁的跨境活动"几乎保证了重叠管辖权冲突的增加"①。"一切都会影响一切",效果标准事实上为近乎普遍的管辖权提供了许可,具体原因有二。

其一,尽管前述章节提及对于效果标准的扩张属性,美国各巡回法院已经规定了效果标准的自我限制条件,但这种限制对于自身概念本就不明确的效果标准而言似乎没有多大的意义。效果标准仍然难以应用且缺乏教义的清晰性。理论上,效果标准必须事先明确什么是效果,以及这种效果必须在多大程度上存在。事实却是法院和学界关于域外管辖权应扩大到何种程度不存在共识。②于是,效果标准就顺势处于一种"进可攻、退可守"的自由状态。效果标准允许法院通过"临时"处理每个案件来承担一定的立法职能,③在这一过程中,法院完全可以依据想要的"正确结果"对效果标准进行重塑,而不在乎会对理论的明确性和可预测性产生何种不良影响。任何影响,即使是微不足道的影响,在某些情况下可能就足够了。更糟糕的是,甚至间接影响似乎也能被解释为效果标准中的影响,对于这种趋势,很多学者将其诟病为效果标准的"下坡路"。④

其二,证券法域外管辖中的效果标准是建立在保护国内证券市场和投资者的意图之上,这一意义的重要性赋予了法院负有压倒其他一切推进域

---

① Buxbaum H L. Conflict of Economic Laws: From Sovereignty to Substance. Virginia Journal of International Law,2002,42(4):940,943

② Abate R S. Dawn of a New Era in the Extraterritorial Application of U. S. Environmental Statutes: A Proposal for an Integrated Judicial Standard Based on the Continuum of Context. Columbia Journal of Environmental Law,2006,31(1):97-102

③ Gibney M P. The Extraterritorial Application of U. S. Law: The Perversion of Democratic Governance, the Reversal of Institutional Roles, and the Imperative of Establishing Normative Principles. Boston College International & Comparative Law Review,1996,19(2):307

④ Born G B, Rutledge P B. International Civil Litigation in United States Courts. 4th ed. New York: Wolters Kluwer,2007:573

外管辖权的义务,①且无法轻易被纠正。② 以美国为例,根据反域外适用推定原则,理论上除非国会明确表示赋予法规域外效力的肯定意图,否则必须假设它主要关注国内条件。然而,法院在承认此项原则的基础上,仍然将行使域外管辖权的必要性放在了首位,认为在市场案件中,③维护市场秩序的紧迫性可以让法院在法规没有明确规定的情况下自行解释。一旦允许扩大解释,法院完全可以在证券案件中自由地发现域外意图,即只要投资者在相关市场中受到了损失,法院就可以使用模棱两可的保护意图将投资者的损失上升至宏观层面,使得域外管辖权的认定可能性大大地提高了。

因此,一旦接受效果标准成为域外管辖权的基础,拒绝扩大管辖权几乎就是不可能的。④ 即使效果标准再怎么周延,只要出发点仍然限于本国立场,成就的也只是一种片面的深刻。

二、国际证券市场对效果标准的完善要求

一方面,效果标准固有的缺陷很大程度上会扩大域外管辖权的行使并被视为对他国政府监管机构的挑战甚至冒犯,从而埋下管辖权冲突的隐患;另一方面,证券市场的现代网络化环境又会间接刺激效果标准的频繁适用,进一步加剧现有的管辖权冲突问题。因此,即使效果标准是适当的域外管辖权标准,但在适用时也必须进行限制。

(一)效果标准在网络化证券市场中的潜在广度

90年代以来,随着互联网的兴起和发展,国际证券市场也迎来了前所未有的网络化变革。证券市场的组织方式不再拘泥于物质化实体,而是迈向

---

① Brilmayer L. The Extraterritorial Application of American Law: A Methodological and Constitutional Appraisal. Law and Contemporary Problems,1987,50(3):14

② Juenger F K. Constitutional Control of Extraterritoriality?: A Comment on Professor Brilmayer's Appraisal. Law and Contemporary Problems,1988,50(3):39

③ 值得注意的是,美国法院对于非市场案件中的域外管辖问题则持保守态度,认为只有法规明确表明存在域外适用的意图,才能行使域外管辖权,否则将拒绝。例如,在 Foley Bros. v. Filardo 案中,法院拒绝行使域外管辖权的理由就仅仅是无法在八小时劳工法中找到国会意图将该法进行域外适用的明确表达。See Foley Bros. v. Filardo,336 U. S. 281,286,69 S. Ct. 575,578,93 L. Ed. 680 (1949)

④ Parrish A. The Effects Test: Extraterritoriality's Fifth Business. Vanderbilt Law Review,2008,61(5):1479

一个由数据所形成的虚拟网络化世界。在这个世界中,不仅证券发行和交易方式在发生变化,投资者也在不断改变自己的思维方式去积极适应。传统的证券发行和交易方式是由证券商负责销售,投资者前往证券商的营业网点或其他网点进行认购。而在如今,远程交易的概念深入人心,只要拥有一台计算机,投资者就可以在任何地方瞬间完成证券交易。网络化环境使证券交易成为一件极其便捷的事情,从而吸引了更多的人投资到证券市场中。

诚然,证券市场的网络化环境主要体现了传统领域在与新兴网络领域结合后的迅猛发展,但同时不能忽视的是它也产生了与管辖权有关的网络化问题。从法律的角度去看,网络空间最为显著的特点是网络本身没有物理性边界、全球相联性和开放性、管理的非中心化、虚拟空间内部的多元化。正因如此,即使跨境交易并非一种新现象,但在网络化的世界中,各国在解决涉及网络的管辖权问题时还是可能会面临复杂的选择。这里想象一下效果标准在网络空间的潜在广度:在一个现代化的投资市场中,特别是在一个以多重交易为特征的市场中,各国的证券市场逐渐失去某些特定证券上的垄断地位。取而代之的是,无论是发行人、推销商、经纪人还是顾问,都可以在互联网上随时接触其他国家的投资者,并且在发送、接受以及传递证券信息的一系列过程中,任何活动的影响都可能立即在其他管辖区感受到,即使行为者不存在这样的意图。若某个管辖区基于该影响而认为有必要将其规范应用于域外活动确实是符合效果标准的要求,但与其他不涉及网络的证券案件相比,此时适用效果标准的结果几乎不可避免地会倾向于适用普遍管辖原则。当然,如果网络空间的纠纷,当事人都不将争端提交到法院处理,而是服从网络提供商的规则,由服务提供商以仲裁者的身份来解决冲突,以此排斥法律对网络的管辖即实现"网络空间零管理",这无疑是一个可行的办法。[①] 但现实中,有些国家并不认为此类协议是一种公平的办法,毕竟参与者的能力参差不齐,无法简单地通过事先选择以决定自己行为的归属。因此,涉及网络的证券相关争议大多不仅无法直接在网络空间中得到解决,反而加剧了现实世界中的管辖权选择以及管辖权冲突问题。

---

① 参见齐爱民,陈文成.网络金融法.湖南:湖南大学出版社,2002:239

（二）对效果标准进行外在限制的必要性

也许有人会质疑为什么要对效果标准进行限制，毕竟，当所取得的成就是好的结果时，广度并不一定是邪恶的。但通过比较其他国家禁止证券欺诈的措施，会发现各国在发现和补救证券欺诈方面通常使用较少的资源。这就表示尊重另一个国家的证券法领域往往会带来比制裁更少的风险。具体而言，以下对效果标准进行外在限制的几种考量因素值得我们思考：

首先，现有文献经常被淡化或忽视的最大问题就是域外管辖固有的不民主和不公平性质。根据基本的民主原则和规范，政府必须建立在同意之上，并且外人不得将法律强加给未同意人之上。然而，域外管辖权的核心就是迫使国家领土边界以外的人承担国内监管的后果，并且他们几乎无力改变这些监管。正如有学者指出，域外管辖权"允许一个国家选择在其他国家适用他们自己的规则，代表了一种不同于按照民主规则制定的规范和原则之下的法律概念"①。这是因为，外国人并没有投票权，无法影响国内政策制定过程，但国内法院却要对外国人适用其没有同意的法律，这是一种对民主的践踏。② 此外，与民主相关的还有公平问题。除非人们知道该学习哪种法律，否则他们无法遵守法律。如果一个人想知道管辖行为者或交易的法律，他必须能够在作出行为之前确定有权管理的一个国家。我们不能指望一个人通常可以遵守限制性更强的规则，这是不现实的。尽管司法单边主义者认为扩大效果标准的适用可以弥补监管空白，但这种观点并没有对外国人在制定对他们施加成本的法律方面几乎没有发言权这一事实作出回应。更多的监管只是一国法律在国外单方面适用的结果，但如果所有受影响方没有充分发表意见，那没有理由认为行使域外管辖权的国家所选择的任何规则都是全球最有效和最优化的解决方案。既然如此，又怎么能认为扩大效果标准的适用是对纠正其他国家系统性监管不足的适当反应？例如，美国反垄断的目标是经济效率，监管的重点在于保护竞争，而中国反垄断的目标

---

① Gibney M P. The Extraterritorial Application of U. S. Law: The Perversion of Democratic Governance, the Reversal of Institutional Roles, and the Imperative of Establishing Normative Principles. Boston College International & Comparative Law Review, 1996, 19(2): 305

② Aleinikoff T A. Thinking Outside the Sovereignty Box: Transnational Law and the U. S. Constitution. Texas Law Review, 2004, 82(7): 1993

具有多样性,包括"保护市场公平竞争,鼓励创新,提高经济运行效率,维护消费者利益和社会公共利益,促进社会主义市场经济健康发展",①其监管的重点更强调保护国家经济安全和维护国家经济秩序。总而言之,如果民主意味着任何事情,这就导致那些受特定法律控制的人在确定这些法律的实质内容时必须有一定的发言权(直接或通过某种形式的代表)。这正是域外管辖权所忽视的问题。②

其次,即使某种形式的民主理论可以支持对其他国家公民的域外管辖,适用效果标准行使域外管辖权也存在其他问题。我们必须承认,只要不是通过平等协商和国与国之间的谈判来建立全面的监管机制,域外管辖权都会不同程度地导致裁决不一致,毕竟不同国家不同法院将使用不同的法律处理国际问题。③而适用效果标准可能会使这一问题进一步扩大化。效果标准的不确定性为全球问题创造了一种"零碎"的解决方案,在许多情况下,这种临时和单边做法违背了全球问题需要国际解决办法的传统智慧。再者,这种零碎的解决方案成本很高。随着各国越来越频繁地行使域外管辖权,管辖权将不可避免地发生重叠,不仅会导致国际冲突,还会给企业和公众带来不可预知的后果。例如,当投资者选择某一市场时,就表示他们了解并认同适用于该市场的法律和法规,这种可预测性是投资者在为证券定价时一个至关重要的考虑因素。如果一国通过行使域外管辖权将其法律应用于逻辑上受另一国法律管辖的交易时,它实际上改变了市场参与者假设,可能导致投资者出现无法讨价还价的结果。想象一下这个例子,一家 A 国公司根据 B 国法律成立了一家离岸子公司 b,专门从事高风险的石油业务。之所以选择 B 国,是因为 B 国的法律较 A 国更为宽松,b 公司希望规避 A 国法律为该合资企业筹集资金。同时,由于投资者缺乏保护,投资者为该合资企业的证券支付的费用也将低于根据 A 国证券法发行的证券。后来,该合资企业失败了,如果投资者因母公司位于 A 国而选择向 A 国提起诉讼,且 A 国

---

① 《中华人民共和国反垄断法》第一条。
② Baker T E. A Roundtable Discussion with Lawrence Lessig, David G. Post, and Jeffrey Rosen. Drake Law Review, 2001, 49(3): 444
③ Turley J. A Crisis of Faith: Tobacco and Madisonian Democracy. Harvard Journal on Legislation, 2000, 37(2): 471-480

最后行使了域外管辖权。这对于那些知道自己没有受到 A 国证券法保护并因此获得证券价格折扣的投资者来说，将是一笔意外之财。从结果上看，域外管辖权的行使实际上从根本上重塑了 b 公司与投资者之间的交易。同时，这种无处不在的效果管辖权还可能会增加全球性公司的跨国交易成本，毕竟他们需要随时承担被域外管辖的风险。这让遵守法规变得困难，长此以往，外国发行人为了避免这种情况和相关成本的增加，可能会简单选择限制向行使域外管辖权的国家发行产品，这样最终伤害的还是该国证券市场和投资者。综上，效果标准之下的域外管辖权在很大程度上与管辖权规则的核心功能背道而驰，即增加可预测性和降低交易成本。

最后，鉴于监管理念不同，即使是在证券欺诈的监管问题上，各国之间也可能存在差异甚至矛盾。尽管对于某些形式的证券欺诈，如典型的欺骗或操纵形式，大多数司法管辖区都不会视而不见，但各国对于诉讼程序以及能够构成可起诉的证券欺诈行为的内容可能存在不一致的看法。例如，根据美国证监会补充制定的第 10b-5 条提起的证券诉讼与集体诉讼和衍生诉讼密切相关，但其他国家可能并没有规定相关程序。有些国家甚至认为集体诉讼和自由的证据开示规则对被告是一种压迫。其次，任何熟悉反欺诈条款的人都知道，这些法规不仅仅包括证券欺诈这一核心行为，还涉及依赖、主观恶性等其他要求。每一个国家对其中任何一个要求都可能存在不一致的看法。例如，有些国家法院不承认未陈述重大事件或重要事项的诉因。有些国家法院要求原告必须证明他们的损失是由被告的虚假陈述造成的，但根据美国证券法，因果关系是可以推定的。除此之外，各国在内幕交易监管中的实质性差异则更加显著。例如，有些国家仅对内幕交易本身进行直接监管，而未披露内幕交易的行为则不被定义为欺诈，因此，未披露内幕交易的行为并不必然违反证券监管法规。再比如，在欧洲内幕交易的监管中，只有英国和法国存在关于不当使用内幕信息的立法。[①] 尽管如此，法国也很少执行禁止内幕交易的法规，这是因为该行为在法国公司内部被认为是一种类似小费的传统，所以即使是受到损害的股东也不太愿意将此

[①] Cruickshank D. Insider Trading in the EEC. International Business Lawyer，1982，10(11)：346

事诉诸诉讼。① 同样,英国的内幕交易也被部分学者认为是基本合法的行为。而在德国,内幕交易是由工业和贸易协会组织的非政府调查委员会监管,相关处罚也仅由受影响的公司根据董事会的建议实施。综上,即使所有国家都反对欺诈,法院也不能完全假定不会发生监管冲突。

---

① Tunc A. A French Lawyer Looks at American Corporation Law and Securities Regulation. University of Pennsylvania Law Review,1982,130(4):762

第四章
域外管辖权标准选择下的争议

在讨论如何对效果标准进行限制之前，我们还需要对其中一个过渡问题进行探讨，那就是是否存在不需要限制效果标准的情形。美国最高法院在处理域外管辖案件时曾经做出过一个经典的结论，认为只有严重到涉及外国主权强制的案件才构成两国之间的"管辖权争议"，进而才需要考虑是否限制域外管辖权的行使。换言之，美国法院是承认存在不需要限制效果标准的情形，即两国之间未发生管辖权争议。可以发现，这里隐含了一个关键问题，那就是"争议"是如何界定的。从某种意义上说，产生争议的方式有多种，包括合法性/非法性二分法、不同的政策或监管责任、不相容的法律规定等等。而域外管辖下能够真实引起管辖权争议的事项究竟有哪些？如果两国之间不存在真实的管辖权争议，是否意味着不需要限制域外管辖权？既然有真实的争议，那就必然有虚假的争议，而虚假的管辖权争议又对限制域外管辖权意味着什么？下文将围绕管辖权争议问题做出详细地解释。

第一节 管辖权争议问题的由来与质疑

可以想象得到，对争议的最狭义解释是当本国规定与他国强制性规定相违背时，两国在处理与之相关的案件时极有可能会发生矛盾。在这种情况下，争议的性质决定了争议的解决方式，即遵循强制性一方的主张。美国最高法院正是采用了这一理念，认为只有严重到涉及外国主权强制的案件才构成两国之间的"管辖权争议"，进而才需要考虑是否限制域外管辖权的行使。然而，将争议简化为外国主权强制冲突对于其他国家的监管利益而言，又会带来什么后果？

一、管辖权争议问题的产生

（一）引起管辖权争议问题的案件事实

下文将以美国哈特福德案为例来具体解释管辖权争议问题。[①] 需要说明的是，美国哈特福德案虽然是一起保险案件，但本案是美国最高法院第一次在域外管辖案件中对管辖权争议问题进行的明确解释，不管是在权威性上还是在内容上都具有标杆性的价值。在探讨管辖权争议时，是无法回避这一案例的。因此，该案虽然并不属于本书主题下的证券案件，但本章依然将其作为一个重要部分进行分析。

美国哈特福德案是由加利福尼亚等19个州政府和部分私营保险公司对主要保险公司、再保险公司、保险承销商、经纪人和两家保险协会提起的联合反垄断诉讼。其中哈特福德、好事达、安泰和信诺公司因直接向被保险人提供保险而被列为"主要保险公司"。主要保险公司又通过美国和英国的专业承销商和经纪人购买了再保险业务。在保险市场上，再保险义务被认为是保险业务的一个组成部分，它允许主要保险公司通过转销保险，以此分散风险。尽管美国主要保险公司可以选择向美国再保险公司投保，但他们也

[①] 本章所述"管辖权争议"在美国哈特福德案中表述为"两国法律之间的冲突"，这与国际私法中的"法律冲突"不同，前者关注的是本国与他国法律之间的冲突是否会影响本国法院行使域外管辖权，而后者是有关法律适用方面的问题。为避免产生混淆，本章选择以"管辖权争议"一词替代。

严重依赖英国再保险公司,所以英国再保险公司是本案的一个重要被告。

本案涉及的是 CGL 保险(国内商用综合责任险),它是由企业、非营利实体和政府单位购买,由保险人承担被保险人对第三方造成的人身伤害或财产损失责任的保险类别。在美国,CGL 保险是按照保险服务办公室(ISO)编制的标准格式撰写的,而 ISO 则是一个由数百家财产和意外伤害保险公司组成的行业协会,专门负责制定符合国家保险法规的标准化保单形式。多年来,美国市场的 CGL 保险一直是一种"事故型"保单(occurrence),即可以涵盖保单生效期内发生的关于任何事件的索赔,并且对提出索赔的时间没有限制。这就导致此类保单会使保险公司面临"长尾"索赔的风险,或在保单到期后很久才收到索赔申请。此外,CGL 保险还包括突发或意外污染的理赔,对此,保险公司对谁为污染和危险废物买单的相关公共政策问题也存在不同意见。

为了消除这些对保险公司不利的条款,当 ISO 对被告承保的 CGL 保险保单进行审查时,被告哈特福德火灾保险公司试图说服 ISO 用"索赔型"保单(claims-made)取代现有的事故型保单,通过列入一个截止日期,使得保单可以仅涵盖在保单期内实际提出的索赔。并且,哈特福德火灾保险公司还进一步要求取消对突发或意外污染的承保。起初,ISO 并没有同意哈特福德火灾保险公司的主张,哈特福德火灾保险公司便随即说动美国再保险公司和伦敦再保险公司一起抵制 ISO 表格。之后,以哈特福德火灾保险公司为首的四家主要保险公司威胁 ISO,如果其未能将 CGL 保险格式保单中的长尾和意外污染风险条款删除,承保 CGL 保险的保险公司将无法获得该保险的再保险业务。这一举措对于美国保险市场的后果是,如果没有再保险,主要保险公司也将无法提供 CGL 保险。在这种压迫下,ISO 最终不仅取消了意外污染保险条款,还取消了"事故型"保单格式。原告据此认为被告们共谋更改了标准格式下的 CGL 保单,以限制 CGL 保险产品的承保范围,导致被保险人的利益受到了损害,因此违反了《谢尔曼法》。而作为其中一个被告的伦敦再保险公司申请英国政府作为法庭之友身份加入,并辩称这种共谋行为在英国是合法的且英国建立了伦敦再保险市场的全面监管计划,因此,本案应该拒绝美国法院的域外管辖。

(二) 关于引起管辖权争议的事项以及争议是否影响域外管辖权的讨论

本案中最大的争议在于伦敦再保险公司提出的管辖权问题,即当英国再保险公司与美国主要保险有关时，美国可以在多大程度上监管英国再保险公司。地区法院虽然承认伦敦再保险公司合谋的行为涉及限制向美国市场提供保险服务，符合效果标准的条件，但其同时也认为应该考虑一系列影响管辖权行使的因素，包括外国法律或政策冲突的程度以及美国在该问题上的利益及美国法律域外适用的相对重要性。① 最终，地区法院认为美国法律和英国法律存在重大冲突，如果美国依据《谢尔曼法》对伦敦再保险公司行使管辖权，会产生重大管辖权争议，所以拒绝行使管辖权。

然而，第九巡回上诉法院却推翻了地区法院的裁决，它重点讨论了地区法院关于管辖权争议是否阻止行使管辖权的结论，认为虽然美国法律与英国法律之间产生了重大冲突，但该冲突并没有抵消美国在本案中的利益，特别是，伦敦再保险公司的行为确实在美国境内产生了重大和可预见的影响，并且存在影响美国商业的意图。② 所以，第九巡回上诉法院得出结论管辖权争议因素并不影响美国行使域外管辖权。

本案最终提交至美国最高法院审判。美国最高法院首先确认了《谢尔曼法》适用于旨在产生或事实上已经在美国产生了一些实质性影响的外国行为，所以依据效果标准，本案美国法院是享有管辖权的。③ 在这一前提下，美国最高法院转向了管辖权争议问题。在最高法院看来，本案中唯一实质性的问题是"国内法和外国法之间是否确实存在真正的冲突"。④ 对于这一问题，伦敦再保险公司和法庭之友英国政府都认为，伦敦再保险业受到英国议会颁布的法律的严格管制，而依据这些规定，伦敦再保险公司的行为是合法的。然而，本案中多数法官却认为，"行为在发生地国家是合法的这一事实本身并不妨碍美国反托拉斯法的适用，即使外国有强有力的政策允许或鼓励这种行为。"⑤法院进一步解释道，"如果受两个国家监管

---

① In re Insurance Antitrust Litigation, 723 F. Supp. 464, 486-487 (N.D. Cal., 1989)
② See In re Ins. Antitrust Litig., 938 F.2d 919, 932-933 (9th Cir. 1991)
③ Hartford Fire Ins. Co. v. California, 509 U.S. 764, 798, 113 S. Ct. 2891, 2910, 125 L. Ed. 2d 612 (1993)
④ Hartford Fire Ins. Co. v. California, 509 U.S. 764, 798, 113 S. Ct. 2891, 2910, 125 L. Ed. 2d 612 (1993)
⑤ Hartford Fire Ins. Co. v. California, 509 U.S. 764, 799, 113 S. Ct. 2891, 2895, 125 L. Ed. 2d 612 (1993)

的人可以遵守两个国家的法律，那就不存在冲突。"①在这样的观点下，伦敦再保险公司既没有声称他们不能同时遵守英国法律和美国法律，也没有声称英国法律要求他们违反美国法律。因此，最高法院认为本案中美国法律与英国法律之间并不存在冲突，于是，在没有这种"真正冲突"的情况下，法院进一步得出结论没有必要在是否主张其域外管辖权时考虑他国法律因素。

从上述分析可以看出，最高法院所认为的管辖权争议仅专指不相容的立法命令之间的冲突，即法院地法禁止的行为是行为发生地法律所要求的。简而言之就是，国家 A 禁止某行为，但国家 B 强制实施该行为。在这样的规则下，如果行为人在 B 国实施了行为就违反了 A 国的法律，但如果按照 B 国的法律不在 B 国实施该行为也会违反 B 国的法律，即行为人无法同时遵守 A 国和 B 国关于该行为的法律。最高法院将这种情况描述为被告需要证明外国法律要求他们以美国法律禁止的某种方式行事或者证明同时遵守两国法律是不可能的。毫无疑问，这是一种最狭义的解释。法院所使用的"真正冲突"一词不仅是为了描述直接相互矛盾的法律，而且还将这种冲突与一国法律禁止，另一国法律允许或鼓励的情况区分开来。② 但现实是，只有在极少数情况下才会发生遵守一国法律构成违反他国法律的后果。在迄今为止的绝大多数诉讼案件中，外国行为可以是外国法律允许、鼓励或以其他方式批准的，但很少是被外国法律强制执行的。

二、 主权强制抗辩说不足以诠释管辖权争议

根据哈特福德案中下级法院的推理过程，我们可以发现，美国地区法院和上诉法院能够达成共识的一点是本国法律与外国法律之间的冲突会引起管辖权争议，它们之间的分歧只是该争议是否能够影响域外管辖权。然而，最高法院却将这个问题进一步复杂化，它虽然承认管辖权争议能够影响域外管辖权，但前提是最高法院将冲突进行了重新定义。换言之，只有在重新

---

① Hartford Fire Ins. Co. v. California, 509 U.S. 764, 799, 113 S. Ct. 2891, 2895, 125 L. Ed. 2d 612（1993）

② Lowenfeld A F. Conflict, Balancing of Interests, and the Exercise of Jurisdiction to Prescribe: Reflections on the Insurance Antitrust Case. American Journal of International Law, 1995, 89(1): 48, 50

定义的冲突之下才会产生管辖权争议,进而才会影响域外管辖权,否则一国行使域外管辖权不需要受到限制。这种结论显然是有问题的。

一方面,关于能够引起管辖权争议的冲突事项的定义。最高法院多数法官其实存在两个问题,一是,它曲解了《对外关系重述(第三版)》对于冲突的定义。事实上,本案中也有部分法官认为多数派关于管辖权争议的定义是错误的,讽刺的是,两方的依据都是《对外关系重述(第三版)》,只是他们是以不同的方式解读它。根据《对外关系重述(第三版)》,"冲突"被定义为"两国在价值观、目标和监管技术上的差异"[1]。《重述》并没有表明,只要一个人能够同时遵守两国法律,二者之间就不存在冲突。正如《重述》起草者安德鲁·洛文菲尔德(Andrew Lowenfeld)所说的那样,"两国的价值观和目标之间确实可能存在冲突,但尚且不会出现会让人夹在两种互不相容的命令之间以至于无法忍受的情况"[2]。

二是,最高法院的做法实际上否定了在外国主权强制力不足的情况下进行冲突分析的价值。很多学者认为最贴合最高法院冲突定义的理论就是"主权强制抗辩"学说。所谓主权强制抗辩是美国法律的一项规则,根据该规则,法院或其他机构在面对其管辖范围内合理存在的体现外国主权的相反命令时,出于公平考虑,不会要求当事人遵守美国法律。[3] 该理论的正当性在于,如果外国法律强制某项外国行为,那么本国法院禁止该外国行为等同于宣布另一个主权国家在其领土上的公共行为无效,可以被视为对外国事务"无理的侵扰"。所以不难理解为什么对于存在外国主权强制辩护的案件,很容易导致驳回起诉的结果。例如在 Interamerican Refining Corp. v. Texas Maracaibo, Inc. 一案中,被告美国公司的委内瑞拉子公司拒绝向原告出售石油,违反了美国反托拉斯法。该案中被告声称,是委内瑞拉政府命令他拒绝交易,法院接受了被告的辩解,并指出"当一个国家强迫实施某种

---

[1] Lowenfeld A F. Jurisdictional Issues Before National Courts: The Insurance Antitrust Case, in Extraterritorial Jurisdiction in Theory and Practice. Meessen K M ed. New York: Oxford University Press, 1996: 8

[2] 同上。

[3] See Wallace D, Griffin J P. The Restatement and Foreign Sovereign Compulsion: A Plea for Due Process. The International Lawyer, 1989, 23(3): 596

贸易习惯时,那里的公司别无选择,只能服从。此时,商业行为实际上转变为主权者的行为"。①

另一方面,通过要求存在真正冲突才能考虑礼让,使得法院虽然没有明确拒绝利益平衡方法,但实际上是在为本国适用效果标准行使域外管辖权大开方便之门。换言之,一旦符合效果标准,外国被告只有在其国家法律要求其这样行为的情况下才能逃脱美国法律的管辖,同时,国内法院在没有管辖权争议的情况下无需评估其他国家利益。哈特福德案将冲突与外国主权强制混淆的本质在于,他们假定内国法律至高无上,除非存在外国主权强制抗辩例外。反过来说,如果没有外国主权强制,国内法院就可以回避管辖权争议分析,进而可以自由行使域外管辖权。这显然是平等主权国家不能接受的论断。与另一国法律不相容从来都不是在国际层面发现争议以及考虑礼让的先决条件,设定这样的先决条件只会让未来的国内法院无法适当考虑外国国家利益。如果国内法院所主张的域外管辖权结论都是因不满足本案所定义的真正冲突条件而直接作出的,这实际上是一种对域外管辖权的无端扩张,势必会引起国际关切和国际冲突的后果。

总之,哈特福德案中对引起管辖权争议的事项的定义虽然可能是最明显的冲突形式,但肯定不是唯一值得关注的冲突形式。事实上,它遗漏了三种潜在的能够引起争议的形式:一是,因具有管辖权的国家规定了不同的禁止规则而引发的争议。二是,符合效果标准的国家禁止而行为发生地国明确允许的行为所引发的争议。三是,某一行为同时满足两个国家效果标准的条件,但其中一个国家选择自由放任的态度且并没有对相应行为作出监管规则。

(一)禁止规则存在差异

根据美国最高法院关于引起管辖权争议的事项的讨论,它在排除一种行为在一个国家是合法的,而在另一个国家是非法的这种争议形式后,就直接得出结论认为只有在无法同时遵守两个国家的法律或一国法律强制要求违反另一国法律的情况下才能引起管辖权争议。如果对这一结论进行反

---

① Interamerican Ref. Corp. v. Texaco Maracaibo, Inc., 307 F. Supp. 1291, 1298 (D. Del. 1970); See also Occidental Petroleum Corp. v. Buttes Gas & Oil Co., 331 F. Supp. 92, 96 (C.D. Cal. 1971), aff'd, 461 F. 2d 1261 (9th Cir. 1972)

推，可以发现，最高法院所认为的争议其实仅限于合法与非法之间的争议。它忽略了根据不同的责任规则规定的同一禁止行为，即该行为在两国都是非法的，但可以被定性为因适用规则的不同而引起的争议。

大多数政府都制定了关于证券欺诈的监管制度，虽然总体宗旨都是为了打击证券欺诈，但这些制度彼此之间仍然有所不同。例如，英国证券法与美国证券法在关于证券重要性的定义上就有所不同；我国的特别代表人诉讼制度只能由投资者保护机构作为诉讼代表人，而非美国集体诉讼制度中的律所；各国在内幕交易监管方面存在显著差异，包括内幕交易是否有害以及为何有害存在分歧等等，这些都反映了不同的文化、社会和经济因素。所以，对于管辖权争议的狭义定义忽略了欺诈行为发生地和该行为影响地关于规制同一禁止行为之间的差异。

（二）行为发生地明示许可

哈特福德案中，最高法院认为即使英国政府和欧洲委员会审查并批准了英国再保险公司之间受到质疑的协议，美国法律与英国法律之间也不存在冲突。可见，它忽略的争议涉及的是具有允许性质的外国监管利益。

此类争议最常发生的地方就是企业合并。例如在波音和麦克唐纳合并案中，美国联邦贸易委员会（Federal Trade Commission）考虑到麦克唐纳当时的行业地位，认为此项合并对于民用飞机的销售几乎不会产生任何阻碍竞争的后果。然而，欧洲共同体委员会（Commission of the European Communities）则持不同意见，认为本次合并会导致波音公司支配地位的加强，从而阻碍共同市场的有效竞争。① 讽刺的是，如果按照哈特福德案中关于引起管辖权争议的讨论，站在欧洲的角度，由于美国法律允许合并，所以美国法律与欧洲法律并没有发生管辖权争议，欧洲共同体委员会完全可以不考虑美国法律。

（三）一方放松管制

哈特福德案所忽视的第三类争议涉及他国决定对其某些经济领域实行放松管制或自由放任制度的情况。② 例如，在 Timberlane Lumber Co, v.

---

① See Baker D. Antitrust Merger Review in an Era of Escalating Cross-Border Transactions and Effects. Wisconsin International Law Journal，2000，18(3)：577

② Sullivan L A，Handler M，Pitofsky R，et al. Trade Regulation，Cases and Materials. 4th ed. Nova Iorque：Foundation Press，2000：1207

Bank of America National Trust & Saving Assoc. 案中，被告被指控在洪都拉斯实施了垄断行为。然而，洪都拉斯并没有反托拉斯制度。相反，它有明确的政策，旨在促进其相对不发达的经济中的经济发展和效率。换言之，《洪都拉斯宪法》和《商法典》保障行动自由。因此，根据洪都拉斯法律，明确允许竞争者分配地理或市场区域，而这些活动可能违反《谢尔曼法》。该案中，第九巡回上诉法院不仅认定存在冲突，而且认为这种冲突是，"除非在礼让分析中被其他因素所超越，否则……本身就是拒绝行使管辖权的充分理由。"①

第二节 管辖权争议的识别及其现代分析

上文通过案例引出了管辖权争议问题，我们发现，法院对于当两国法律存在差异时会引起管辖权争议这一结论已经达成共识。而之所以要对管辖权争议问题进行分析，是因为它是一国是否需要限制域外管辖权的重要考量因素，甚至是核心因素。于是，管辖权争议就显得尤为关键：有没有争议？争议属于哪一种形式？该争议是否严重？都是我们需要在域外管辖案件中作出回答的。然而，目前对于争议的描述还止步于"差异"一词，虽然这一描述很直观，本身没有任何问题。但有问题的是不同的法院会以不同的方式诠释这种差异，这就让依赖于管辖权争议作出的有关域外管辖权的结论发生了严重的分歧。有鉴于此，下文将转向管辖权争议分析，从理论来源入手，重新审查效果标准下应该考虑的争议类型。

一、管辖权争议的理论渊源及应用

（一）管辖权争议的理论来源与本质

哈特福德案中美国最高法院区分管辖权争议真实存在的做法，最早可

---

① Timberlane Lumber Co. v. Bank of Am. Nat. Tr. & Sav. Ass'n, 749 F. 2d 1384 (9th Cir. 1984).

追溯至古典法律冲突理论中的政府利益分析方法。它是由美国国际私法学家柯里(Brainerd Currie)提出的关于法律选择的理论。① 根据柯里的说法，传统的冲突法制度建议法院机械地、不顾一切地牺牲本国的利益，并且没有考虑所涉及的政策和利益，因此有必要消除这一制度的不良影响。为此，他提出了一种方法，即着眼于国家利益来确定适用哪种法律。他认为，法院在决定法律选择问题时，应始终坚持适用法院地法，除非一方建议适用外州或外国的法律。如果建议适用外州或外国法律，法院应当首先确定法院地要执行的政府政策，然后法院应当探究法院地与该案的关系，以决定能否提供合法的依据以支持本国对其政策的适用有利害关系。如果法院查明法院地州在案件中适用其政策并无利益，但外州或外国却具有利益，则法院应当适用该外州或外国法。但如果法院查明法院地州在案件中适用其政策具有利益，无论此时外州或外国在适用其政策方面是否存在利益，它都应当适用法院地法。②

在以上政府利益分析方法中，存在三种类别的冲突：虚假冲突、真实冲突和无冲突。③ 首先，当只有一个相关国家对适用其法律感兴趣时，就会发生虚假冲突。因为只有一个国家有兴趣适用其法律，所以不存在法律冲突，唯一感兴趣的国家直接适用其法律。其次，当有一个以上的国家有兴趣适用其法律时，就会发生真正的冲突。在这种情况下，法院应适用法院地国的法律。最后，当没有相关国家对适用法律感兴趣时，就会发生无冲突的情况。在这种情况下，法院默认适用法院地国的法律。④

尽管政府利益分析方法的关键结论在于法院地法的默认，并因此受到了多方面的指责。⑤ 但无论如何，柯里对于管辖权争议问题的启发是，一国

---

① See, e. g., Currie B. Married Women's Contracts: A Study in Conflict-of-Laws Method. The University of Chicago Law Review, 1958, 25(2): 259; Currie B. Survival of Actions: Adjudication Versus Automation in the Conflict of Laws. Stanford Law Review, 1958, 10(2): 230 n.82, 245; Currie B. On the Displacement of the Law of the Forum. Columbia Law Review, 1958, 58(7): 978

② Currie B. The Constitution and the Choice of Law: Governmental Interests and the Judicial Function. The University of Chicago Law Review, 1958, 26(1): 9-10

③ 张潇剑.评柯里的"政府利益分析说".环球法律评论, 2005(4): 485

④ Symeonides S C, Perdue W C. Conflict of Laws: American, Comparative, International. 4th ed. New York: West Publishing, 2019: 158-159

⑤ Mehren A T Von. Book Reviews. 17 J. Leg. Ed., 1964, 17: 96-97

在行使管辖权时是需要考量他国是否同时存在利益,并且根据结论的不同进而会影响管辖权的判断。由此可以看出,之所以对管辖权争议进行分析,是因为管辖权争议反映的本质其实是各国的国家利益。如果存在管辖权争议,那意味着两国对涉及的案件都有利益,二者之间甚至可能还会发生严重的矛盾,此时,一国在决定域外管辖权时就需要尤为慎重。值得注意的是,在政府利益分析方法的框架内,真正的法律冲突(争议)并没有像哈特福德案一样要求必须出现无法同时遵守两国法律的情形,它只是表明当一个以上的国家在运用其法律推进政策方面都有着强烈的利益时,冲突(争议)就会存在。至此,现在的问题是法院可以依据什么载体识别一国的国家利益?其又如何判断两国在涉案事实上同时存在国家利益,进而产生了管辖权争议?

(二)管辖权争议的识别困难

柯里曾经建议法院根据法定解释以及普通法规则的解释方法来判断一国是否存在利益需求。然而这仅是理论上的说法,法院在实际应用中并没有明确的指导,这就导致在如何识别相关国家的利益方面容易产生分歧。特别是,法院难以确定可能存在利益的国家,以及这些国家与案件相关的法律背后的目的及该法律对案件事实的适用性。下文将通过几个案例具体说明管辖权争议在哪几个方面的识别困难。

首先,法院需要审查存在哪些国家的利益。在确定有关国家在特定事实情况下是否存在利益之前,必须先确定国家本身及其相关法律。尽管法院允许当事人在审判过程中提出抗辩,表示特定案件的事实与其他外国司法管辖区的政策利益有关。但在没有当事人抗辩需要法院主动调查外国法律的情况下,法院很可能会遗漏部分国家。例如,在 Kasel v. Remington Arms Co. 案中,[1]Kasel 是一名加利福尼亚州居民,他在一场爆炸中受伤,遂起诉 Remington 公司索要赔偿。事故发生在墨西哥,引发爆炸的枪弹弹壳是由 Remington 的墨西哥子公司制造和销售。弹壳带有特拉华州 Remington 公司的商标,该公司的主要营业地点在康涅狄格州。法院在审理过程中,认为本案仅需要考虑加利福尼亚州和墨西哥两个地方的利益,并得出结论,加

---

[1] Kasel v. Remington Arms Co., 24 Cal. App. 3d 711, 101 Cal. Rptr. 314 (Ct. App. 1972).

利福尼亚州在赔偿其居民原告方面存在利益,而墨西哥没有相关利益,因为被告不是墨西哥公司。本案很明显采用了利益分析方法,然而有一个问题是,仅选择加利福尼亚州和墨西哥两个地方作为考虑是否涵盖了所有与本案有关的利益关系方？为什么法院没有考虑特拉华州或康涅狄格州两个地方的利益？按照利益分析方法,法院应该对案件涉及的所有利益方进行审查,即使当事方没有表示意见。根据本案事实,如果特拉华州或康涅狄格州的法律与墨西哥和加利福尼亚州没有区别,前两个州与事实仍然有着不同的关系,所以这些关系应该被考虑在内。如果特拉华州或康涅狄格州的法律与墨西哥和加利福尼亚州存在区别,那可能反映了与公司所在地有关的利益。无论如何,法院都不应该直接忽略特拉华州或康涅狄格州两个地方的利益,它们也许会对案件产生不同的结果。

其次,法院应该如何分析管辖权争议之下的国家利益。利益分析方法要求法院确定相关国家的政策利益。虽然柯里提供了各种建议,但这个过程依然是最困难的。例如,在 Buskuhl v. Family Life Insurance Co. 一案中,①本案涉及一份雇佣合同,该合同规定如果 Buskuhl 在离职后入职家庭人寿保险公司的竞争对手公司,将丧失获得代理人佣金的权利。该合同在华盛顿州签署,并在加利福尼亚州履行。在终止雇佣关系六周后,Buskuhl 与家庭人寿保险公司的竞争对手签订了合同,违反了之前的雇佣合同。按照利益分析方法,在法院决定是否执行协议的条款之前,必须确定加利福尼亚州或华盛顿州法律背后的政策利益。然而,在本案中,法院草率地根据履行合同的地点,只考虑了加利福尼亚州的法律,而没有确定华盛顿州法律背后的政策利益。假设华盛顿州禁止执行竞业禁止条款,以帮助其居民保持其就业的流动性。在这种情况下,如果 Buskuhl 在签订新合同时是华盛顿州的居民,该州的利益就会延伸到这些事实。此时,对华盛顿州的政策利益进行适当的审查就可能会导致法院得出完全不同的结果。总之,在不确定华盛顿州利益的情况下,法院不可能确定与华盛顿州的案件事实联系是否足以让华盛顿州对本案享有利益。因此,一旦明确一个司法管辖区与事实情

---

① Buskuhl v. Fam. Life Ins. Co., 271 Cal. App. 2d 514, 76 Cal. Rptr. 602 (Ct. App. 1969)

况有联系,就必须充分考虑其所有相关法律和政策。只有这样,法院才能评估事实联系与利益的重要性。

最后,法院如何认定案件事实与特定规则中表达的利益相关。法院通常可以将一个或多个目的归因于有关法律。但是,法院只有在确定一个国家的法律目的是否与案件事实相关时,才完成了政府利益分析。然而,在一些案件中,法院虽然能够确定有关国家的法律,但未能适当区分这些法律所反映的与案件事实相关和不相关的问题。例如,在 Ryan v. Clark Equipment Co. 一案中,[①]一名俄勒冈州居民因在俄勒冈州的一次工业事故中受伤而死亡。他的继承人,也是俄勒冈州居民,在加利福尼亚州提起了过失致人死亡诉讼。被告是一家在加利福尼亚州开展业务的密歇根州公司,导致死者死亡的设备就是由它制造。根据俄勒冈州的《雇主责任法》,受害人的雇主已经向死者继承人支付了 35 000 美元,远高于俄勒冈州规定的非正常死亡追偿限额 20 000 美元。法院在审判过程中,进行了政府利益分析,将损害赔偿限制规则背后的政策利益仅归于补偿非正常死亡人的继承者。于是,在这个假设下,法院进而发现密歇根州作为被告的设备制造地,与原告的救济事实无关,而唯一与追偿事实有关的是俄勒冈州法律,所以它是唯一有利害关系的司法管辖区。本案的判决是有问题的,因为它未能正确分析俄勒冈州限制非正常死亡追偿背后的政策利益。事实上,有限损害赔偿额是一种折衷方案,它反映了两种利益:保护居住在国内的侵权者免受无限责任以及补偿死亡居民继承者。不过,由于本案被告并非俄勒冈州居民,所以俄勒冈州在本案中唯一的相关利益只有原告的救济。而密歇根州的法律允许对过失致死诉讼进行无限制的追偿,则表明了对规范该州制造商行为的兴趣。所以无论受伤的原告是否居住在密歇根州,这种利益都适用。尽管密歇根州的无限赔偿规则,也反映了相关利益,但法院从未讨论过密歇根州法律,因为它无法区分俄勒冈州的相关利益(补偿死亡原告继承者)和其不相关的利益(保护居民被告)情况。

二、 关于管辖权争议的现代分析

哈特福德案之后,下级法院陷入分歧,有的法院不认可最高法院关于管

[①] Ryan v. Clark Equip. Co., 268 Cal. App. 2d 679, 74 Cal. Rptr. 329 (Ct. App. 1969)

辖权争议的分析,仍然按照传统方法分析管辖权争议及礼让;有的法院对哈特福德案的意见进行了调和,认为哈特福德案并没有明确否认当不存在管辖权争议时,法院能否继续考虑其他礼让平衡测试因素;①但同时也有相当多的法院转向了最高法院认定管辖权争议的方法。于是,域外管辖权一度陷入更大的混乱之中。直至耗时最长的维生素 C 案因管辖权争议存在分歧,进入了最高法院的再审阶段并发回重审,在这一过程中,该案终于对管辖权争议问题做出了回答,被视为对哈特福德案的最有力澄清,因此具有很好的借鉴意义。

(一) 来自维生素 C 案的借鉴

1996 年,中国维生素 C 生产商和出口商之间爆发了价格战,为防范反倾销风险以及避免无序竞争,中国政府欲对国内维生素 C 行业进行严格监管。1997 年,对外经济贸易合作部、国家医药管理局发布了《关于加强维生素 C 生产、出口管理有关事项的通知》,提出了严格控制维 C 生产规模、实行生产许可证制度、完善维 C 出口配额分配方法等举措,②并于 1998 年成立了一个"维生素 C 分会",负责协调出口市场上维生素 C 的价格。该分会成员包括受监管的维生素 C 生产商和出口商,如果有成员未能遵守小组委员会的协调价格,可能会遭受警告、公开批评、扣减出口配额直至取消其维 C 出口经营权的处罚。

随后,中国于 2001 年加入世界贸易组织(WTO)。作为加入的条件,中国必须改革其现行法律以符合 WTO 的加入规则。为了履行入世承诺,中国废除了 1997 年《通知》,转而以预核签章制度(Price Verification and Chop,PVC)替代。PVC 制度的运作可以概括如下:维生素 C 和其他出口产品由进出口商会而不是海关(海关根据 1997 年审查协调价格)进行价格审查。商会首先会向海关提交了同行协议价格,随后按照商务部、海关总署发布的《中华人民共和国商务部、中华人民共和国海关总署公告 2003 年第 36 号》,③依据

---

① See Mujica v. AirScan Inc. , 771 F. 3d 580 (9th Cir. 2014)。
② 《对外贸易经济合作部、国家医药管理局关于加强维生素 C 生产、出口管理有关事项的通知》,外经贸管发〔1997〕第 664 号。
③ 商务部:《中华人民共和国商务部、中华人民共和国海关总署公告 2003 年第 36 号》,本公告自 2008 年 5 月 26 日起废止,http://www.mofcom.gov.cn/article/b/c/200312/20031200155820.shtml,最后访问时间 2024 年 5 月 18 日。

同行协议对出口企业的出口合同进行审核并加盖预核签章的印章，最后出口企业持该签章和出口合同完成报关手续。与 1997 年《通知》不同，该制度不仅制裁程度远不如前者严厉，分会成员也可以自由退出。可以看出，在 PVC 制度下，分会转变成了一个"在自愿基础上成立"的协调小组。具体而言，它在商会的指导下协调和指导维生素 C 行业的价格，并对底价设置了限制，防止分会成员将价格定在协调一致的最低价格点以下。如此一来，在接下来的几年里，维生素 C 出口市场的市场价格恢复了正常。

然而，在 2005 年，美国 Animal Science Products Inc. 和 Ranis Company 以及其他维生素 C 购买者在美国多地提起集体诉讼，指控以河北维尔康制药有限公司为代表的中国多家维生素 C 的生产商通过行业协会，制定固定价格并限制维生素 C 出口市场的产量，从而违反了美国《谢尔曼法》。对此，被告生产商承认了参与横向定价的行为，也承认他们违反了美国《谢尔曼法》，但提出这些违规行为是中国政府的监管指令所强制的，故依据国家行为理论、外国主权强制和国际礼让，法院应当驳回诉讼。

2006 年，为了向美国法院解释这一行为，中国政府提交了法庭之友意见，指出根据中国政府对本国法律的解释，强制组建维生素 C 卡特尔的法规与美国反垄断法是不可调和的，由此形成了真实冲突。并且中国政府认为，中国强制卡特尔的行为正是中国实行开放的依据，是中国国民经济有计划地从社会主义模式转向市场资本主义模式的过程。因此，中国政府要求地区法院不要对美国原告的索赔行使管辖权，并驳回诉讼。

2008 年，美国纽约东区联邦地区法院作出裁定，拒绝了驳回起诉的申请，希望被告能证明他们是否在履行政府职能。[①] 于是，被告提出了简易判决申请，这次法院又拒绝了该申请，其理由是从参与者的自愿情节、制裁措施执行力不足的现实以及 PVC 制度未强制限制产量等因素来看，PVC 制度尚不构成强迫生产商的行为，因此，外国主权强制和礼让辩护不成立。[②] 于是该案进入了陪审团审判阶段，最后，联邦地区法院支持了原告的申请，被告遂向第二巡回上诉法院提起上诉。

---

① In re Vitamin C Antitrust Litig., 584 F. Supp. 2d 546, 559 (E.D.N.Y. 2008)
② In re Vitamin C Antitrust Litig., 810 F. Supp. 2d 522, 525 (E.D.N.Y. 2011)

2016年,第二巡回上诉法院接受了被告的国际礼让辩护,撤销了2013年的判决并发回重审。其认为,只要中国政府对其法律的解释是合理的,就应该考虑给予尊重。之后,该法院重审了对真正冲突的认定,认为中国法律要求被告制定价格并限制出口这一监管计划与美国的反垄断法之间构成了真正的冲突,应依据国际礼让原则驳回了原告的请求。①

2018年,美国最高法院对该案进行了再审,认为根据国际礼让原则,联邦应仔细参考外国国家关于其本国法律含义的说明,并且需要考虑:(1)是否有义务尊重外国政府的声明;(2)外国政府提供的声明是否具有终局性;(3)法院是否可以参考外国政府提供的声明之外的资料。② 同时,最高法院也做出表态,认为应对外国政府提交的解释给予尊重,但不是绝对的尊重,还需要参考其他材料。根据民事诉讼规则第44.1条规定,在查明外国法时,法院"可以自行研究和参考所发现的任何相关资料"。③ 随后最高法院通过分析认为第二巡回上诉法院并没有对真正的冲突问题或剩余的礼让因素发表意见,其只审查了中国政府的陈述以及所提供的材料,并就此认为外国政府提交的声明可以作为结论性证据,因此,没有对美国买方的证据进行审查。于是,最高法院将本案发回上诉法院重审。

2021年,第二巡回上诉法院对该案进行重审,法院首先认为哈特福德案的意见应该与曼宁顿多因素平衡测试相综合,即如果存在真实冲突,法院仍然需要进行多因素礼让测试,真实冲突并不必然导致放弃管辖权。接着,法院阐明了规定性礼让中的真实冲突分析与外国主权强制之间的区别,前者仅要求从表面上看,外国法律要求被告以美国法律禁止的某种方式行事,后者则要求被告同时证明外国政府的命令迫使被告违反美国法律,被告不遵守外国法律将受到重大制裁。④ 根据外国主权强制原则,冲突附带的制裁实质性威胁本身就有理由导致放弃管辖权,但是仅仅存在真实冲突并不必然

---

① In re Vitamin C Antitrust Litig., 837 F. 3d 175, 189 (2d Cir 2016)
② Animal Sci. Prod., Inc. v. Hebei Welcome Pharm. Co., 585 U. S. 33, 34, 138 S. Ct. 1865, 1868, 201 L. Ed. 2d 225 (2018)
③ Animal Sci. Prod., Inc. v. Hebei Welcome Pharm. Co., 585 U. S. 33, 36, 138 S. Ct. 1865, 1869, 201 L. Ed. 2d 225 (2018)
④ In Re: Vitamin C Antitrust Litig., 8 F.4th 136, 146-147 (2d Cir. 2021)

导致放弃,还需考虑其他礼让因素。就本案而言,法院认为,2002—2005年生效的 PVC 制度及其他相关政策造成了中国法律与美国反垄断法之间的真实冲突。虽然中国政府没有强制制定高于最低限度的固定价格,但中国法律要求被告协调,即确定维生素 C 出口的市场价格。法院并不认为,真实冲突必须影响了被指控行为的确切过程才能证明法院驳回起诉是正当的,本案的真实冲突在于中国的整体监管计划,包括强制和执行通过 PVC 制度制定最低出口价格以及让维 C 分会协调高于该标准的价格,是在要求被告以美国法律禁止的方式行事,因此,被告无法同时遵守两国法律,两国法律之间产生了真实冲突。而在发现真实冲突后,法院又依据曼宁顿案利益平衡测试,对其他放弃管辖权因素进行权衡,包括(1)当事人的国籍和反竞争行为的发生地;(2)执行和替代性补救措施的有效性;(3)对美国商业的可预见损害;(4)互惠;(5)行使管辖权对外交关系可能产生的影响。① 在这五项因素中,法院认为,除因素(3)外,所有因素都赞成美国放弃管辖权。综合上述考量,美国第二巡回法院最终作出判决,撤销纽约地区法院一审判决并将案件发回重审,要求地区法院驳回该案原告诉讼请求。

(二)管辖权争议体现的是利益分析

维生素 C 案的意见强化了这样一种观点,即在美国法律和外国法律之间存在真正冲突而引起管辖权争议的情况下,法院应避免对国外行为行使域外管辖权。于是,法院几乎所有的分析都集中在案件事实是否存在管辖权争议上,并认为这一因素在与具有重大经济和政治影响力的中国等主权国家的国际冲突中,可能尤为重要。而通过法院对引起管辖权争议的真实冲突的分析,可以看出,法院实际上认为真正的冲突和绝对的冲突之间存在巨大的区别。正如政府利益分析方法的名称一样,这完全是关于"政府利益"的,与当事人权利无关。而在绝大多数真正的法律冲突中,当事方能够同时遵守这两部法律。无论法院如何考虑相互竞争的国家利益,对当事人来说,这本身并不是不公平的。然而,在法律绝对冲突的情况下,当事人不可能同时遵守这两部法律。这种不可能性使绝对冲突与真实冲突在性质上不同,只能考虑具有强制性的法律,且不能以任意方式使当事方服从相互矛

---

① In Re: Vitamin C Antitrust Litig., 8 F. 4th 136, 159-160 (2d Cir. 2021).

盾的法律命令。

事实上,真实冲突作为法律选择理论中的概念,其最初的含义就是指当每个国家都有一项政策,而该政策将通过适用其法律来推进时,就会发生真实冲突。① 现在用一个经典的例子加以说明,当一名被告被俄勒冈州法院宣布为挥霍无度者,这一身份大大限制了他的合同能力。尽管如此,他还是与原告(一名加利福尼亚人)成立了一家合资企业,销售望远镜。两人之间的相关交易发生在加利福尼亚州,该州没有关于挥霍无度者的法律。当被告拖欠贷款时,原告在俄勒冈州提起诉讼。法院认为本案存在真实冲突:这是因为加利福尼亚州的政策是保护其债权人,并保护在该州签订合同的任何人。如果法院支持执行该协议,那加利福尼亚州的政策将得到推进,但与此同时,这样也会挫败俄勒冈州保护挥霍无度者财产免于流失的政策。

当我们采纳上述真实冲突的概念再次分析哈特福德案时就会发现,该案其实是符合真实冲突的含义的。因为美国和英国的政策都通过适用其本国法律来推进:美国反托拉斯法的适用将推进美国阻止集体剥削市场的政策,而英国保险监管体系认定伦敦再保险公司行为不违法的规定也将促进再保险市场的稳定性和可靠性。简而言之,美国法律旨在保护在本案中受伤的美国消费者,而英国法律保护的是保险业,二者在政策上明显是不同的。

总之,与哈特福德案中的定义不同,管辖权争议实际上并不要求被指控的非法行为必须受到外国法律的强制,也不要求被告不可能同时遵守外国法律和法院地国的法律。相反,引起管辖权争议的真实冲突有时只是要求两个或两个以上国家的法律在处理被指控的行为方面有所不同。本质上,这里的管辖权争议分析需要识别的是外国政策或外国法律想要推进或保护的利益,它体现的是一种利益分析。这种对管辖权争议进行宽泛解释的方法,给域外管辖权带来的直接后果就是,即使存在不需要限制域外管辖权的情形(不存在管辖权争议),但在现实中也几乎不可能找到不存在管辖权争议的情况。

---

① Richman W M, Reynolds W L. Understanding Conflict of Laws. 2d ed. New York: Matthew Bender & Co, 1993: 216

第三节 过度域外管辖权的识别及其分析

上文从管辖权争议的理论来源与现代分析两个角度反驳了美国最高法院关于争议的狭义定义,主张采用更宽松的解释方法。与此同时,在分析管辖权争议时还需要考虑的问题是,如果争议是"假的"怎么办?理论上,当存在虚假争议时,就意味着至少其中一方不应具有管辖权,那么当不具有管辖权的一方行使管辖权时,显然就构成过度管辖。如果能确定这一结论,那么根本不需要考虑如何限制域外管辖权的行使,因为实际上域外管辖权并不存在。

一、过度管辖权的定义及产生

柯里的政府利益分析最大的贡献就是在于明确争议可能是真实的,也可能存在虚假的情形,[①]即寻求管辖权的国家可能根本没有管辖权。认清这一点对于研究域外管辖权问题的价值在于,域外管辖权需要进行限制的前提是存在管辖权,一国有时不应该行使该管辖权的动机在于减少国际冲突,而过度域外管辖权则谈不上限制,一国不应该行使该管辖权的缘由只是因为没有管辖权。

(一)过度管辖权的定义

过度管辖权(exorbitant jurisdiction),又称为超常管辖权(excessive jurisdiction),其本身并没有一个确切的概念,甚至于无论是学界还是司法实践都无法确定其范围以及认定标准。

"过度管辖"第一次以书面形式被提及是在1968年《布鲁塞尔公约》解释报告中,该报告还对过度管辖的范围和目的进行了明确的规定:第一,根据公约规定和理念,缔约国应当自觉避免行使过度管辖权;第二,过度管辖不

[①] Symeonides S. Revolution and Counter-Revolution in American Conflicts Law: Is There a Middle Ground?. Ohio State Law Journal, 1985, 46(3): 578

能针对在缔约国有住所的被告,非缔约国被告则在所不论;第三,明确过度管辖的目的是保护在缔约国有住所的被告。①

目前学界主流观点是将"过度管辖"归纳为三要素:有利于本国原告;不利于外国被告;被告或诉讼与法院地国的客观联系不足。②

其中,前两个要素具有主观性。实际上,各国在对他国管辖权做出过度管辖的评价时,往往依据的是本国的管辖权标准。因此,立场的不同决定了结论的不同:本地法院当然支持的是本国原告的诉权,相应地,被请求国法院则担心的是本国被告是否会受到他国法院的不公正对待。

第三个要素可拆分为实体、程序和程度三方面。"客观联系"程度首先取决于管辖依据与争议的民商事法律关系主体、客体、内容的联系情况;其次,某法院管辖能否保证对当事人的公平性和审判的公正性(对法律合理解释、保障当事人进行诉讼活动)、司法协助活动的经济性、迅捷性(文书送达、判决的执行以及各项活动所需时间和空间成本是否经济、证据的收集便利)、对本国国民的保护以及法律可预见性;最后判断争议与法院地的实际联系与法院管辖是否相称,是否过于牵强。③ 这里对于实体、程序和程度三方面的衡量,应当是以各国对国际间民事诉讼管辖权的一般标准作为衡量尺度,并且要达到明显超出某项最基本的标准,以至于被各国均认为该管辖权属于过分的和不正当的。④

(二)自由裁量空间中的过度管辖权

目前,国际法上对国家管辖权的规范仍然是不统一的,除了一些地区性国际法律文件之外,还没有一项普遍性国际公约来规范各国管辖权的范围及其行使条件。⑤ 因此,每个国家首要的立场是仅根据本国法律来确定本国管辖权,这就势必引发各国对管辖权的争夺。

---

① See Jenard P. Report on the Convention on Jurisdiction and the Enforcement of Judgments in Civil and Commercial Matters, http://aei.pitt.edu/1465/, last visited on March 8th, 2024

② See Clermont K M, Palmer J R B. Exorbitant Jurisdiction. Maine Law Review, 2006, 58(2): 503-505

③ 参见李旺.国际私法.第3版.北京:法律出版社,2011:273;李旺.国际民事裁判管辖权制度析——兼论2012年修改的《民事诉讼法》关于涉外民事案件管辖权的规定.国际法研究,2014(1):87

④ 王薇.国际民事诉讼中的"过度管辖权"问题.法学评论,2002(4):62

⑤ 杜涛.论国际民事诉讼中的过度管辖权.武大国际法评论,2017(1):19

在国际民事诉讼中,一个案件往往与多个国家具有联系,比如当事人具有不同国家的国籍、当事人在不同国家拥有财产、案件所涉的事实和行为发生于不同国家等。对于这些因素在管辖权中的权重,国际法并没有做出明确的规定,目前各国采取的方法都是允许法官在特定案件中根据具体情况进行自由裁量。此时,各国的判断标准可能会出现巨大的差异,毕竟各国的司法传统差异甚大,法官的水平也参差不齐,很难相信所有法官都能不超过限度行使管辖权。如果一国法院随意根据某个联系因素就行使管辖权,而该联系因素与该案件本身并不具有真正的实质性关联,即该国从监管角度对该案件就不存在利益,那么该法院所行使的管辖权就可能构成过度管辖权。

美国近几年主张的域外管辖事由就体现了过度管辖倾向。其中最明显的要属次级制裁,我国学界对于美国次级制裁的普遍看法是,美国与被制裁对象有关的第三国之间的管辖权联系非常薄弱,无法满足真实联系标准,是美国霸凌主义的一种典型体现。[1] 从《赫尔姆斯—伯顿法案》第3条可以看出,美国赋予本国公民对与古巴有交易的第三国人的诉权来源于受害人的美国国籍,也就是依据被动人格原则。前文在国际管辖权原则中曾经提及被动人格原则,表面上看,这似乎只是国籍原则的自然延伸,毕竟,如果一国对其国民的行为有利害关系,那么它就可能对针对其国民的行为有利害关系。然而,被动人格原则与其他原则相比,却被认为"是最缺少合适理由"[2]。被动人格原则意味着一个国家的公民在访问另一个国家时,会随身携带本国法律作为他的"保护手段",并让与他接触的人服从该法律的实施。显然,这一主张不仅违背了一国对其本国领土的专属管辖权原则,而且也违背了常识——访问外国的人需要遵守当地法律的管辖。虽然一国对其境外的本国国民进行合法保护是国家权力的内容之一,但国家权力的行使必须限制在国际法所允许的范围内,其中最关键的就是不得违反国家主权平等原则和不干涉内政原则。而被动人格原则下的管辖权无疑会与有关国家的属地

---

[1] 参见龚柏华.中美经贸摩擦背景下美国单边经贸制裁及其法律应对.经贸法律评论,2019(6):2;参见杨永红.次级制裁及其反制——由美国次级制裁的立法与实践展开.法商研究,2019,36(3):173;参见李寿平.次级制裁的国际法审视及中国的应对.政法论丛,2020(5):63

[2] [英]伊恩·布朗利著;曾令良,余敏友等译.国际公法原理.北京:法律出版社,2003:333

管辖与属人管辖发生冲突，所以一般而言，如果同时存在着能够获得更多支持的其他管辖原则的情况下，被动人格原则将不在考虑之列。而且退一步讲，即使忽略被动人格原则的固有争议，美国依该原则而享有管辖权的对象也只能是古巴个人或实体，即美国只能直接起诉古巴。① 所以美国的次级制裁只是在人为地制造联系，本质上是一种违反国际法的域外管辖。

另一方面，就初级制裁而言，尽管打击恐怖主义、毒品走私、大规模杀伤性武器和维护人权在国际社会都存在共识并有国际法依据，具有正当性，不同程度地体现为国际法上的效果管辖、保护性管辖甚至普遍管辖的对象。但是，这些具有正当性的话语能否成为美国实施单边制裁的法理依据，是存在相当大的质疑的。例如，美国多个制裁案件都提及"域外交易行为是对美国安全利益威胁"而主张美国法院享有保护性管辖权。但习惯国际法上的保护性原则适用范围极其狭窄，一般仅限于关于"国家安全、领土完整或政治独立"等至关重要的利益。在这种前提下，保护性原则却被美国法院过分解读，甚至囊括了威胁美国外交政策利益或联邦政府职能运作的行为。② 与之类似的还有普遍管辖原则的适用，美国在涉港、疆、台、藏法案中打着维护"民主人权"的幌子，将人权这一敏感的国内政治问题国际化，实际上是突破了普遍管辖原则原有的限定范围，违反了国际法上的不干涉原则。更严重的是，实践中，任何存在"美国元素"或与"美国元素相关"（如使用美元交易，使用美国电子邮件服务器、电话等）都可能作为美国域外管辖的"连结点"。极端情况下，两国之间的一项贸易活动除了使用美国银行的美元结算业务外，与美国无任何联系，但美国却仅凭此结算业务而认定境外贸易活动与美国之间存在着一种实质性领土联系。③ 由此可见，以上这些理由都具有一定程度的牵强性，本质上都是美国根据自己的需求制定的，或者是倒推的，掺杂着巨大的私欲，具有极强的随意性、伤害性和不确定性，透露出对他国主权的侵犯。④

---

① 参见范晓波.美国金融制裁的基石与应对.经贸法律评论，2021(6)：48
② 管建强，孙心依.单边制裁背景下美国域外刑事管辖权的检视与应对.南大法学，2023(6)：87
③ See Gruson M. The U. S. Jurisdiction over Transfers of U. S. Dollars Between Foreigners and over Ownership of U. S. Dollar Accounts in Foreign Banks. Columbia Business Law Review，2004，1：722
④ 戚凯.霸权羁缚：美国在国际经济领域的"长臂管辖".北京：中国社会科学出版社，2021：285

二、在证券案件中发现过度域外管辖的分析

作为过度管辖权其中的一种类别,过度域外管辖权涉及的是本国对可能不满足域外管辖权标准的行为进行的管辖。理论上,过度域外管辖权分析的关键部分是确定法院地法律所表达的背后利益,并审查法院地与案件的关系能否支持这一利益的存在,从而为管辖权提供合法依据。① 不过,这样的分析方式显然较为抽象,幸运的是,国际上域外管辖经验足够丰富,能够从中概括一些在相关证券案件中公认的容易引起过度域外管辖权的因素。需要明确的是,并非具有这些因素的所有案件都会构成过度域外管辖,新的事实的增加可能会促使我们将新案件与这些更典型的案件区分开来。

(一)原告或被告的国籍可能无关紧要

理论上,根据原告或被告的国籍行使域外管辖权并非违反国际法,相反,国际管辖权原则中的国籍原则和被动人格原则恰好支持了这种管辖权依据。② 前者指出"一个国家可以惩罚该国国民所犯的行为,不论其身处何处"③,后者则允许一国对外国公民在国外对其本国公民犯下的行为主张管辖权,即不管犯罪发生地在哪,也不论犯罪人的国籍为何,只根据受害人的国籍主张域外管辖权。④ 然而,这只是从一般国际管辖权原则的角度进行的分析,而当我们需要对过度域外管辖进行判断时,更多依赖的是利益分析。

柯里的利益分析方法产生的动机就是他试图通过提供一种不同的方法处理法律选择问题,从而将法院从比尔的理论中解放出来。⑤ 根据比尔的说法,文明世界"被划分为若干领土单位,每个领土单位仅以该领土所特有的

---

① Kay H H. A Defense of Currie's Governmental Interest Analysis. Collected Courses of the Hague Academy of International Law, 1989, 215: 13

② 当一国援引国籍原则主张域外管辖权时,相对于其他原则而言争议较少,至少在适用自然人上时是这样。参见[美]巴里·E.卡特,艾伦·S.韦纳著;冯洁菡译,国际法.北京:商务印书馆,2015: 875;不过,因被动人格原则存在较大的争议,一般只适用于最严重的罪行,例如关于对国民的恐怖袭击犯罪等。参见[英]伊恩·布朗利著;曾令良,余敏友等译.国际公法原理.北京:法律出版社,2003: 333

③ Feinberg K R. Extraterritorial Jurisdiction and the Proposed Federal Criminal Code. The Journal of Criminal Law and Criminology, 1981, 72: 388

④ 张旭.国际犯罪刑事责任再探.吉林大学社会科学学报,2001(2): 5

⑤ Kay H H. A Defense of Currie's Governmental Interest Analysis. Collected Courses of the Hague Academy of International Law, 1989, 215: 39

特定法律为准"。① 他认为,"当法律产生一个权利时,这种权利本身就成为一种事实,只要它未被创设它的法律或是其他有权的法律所改变,这项权利就应该在任何地方得到承认。"② 于是,比尔得出结论,"法律冲突的主要任务是确定权利的产生地点和创造它的法律。"③ 例如,就侵权的法律选择方面,比尔认为,"除非某些法律赋予原告侵权之诉因,否则原告无法寻求侵权损害赔偿,并且这种诉因只能由侵权行为发生地的法律授予。"④ 而就合同的法律选择方面,比尔同样认为,"合同的有效性问题,原则上只能由行为地法确定,即合同订立地的法律确定,如果协议订立地没有附加任何法律义务,则其他任何法律均无权为之。"⑤ 显然,比尔的理论体系是建立在地域基础上,其选择的是法域。⑥

柯里和劳伦森、库克、卡弗斯在内的许多学者一起批评了比尔理论的极端僵化,并拒绝了比尔的属地主义假设,即争议的性质和某些关键事件的所在地自动决定了适用法律,而不考虑法律内容。由于对领土利益的排斥,柯里否认国家将永远有兴趣将其法律应用于外国受害者,⑦ 他认为,一个国家只对保护自己的公民感兴趣。⑧ 因此,根据柯里的理论,以下情况是"无冲突"的,即没有国家有兴趣将其法律应用于争议。B 国的侵权行为人在 B 国造成事故,A 国的一名受害人受伤,B 国允许无限损害赔偿,而 A 国则严格限制追偿。根据利益分析,A 国和 B 国都没有将其法律应用于争议的利益。他的理由是,A 国没有利益保护 B 国侵权行为人,B 国没有兴趣适用其法律来保护他国的受害者。

然而,在现代立法和司法实践的背景下,上述认为一国无意将其法律适

---

① Beale J. A Treatise on the Conflict of Laws. New York:Baker,Voorhis & Co.,1935:16
② Beale J. A Treatise on the Conflict of Laws. New York:Baker,Voorhis & Co.,1935:64
③ Beale J. A Treatise on the Conflict of Laws. New York:Baker,Voorhis & Co.,1935:64
④ Beale J. A Treatise on the Conflict of Laws. New York:Baker,Voorhis & Co.,1935:1288
⑤ Beale J. A Treatise on the Conflict of Laws. New York:Baker,Voorhis & Co.,1935:1091
⑥ 邢钢.国际私法体系中的多边主义方法:根源、机理及趋向.河南大学学报(社会科学版),2019,59(3):52
⑦ See Currie B. Selected Essays on the Conflict of Laws. Durham:Duke University Press,1963:365-366
⑧ Ymeonides S. Revolution and Counter-Revolution in American Conflicts Law:Is There a Middle Ground?. Ohio State Law Journal,1985,46(3):561

用于在其领土上受伤的外国国民的假设显然已经过时。今天，大多数法院都没有以外国人的非本国公民身份为由拒绝外国人受到本国法律的保护，这一点在反垄断法和证券法的相关案例中表现得尤为明显。

具体而言，在 Pfizer, Inc. v. Government of India 案中，美国最高法院甚至支持了印度政府作为原告的反垄断控诉。对此，法院表示，如果政府是作为商品和服务的购买者进入美国商业市场，那就应该同美国国民一样获得美国反垄断法的保护。① 但是，如果他们不参与美国市场，外国当事方就不应该根据美国反垄断法提起诉讼。正如美国最高法院在 F. Hoffman-Laroche v. Empagran 案中所裁决的那样，在外国市场购买维生素的当事人无法在美国法院提起诉讼。② 对比前述两个案件，可以得出结论，在反垄断背景下，当事方能否获得美国反垄断法的保护，关键在于其是否在美国市场中受到了所谓的反竞争影响。因此，"市场"才是利益分析理论中代表国家利益的因素，而本国市场的竞争过程对本国国民或外国国民并没有区别，即当事方的国籍并没有对案件产生额外的影响。

同理，本国证券市场中的信息传播对本国国民或外国国民而言也没有区别，因此，证券法作为一种效果法规，其关注的也是谁参与了本国证券市场。换言之，在证券案件中，法院最需要考虑的应该是市场的国籍，而不是该市场的参与者。

不幸的是，判例法常常给人一种混淆的印象，即国籍在域外管辖权分析中具有某种相关性。例如，在 Bersch v. Drexel Firestone, Inc. 一案中，法院得出结论，证券法的反欺诈条款：(1)适用于向居住在美国的美国人出售证券的损失，无论是否在该国发生了具有重大意义的行为（或有罪的不作为）；和(2)适用于向居住在国外的美国人出售证券的损失，但仅当在美国境内具有重大意义的行为（或有罪的不作为）对损失有重大贡献时；但(3)不适用于向美国境外的外国人出售证券的损失，除非在美国境内的行为（或有罪的不作为）直接造成了这种损失。③

---

① Pfizer, Inc. v. Gov't of India, 434 U.S. 308, 320 (1978)。
② F. Hoffmann-La Roche Ltd. v. Empagran S.A., 542 U.S. 155, 124 S. Ct. 2359, 159 L. Ed. 2d 226 (2004)。
③ Bersch v. Drexel Firestone, Inc., 519 F.2d 974, 992 (2d Cir. 1975)。

再比如，Fidenas AG v. Compagnie Internationale Pour L'Informatique CII Honeywell Bull S.A 一案中，第二巡回法院认为，如果所涉及的证券交易主要是外国的，则无法适用美国《1934年证券交易法》第10(b)条。本案中诉讼的所有当事方都是非居民外国人，在美国境内的唯一行为显然是这些交易的附属品，在美国境内没有可衡量的影响。该诉讼是由外国原告提起的，指控外国公司和个人被告共谋通过伪造票据实施欺诈。本案中，法院认为当证券诉讼的当事方没有美国购买者时，在这种情况下，原告仅仅声称对国内造成影响是不够的。尤其当各方都是外国人时，在美国境内没有国内行为的情况下，即使存在一些非当事方的美国购买者，也不足以支持对美国经济的负面影响。①

此外，在 Europe & Overseas Commodity Traders，S. A. v. Banque Paribas London 一案中，法院同样使用了不明确的措辞：因为"原告是一家巴拿马公司；下达采购订单并最终遭受损失的个人是加拿大公民；证券未在美国交易所交易；并且据称对美国关联公司没有影响，因此，国会不希望保护任何美国实体。"②严格来说，只有最后两项是效果标准下的相关信息，承认美国在保护居住在其境内的外国人方面具有监管利益。换言之，个人投资者的美国居住地，而不是美国国籍，才是效果标准的重点。

总之，在效果标准下，原告或被告的国籍可能是无关紧要的，它是通过证明国外行为对本国证券市场的影响来行使域外管辖权的。

（二）公司住所地联系可能仅具有形式意义

在美国，1945年的国际鞋业公司案中，联邦最高法院首次区分了一般管辖权和特别管辖权。③ 通常，一般管辖权是由被告住所地法院行使。对于法人而言，在不同国家或地区，其住所地可能会有不同的判断标准。在之后的 Perkins 案④和 Helicopteros 案⑤中，最高法院进一步阐述了法人的一般管辖

---

① Fidenas AG v. Compagnie Internationale Pour L'Informatique CII Honeywell Bull S. A., 606 F. 2d 5 (2d Cir. 1979).

② Europe & Overseas Commodity Traders, S. A. v. Banque Paribas London, 147 F. 3d 118, 123 (2d Cir. 1998).

③ Int'l Shoe Co. v. State of Wash., Off. of Unemployment Comp. & Placement, 326 U. S. 310, 318, 66 S. Ct. 154, 159, 90 L. Ed. 95 (1945).

④ Perkins v. Benguet Consol. Min. Co., 342 U. S. 437, 72 S. Ct. 413, 96 L. Ed. 485 (1952).

⑤ Helicopteros Nacionales de Colombia, S. A. v. Hall, 466 U. S. 408, 104 S. Ct. 1868, 80 L. Ed. 2d 404 (1984).

权标准,即只要法人与法院地具有"持续而系统的一般商业联系",法院即可对该法人行使一般管辖权。根据该案判决,只要一家企业在法院地从事经营活动,即可接受该法院的一般管辖。这就是所谓的"经营活动管辖权"。① 但是,到底什么才构成"从事经营活动",法院在不同案例中形成了不同的判断标准,比如公司在法院地是否有营业所、是否有雇员、是否针对该地居民做广告营销、在该地的销售数额等。随着这些标准被一些法院不断扩大化,导致世界上很多跨国公司都可以被美国任何一个州的法院纳入管辖范围。

诚然,效果标准确实允许一国对在领土之外发生但在领土之内造成影响的行为行使管辖权。据此,有人认为,当离岸金融公司在某一司法管辖区内成立公司法人,并将公司注册文件实际提交至该司法管辖区时,该司法管辖区就拥有对该离岸金融公司的管辖权。然而,这一观点是有问题的,因为当可能引起法律索赔的行为并不发生在该离岸金融所在的管辖区时,该公司法人与该司法管辖区的联系很大程度上只具有形式意义。而效果标准是承认对在管辖范围内感受到的影响进行规范的权利,②这样看来,它其实并没有指出公司住所地与行为产生的潜在危害有关。

于是,有学者又提出国籍原则可以解释公司住所地与司法管辖区的联系。国籍原则允许国家可以对本国国民在本国领土之外所采取的任何行为行使管辖权。而在司法管辖区注册的离岸金融公司法人也可以被理解为这些司法管辖区的"国民",一国对这些法人行使管辖权就好比国家规范其公民在其境外实施的行为。可以看出,这种观点根据公司法人的注册地将一国国籍赋予了该法人。这样做的明显优势在于,它是一种明线规则,指示法院适用公司法人注册地所在国的法律管理股东与经理之间的"内部"事务。③ 通过这样的方式,公司实际上是被概念化为基于其注册地的自然人,

---

① Twitchell M. Why We Keep Doing Business with Doing-Business Jurisdiction. University of Chicago Legal Forum,2001,2001:172-173

② Brilmayer L, Norchi C. Federal Extraterritoriality and Fifth Amendment Due Process. Harvard Law Review, 1992, 105(6):1245

③ DeMott D A. Perspectives on Choice of Law for Corporate Internal Affairs. Law and Contemporary Problems,1985,48(3):161-163

而该人格是通过一国主权权力所创造出来的。这种公司法人的特殊概念在19世纪的案件中占据着主导地位。正如马萨诸塞州最高法院在 Bergner & Engel Brewing Co. v. Dreyfus 这一开创性的案件中解释的那样，公司只在创建它的国家管辖范围内拥有住所地，除此之外，其他任何地方都没有住所地。换言之，公司法只具有地域效力，公司只存在于创建它的主权者的领土范围内。① 然而，值得注意的是，这种观点有其特殊的背景，那时公司注册地确实表明了公司和授权国之间存在着真实且有意义的联系。问题是现在的情况已然不同了，公司的注册地已不再具有这样的表征意义。② 在离岸金融公司法人未在某一司法管辖区内发生任何经济活动的情况下，人们很难支持该司法管辖区可以仅仅依据公司住所地这一事实对其离岸金融公司的所有行为行使管辖权。③

为了更好地理解上述观点，现在我们将自然人住所和公司住所进行对比。自然人的住所是国家与个人之间的领土关系。④ 一般而言，户籍确立了个人的法定归属，而归属地又捆绑了大量个人与政府单位之间的权利，包括税务、投票权和教育。⑤ 自然人的住所通常要求在该地点居住一定的时间，并有特定意图将该司法管辖区作为家庭住址，这也成为法院推断其具有管辖利益的根据。相比之下，公司住所是用于建立公司法人内部成员之间法律关系的合同。⑥ 事实上，主流公司法学者将公司法概念化为由各地制定的具有标准形式的默认规则。正是由于这个原因，虽然一半的财富500强公司称特拉华州为他们的公司住所地，但其中只有两家实际上在该州内经营他们的业务。⑦

---

① Tung F. Before Competition: Origins of the Internal Affairs Doctrine. Journal of Corporation Law, 2006, 32(1): 54

② See Arato J. Corporations as Lawmakers. Harvard International Law Journal, 2015, 56(2): 275

③ Mann F A. The Doctrine of Jurisdiction in International Law. Recueil Des Cours, 1964, 111: 97

④ Goldsmith J L III. Interest Analysis Applied to Corporations: The Unprincipled Use of a Choice of Law Method. Yale Law Journal, 1989, 98(3): 600

⑤ 同上。

⑥ Tung F. Before Competition: Origins of the Internal Affairs Doctrine. Journal of Corporation Law, 2006, 32(1): 35-36

⑦ Bruner C. Re-Imagining Offshore Finance: Market Dominant Small Jurisdictions in a Globalizing Financial World. New York: Oxford University Press, 2016: 181

因此，现在在某一司法管辖区注册成立公司法人似乎并没有什么重要的意义。目前越来越多的商业实体的住所地与其实际经营地点并不一致，在这个趋势下，监管法律也越来越着眼于商业实体控制和所有权，而非商业实体的成立地。总之，涉及离岸金融公司法人的监管诉讼，虽然表面看上去涉及多个司法管辖区的利益，但实际上可能只有一个司法管辖区有权监管其行为。

在本章的结尾，需要再次重申一个观点，那就是在决定是否行使域外管辖时，必须承认所有涉及的国家的利益都至关重要。尽管在某些情况下，有理由认为只有一个国家对案件享有利益，但最好不要过快地得出这个结论，即草率地否认他国的利益。当一个案件的管辖权争议是虚假的，那意味着可能只有一个国家对案件存在利益。而当管辖权争议是真实的，那就意味着两个国家对案件都存在利益，此时法院的任务就是了解这些利益是什么以及它们保护哪些权利，然后给出一个理由，说明为何偏爱一方的利益和/或一方的权利而不是另一方的利益或权利。

第五章
对证券法域外管辖权效果标准的完善

上一章是对管辖权争议这一过渡问题进行的分析,本书明确否认了只有严重到涉及外国主权强制时,才需要考虑对域外管辖权进行限制的这一前提。现在,本书进入最后一部分,将系统地讨论如何对域外管辖权的效果标准进行外在限制。需要明确的是,结合上一章虚假管辖权争议的分析,对效果标准进行限制的前提应该是存在域外管辖权,即案件事实已经满足效果标准的要求,只是出于其他考虑因素需要对其进行限制。如果案件事实根本不满足效果标准的要求,那行使域外管辖权就是一种过度效果管辖权,原本就不应该行使,自然谈不上限制。

第一节 限制域外管辖权效果标准的基本原则

本书第三章已经说明效果标准的构造方式决定了它是一种单边主义授权原则,无法进行自我限制,只能依靠外在限制。而外在限制域外管辖权的基本原理就是拒绝单边主义，即一国必须注意考虑具有竞争管辖权的国外监管利益。这种在国际冲突中平衡两国关切的准则，国际上称之为"国际礼让原则"，是一种对传统单边主义体系的缓解，同时也是限制域外管辖权的基本原则。

一、国际礼让原则的理论演进及现代应用

（一）从规范礼让到裁判礼让

国际礼让概念最早可溯源至罗马法时期，但其内涵真正成型则归功于17世纪的荷兰法学家。当时，荷兰各省终于从西班牙的统治中获得独立，并发展成为一个现代意义上的欧洲主权国家。根据国家主权和法律属地主义学说，任一主权国家对其领域内的一切物、人和交易享有绝对的法律控制权。[①] 然而，当急剧增长的跨国民商事纠纷与主权交汇时，却产生了一个现代冲突法中的一个基本问题：当案件涉及荷兰内部各省之间或者荷兰与其他国家之间时，一个绝对的国家主权者能否在其领土内实施其他国家法律，并且不会暗中削弱或否认其绝对主权？

为了解决这一问题，荷兰法律学者优利克·胡伯（Ulrich Huber）在《论各国不同的法律冲突》一文中阐述了著名的"胡伯三原则"理论。其主要内容包括：

（1）任何主权国家的法律在其领土界限内具有绝对的效力，并约束全体居民，但在境外则无效；

（2）凡居住在该国境内的人，包括长期居住和临时居住，都被视为该主权国家的臣民，并因此而受其法律的约束；

（3）一国法律如在其本国业已生效，按照礼让，即可以在他国保持效力，只要这样做不损害他国的主权及其臣民的利益。[②]

其中，前两项是对领土主权的肯定，认为在一般情况下，主权国家应当适用的只能是内国法律。而对于外国法律可能在国内法律体系中得到承认的特殊情况，胡伯则将第三项原则作为适用的前提，也即后世所熟知的"国

---

① 赵学清，郭高峰．礼让说在美国冲突法中的继受和嬗变．河北法学，2014，32(4)：29
② Lorenzen E G. Huber's de Conflictu Legum. Illinois Law Review, 1918, 13: 376

际礼让说"。根据这项原则,是否承认外国法的域外效力以及是否适用外国法,不是源于外国法律本身的直接效力和运作,而是由于另一国最高权力的认可以及出于对国家间相互便利的尊重,但条件是没有损害一国之主权或其公民的权利,这是整个问题的基础。①

通过假设和证明一个主权国家如何在不削弱或否认其主权的情况下承认或实施另一个国家的法律,礼让首先在规范性礼让(prescriptive comity)这一层面发展起来了。该理论体系解决了法律冲突的一个重大困惑,即尽管法律是有地域限制的,但国际礼让可以通过同意而不是强迫的方式来证明法律突破地域的合理性。

尽管该理论滥觞于欧洲大陆,但却对普通法系国家产生了重大影响。在接受了规范性礼让作为国内主权可以承认外国法律的法理基础之后,普通法学者接下来面临的问题是,国内政府的哪个部门应该行使礼让赋予主权国家的自由裁量权。这个答案在英国和美国显然指向的是司法机构。

英国曼斯菲尔德法官在 Someset v. Steward 一案中首次将胡伯理论引入普通法,肯定了在涉及法律冲突案件中存在可以适用外国法的情况,不过,是否适用取决于法院的自由裁量。② 随后,这一理论随同普通法其他规则一起传入美国。美国斯托雷(Joseph Story)大法官继受了胡伯的国际礼让学说,并在其《冲突法评论》中对"胡伯三原则"进行了呼应。在重申领土主权原则之后,斯托雷在胡伯礼让观的基础上向前更进了一步,他明确将"国际礼让"表述为一种国内法上的法律和规定,而非习惯国际法下的道德或强制义务,同时他也提出国家可以基于"国家间的共同利益"(mutual interest)自愿承认外国法的效力。③ 不过,与胡伯和曼斯菲尔德一样,斯托雷也强调承认外国法效力的前提是适用外国法不能损害国内的主权利益。总之,在普通法中,关于能否在个别案件中适用礼让被视为赋予法院的自由裁量权,由法院根据其固有的司法权力来行使。

直到 19 世纪,普通法将基于礼让的自由裁量权扩展到一个新的领域:

---

① 赵学清,郭高峰.礼让说在美国冲突法中的继受和嬗变.河北法学,2014,32(4):30
② Someset v. Steward, 98 Eng. Rep. 499 (1772)
③ Story J. Commentaries on the Conflict of Laws. 6th ed. New York: Little, Brown and Company, 1865:7

裁判礼让(adjudicatory comity)。简而言之，国内主权不仅可以承认外国立法行为，还可以承认外国司法行为。这一立法到司法的递进，最早发生在美国最高法院的 Hilton v. Guyot 案中。该案的争议点是美国法院是否可以承认另一个主权国家在其法院的司法行为。在援引礼让原则来支持承认的同时，最高法院做出了一个关于国际礼让的经典定义。在这个定义中，"国际礼让既不是绝对义务问题，也不是单纯的礼貌和善意问题，而是一国在其本土内对另一国的立法行为、行政行为或司法行为给予承认，既适当重视国际义务便利，又尊重本国公民或本国法律所保护的其他人的权利。"①

这一定义是目前学术和司法著作中引用最多的定义，然而却被证明是不足的。如果国际礼让既不是义务也不是道德，那究竟是什么？目前，国际礼让原则经常被用作一系列旨在尊重外国主权学说的总称，调解本国与其他国家法律体系之间关系的都可以是国际礼让的表现。这种空洞模糊的特质，让法院和学界都颇有微词：卡多佐(Benjamin Cardozo)法官就曾经评价过，"礼让意味着不受一般原则约束的自由裁量权。"②皮尔斯(Brian Pearce)教授则表示礼让是"一种模糊但内容丰富的教义，以至于无法从中获得合理的结果"③。斯蒂芬(Paul Stephan)教授更是直接指出，"礼让虽然承诺了很多但几乎没有提供多少可以与外国法院打交道的指示条款。"④也正因如此，法院对于国际礼让的现有应用并不总是明确或一致，往往只能各自拼凑自己的方法。⑤

(二) 域外管辖实践中国际礼让原则的分析方式

在上文的大多数例子中，礼让都是被用来解决外国法律或外国判决在领土之外的承认或执行。在此基础上，普通法系又将礼让原则扩展到了相关概念，即在域外管辖案件中，国内法院应该更进一步，直接拒绝本国法律

---

① Hilton v. Guyot, 159 U.S. 113, 163-164 (1895)
② Loucks v. Standard Oil Co. of New York, 224 N.Y. 99, 120 N.E. 198, 201-202 (1918)
③ Pearce B. The Comity Doctrine as a Barrier to Judicial Jurisdiction: A U.S.-E.U. Comparison. Stanford Journal of International Law, 1994, 30(2): 527
④ Stephan P B. Courts on Courts: Contracting for Engagement and Indifference in International Judicial Encounters. Virginia Law Review, 2014, 100(1): 57
⑤ 参见[美]帕德罗·J. 马丁内兹-弗拉加著；李庆明译. 国际私法程序中礼让的新作用. 北京：中国社会科学出版社，2011：8

的适用或本国法院的管辖权。至此,礼让原则开始发挥新的作用。而作为域外管辖的发源地,美国法院更是在司法实践中总结出了礼让原则的分析方式。

早在1909年American Banana Co. v. United Fruit Co.一案中,美国最高法院面临《谢尔曼法》的管辖范围是否可以延伸至另一个国家的问题。与以往使用国际法规则解释不同,最高法院直接援引礼让原则进行了回答:"对于另一个司法管辖区而言,如果本国法院碰巧抓住了行为人,并按照自己的规则而不是行为所在地的规则来对待他,这样做不仅是不公正的,而且也干涉了另一个国家的权威,违背了礼让原则,会引起他国报复。"[1]不过,本案只是美国法院在域外管辖案件中援引国际礼让原则的尝试,还未形成具体的应用方式。

但从美国1976年泰博兰案(Timberlane Lumber Company v. Bank of America)以后,美国法院逐渐开始探索国际礼让原则在域外管辖案件中的分析方式。该案涉及一家美国公司及其洪都拉斯子公司,该公司声称被告美国银行与他人合谋阻止原告通过其位于洪都拉斯的子公司将木材出口至美国,从而对美国对外贸易产生了直接和实质性的影响。原告是美国俄勒冈州的公司,从事木材批发贸易和销售。其与洪都拉斯两家公司订立合伙协议,在洪都拉斯购买了一家木材厂的权益,打算生产木材向美国出口。然而,被告美国银行却将其拥有的该厂部分权益转让给另外一家木材加工企业,通过对该厂的财产实施禁运,最终迫使泰博兰公司退出洪都拉斯木材市场。

值得一提的是,第九巡回上诉法院特别讨论了美国反托拉斯法对国外领域的过度入侵问题。在乔伊(Choy)法官看来,效果标准是不完整的,它没有考虑其他国家的利益。而某些时候,美国的利益相比国外又太弱,无法证明域外管辖权的主张是合理的。这就需要所有国家在行使其权力时考虑一定的限制,因此,法院在效果标准中增加了冲突层面,建立了一个平衡测试,即通过权衡三个因素来证明域外管辖权的合理性:域外行为的预期和实际影响、在美国境内的影响程度以及美国与其他国家的利益对比。其中,前两

---

[1] Am. Banana Co. v. United Fruit Co., 213 U.S. 347, 356 (1909)

个因素是对效果标准的重复,第三个因素加入了礼让分析。此外,法院又列举了几个可供权衡的礼让因素,包括(1)外国法律或政策与内国法冲突的程度;(2)当事人的国籍、公司的注册登记地或主要营业场所;(3)两国预期采取的执法行动会得以有效实施的程度;(4)与其他地区相比,对美国影响的相对重要性;(5)有明确损害或影响美国商业目的的程度;(6)违法行为产生的损害效果的可预见性;(7)与国外行为相比,美国境内违规行为的相对重要性;(8)面对潜在冲突时,美国本土的联系和利益是否足以支持行使管辖权。[①] 结合本案事实,法院最后确认,本案对美国对外贸易的影响微乎其微,且完全没有损害美国商业意图的证据。相比其他有利于管辖权的因素,仅仅是当事人的美国公民身份以及一定程度上美国法律的执法效力还不足以证明对本案行使管辖权是正当的。

不难看出,泰博兰案提出的利益平衡分析方法让法院从单一的效果分析扩展为以权衡美国与国外利益为核心的多因素测试,成功构建了国际礼让原则应用的雏形。在此基础上,紧随其后的曼宁顿案更是让国际礼让观具有了里程碑的意义。美国第三巡回法院的维斯(Weis)法官在该判决中将利益平衡方法进一步细化,调整和增加了部分因素,最终确定了十项具体条款作为礼让考察因素。具体包括:(1)外国法律或政策与内国法冲突的程度;(2)当事人的国籍;(3)比较被指控侵权行为在美国和外国所认定的严重程度;(4)在外国得到救济的可能性与未决诉讼的存在;(5)是否存在损害美国商业的目的与行为的可预见性;(6)如果法院通过行使管辖权提供救济,那么这对外国关系可能造成的影响;(7)当法院行使管辖权提供救济的情况下,一方当事人是否会处于两难的境地,即当事人在法律冲突的情况下被强制要求从事一项被另一国法律认为违法的行为;(8)法院的判决是否能对当事人生效;(9)在外国法院基于相似的情形做出的救济判决是否可以被本国法院所接受;(10)涉案国家间是否存在相关条约解决此类问题。[②] 这十项条

---

① Timberlane Lumber Co. v. Bank of Am., 549 F. 2d 597, 611–612 (9th Cir. 1976)
② See Mannington Mills, Inc. v. Congoleum Corp., 595 F. 2d 1287, 1297–98 (3d Cir. 1979). 原告 Mannington Mills 在新泽西州起诉被告 Congoleum,指控其违反《谢尔曼法》第 2 条。原告指称被告意图垄断与化学压花乙烯基地板覆盖物有关的对外贸易。据原告称,被告在国外以欺诈手段获得了制造地板的专利,并在国外强制执行这些专利以限制原告的海外业务。

款虽是对泰博兰案的细化,但本质上更多地体现了国际礼让的节制主义精神。①

至此,在美国最高法院尚未做出回应的情况下,利益平衡测试逐渐被其他巡回法院接纳并广泛采用。尽管这些法院在综合考量多元因素时由于过多的自由裁量权导致了适用上的持续不一致,但利益平衡测试仍然被作为国际礼让适用方式的基准确定下来了。

然而,1993年哈特福德案却成为国际礼让问题上的转折点。关于这一点,上一章已经进行了详细的阐述,本章便不再赘述。哈特福德案之后,相当多的美国法院转向了最高法院有限参考国际礼让的方式,导致法院对于国际礼让原则的适用走向了低谷。

直到2004年美国最高法院审理F. Hoffmann-La Roche, Ltd. v. Empagran S. A.案,才终于让国际礼让有了一个小小的恢复。该案中自1988年1月起,欧洲两大维生素生产商霍夫曼罗氏公司和巴斯夫公司达成了大宗维生素价格操纵协议,该价格联盟几乎吸收了所有世界上主要的维生素生产商,并影响到国际维生素市场。一些美国和外国原告在美国提起反垄断诉讼,对于其在国外市场上受到的损害要求损害赔偿。原告被告的争议点集中在两个行为,一是美国公司从卡特尔成员处购买了维生素产品并转售到美国国外,二是外国公司从卡特尔成员处购买了维生素产品并在美国境外销售。被告认为上述行为并没有影响美国市场,美国法院对上述两种行为没有管辖权,要求法院驳回起诉。② 2001年,哥伦比亚地区法院支持了被告的观点,原告方于是向哥伦比亚地区上诉法院提出上诉并得到了上诉法院的支持,该案被发回重审,被告又向美国联邦最高法院提出申诉。最终,美国联邦最高法院认为,被告的固定价格行为损害了美国的商业利益,但是由于发生在国外与发生在国内的损害是完全独立的,美国法院不应对国外的竞争行为行使管辖权。

表面上看,最高法院在Empagran案中作出的判决确实围绕着国际礼让

---

① 陈兵,顾敏康.《谢尔曼法》域外适用中"礼让"的变迁与启示——由我国"维生素C案"引发的思考.法学,2010(5):106

② F. Hoffmann-La Roche Ltd. v. Empagran S. A., 542 U. S. 155, 124 S. Ct. 2359, 159 L. Ed. 2d 226(2004)

的概念,对美国不断扩张的域外管辖趋势进行了遏制。然而,法院将国内损害与国外损害进行区分的做法却为规避国际礼让埋下了隐患。法院认为,早期的域外反垄断案件中,国外损害是"依赖于"国内的,而不是"独立的"。但本案中唯一引发原告索赔的外国损害却是"独立于"任何国内损害,在这样的情况下,美国利益的重要性相对低于外国利益,此时行使管辖权正当理由似乎并不充分。诚然,这种考虑相对利益的做法是符合国际礼让原则的应用框架的,但问题在于法院未能提供"独立损害"的定义。事实上,在一个全球市场时代,国际交易的影响不能轻易地分为国外和国内部分,因此,人们很难得出结论,某一国外损害是完全独立的。而只要行为在美国境内产生影响,未来的原告就可以声称他们在国际上遭受的伤害与美国密切相关。因此,从结果上看,Empagran 案其实未能充分纠正哈特福德案对国际礼让作用的减损,反而可能导致下级法院更加模糊和混乱。

此后,美国法院对于援引国际礼让原则一直处于一种既非否定又非积极的微妙态度。直到 2010 年莫里森案奠定了限制域外管辖范围的基调后,国际礼让原则才在之后的案件中逐渐得到真正的复兴。在 Daimler AG v. Bauman 案中,原告与被告皆为外国当事人,且行为发生地在阿根廷。但原告认为,Daimler 的子公司向加利福尼亚州的经销商分销 Daimler 公司生产的汽车,并在该州设有办事处和其他设施,该联系足以使美国法院享有管辖权。① 在经历了地区法院拒绝管辖权而第九巡回上诉法院认同管辖权的两种截然不同的裁判之后,本案最终上诉至美国最高法院。通过揭示美国不受限制的管辖权可能会对美国外交政策以及美国经济带来损害,最高法院指责了第九巡回上诉法院对于国际礼让原则的忽视,并强调援引国际礼让原则是一个至关重要的问题,而非一种可以摒弃的形式。基于前述理念的铺垫,最高法院在结论中推翻了以往仅凭"连续和系统的一般业务"就可构成管辖权联系的标准,指出"公司成立地和主要营业地"这种体现独特性的联系才是构成管辖权的依据。② 而本案中,Daimler 公司的公司成立地和主要营业地皆位于德国,最高法院就此否认了管辖权的存在。

---

① Daimler AG v. Bauman, 134 S. Ct. 746, 752 (2014)
② Daimler AG v. Bauman, 134 S. Ct. 746, 760 (2014)

紧随 Daimler 案的脚步,同年 Gucci 案进一步突出了国际礼让原则的重要性。在 Gucci America Inc. v. Weixing Li 案中,被告通过互联网销售假冒 Gucci 等多个品牌的奢侈品,并将所得款项汇入中国银行账户。原告作为奢侈品制造商,遂向美国法院提起诉讼。在庭审前证据开示期间,原告试图冻结被告的资产,以确保追回并固定违法行为的证据。原告遂申请向中国银行送达资产冻结令,并同时向其纽约分行送达传票,要求中国银行冻结被告的资产以及告知与被告有关的所有中国银行账户信息。对此,中国银行表示无法搜索被告位于中国境内的账户信息。地区法院据此裁定中国银行藐视法庭。然而,第二巡回上诉法院却参考 Daimler 案强调国际礼让原则应作为本案的核心考虑因素,并指出最高法院明确警告过过于宽泛的管辖权不符合公平竞争和正当程序的要求。[①] 根据国际礼让原则,最高法院认为应适当考虑所涉及的各种利益,包括(1)中国政府在其银行法中的主权利益;(2)中国银行虽作为非当事方,但因选择在美国开展业务,从而对需要遵守的母国和美国法规所产生的期望。[②] 本案中,《银行保密法》等涉及隐私和保密的相关法律对中国主权至关重要,而美国法院要求中国银行提供被告信息的命令显然与之冲突。鉴于中国银行属于至关重要的中国国有实体,最高法院认为地区法院的意见并没有考虑中国政府的利益,一旦对中国银行进行惩处将导致中美经济关系恶化。

总之,随着对国际关系以及国内经济的考量,国际礼让原则又再次成为在涉及外国利益的案件中限制美国法院管辖权的重要原因。

二、国际礼让原则的应用困境

(一)国际礼让分析并不具有系统性

通过上述对美国国际礼让实践的梳理,可以肯定的是,国际礼让原则已经不再桎梏于传统抽象概念,而是衍生出可操作的多元因素分析方法用以权衡内外国利益,真实地遏制了效果标准的单边主义。具体而言,多元因素利益分析方法允许将每个案件的事实稀释成预先设定的类别,进而在各类别之下考虑本国利益和国外利益的竞争,在理论上能够产生一致和可预测

---

① Gucci Am., Inc. v. Weixing Li, 768 F.3d 122, 135 (2d Cir. 2014).
② Gucci Am., Inc. v. Weixing Li, 768 F.3d 122, 140 (2d Cir. 2014).

性的好处。然而，该原则在发挥作用的同时却也逐渐表现出了力不从心，这一点完全可以从反复多变的美国司法实践中得到印证：美国法院无法以一贯和有原则的方式进行国际礼让分析。

造成这一现象的直接原因就在于国际礼让分析中的利益平衡测试。法院列举了一长串或抽象或具体的利益表征清单，看似构成了一个客观中立的测试，但却容易吞噬真正的竞争分析。一方面，法院不但没有严格审查某些因素下的本国利益，还扩大了利益解释的范围，例如，"维护本国原告权利"的利益将偏向任何涉及本国原告的案件，无论该案件是否涉及真正的国家利益。① 如果一个国家总是倾向于保护本国原告的权益，那不可避免地会忽视其他国家的国家利益。又如，"维护金融市场或证券法的完整性"的利益可以适用于在本国发现的任何损害金融市场的情况。② 再如，"在本国法院充分和公平地裁决事项"的利益对被告和其他主权国家来说可能是不公平的，因为它并非在案件事实的基础上进行的平衡，而是站在法院职责的角度。③ 如果一个国家总是对在其法院进行全面和公正裁决的利益感兴趣，那么本国利益将始终压倒国外利益，国际礼让也将成为一个虚伪的概念。更糟糕的是，以上这些定义松散但又不可逾越的利益还在不断扩大，在这个趋势下，国际礼让所评估的国外利益的比重可能会越来越低。尽管法院可能会争辩说所有这些利益都是令人信服的，但缺乏约束的广泛利益无法说明为何类似的国外利益不具有说服力。

另一方面，表面上看，所谓的利益平衡测试似乎是对争议管辖权主张的

---

① See, e.g., Pershing Pac. W., LLC v. MarineMax, Inc., No. 10-cv-1345-L (DHB), 2013 WL 941617, at * 8 (S.D. Cal. Mar. 11, 2013); Coloplast A/S. v. Generic Med. Devices, Inc., No. C10-227BHS, 2011 WL 6330064, at * 4 (W.D. Wash. Dec. 19, 2011); BrightEdge Tech., Inc. v. Searchmetrics, GmbH., No. 14-cv-01009-WHO (MEJ), 2014 WL 3965062, at * 5 (N.D. Cal. Aug. 13, 2014)

② See, e.g., SEC v. Stanford Int'l Bank, Ltd., 776 F. Supp. 2d 323, 335 (N.D. Tex. 2011); In re Vivendi Universal, S.A. Sec. Litig., 618 F. United States CFTC v. Lake Shore Asset Mgmt., No. 07 C 3598, 2007 WL 2915647, at * 12 (N.D. Ill. Oct. 4, 2007); Alfadda v. Fenn, 149 F.R.D. 28, 34 (S.D.N.Y. 1993); SEC v. Banca Della Svizzera Italiana, 92 F.R.D. 111, 117 (S.D.N.Y. 1981)

③ See, e.g., Motorola Credit Corp. v. Uzan, 73 F. Supp. 3d 397, 402 (S.D.N.Y. 2014); SEC v. Stanford Int'l Bank, Ltd., 776 F. Supp. 2d 323, 335 (N.D. Tex. 2011); Weiss v. Nat'l Westminster Bank, PLC, 242 F.R.D. 33, 46 (E.D.N.Y. 2007)

一种功能性解决方案。然而在各因素之间未进行优先级排序的前提下,当某些因素有利于管辖权而其他因素不支持时,法官必须加入自己的意识形态和价值观,才能最终做出管辖权决定。此时所谓的"权衡"产物代表了司法修辞的灵活性,即允许的结果可以有多种,可以不一致也可以相互矛盾,但就是没有一种是确定的。① 这就使得国际礼让最终透露出一种形式主义的虚伪,是否援引国际礼让原则以限制域外管辖权完全可以被人为操控。如果本国的动机是对国内商业行为的保护,那么本国就会在国际礼让分析中着重强调本国利益的重要性。例如,在 Aérospatiale 案中,法院就曾表示过要对外国主权利益表示尊重,但由于缺乏明确的指导,法院通过对联邦规则的解释,认为本案中的证据开示属于需要优先维护本国利益的特殊情况,最终使得对外国主权利益的尊重沦为一种口头上的尊重。② 反之,如果本国将国际关系中的互惠和报复性危险放在首位,那么外国利益则将顺理成章地超越本国利益。例如,上文的 Daimler 案和 Gucci 案中,法院就反复强调应警惕对外国政策进行无端司法干预而产生的报复性后果,以及广泛的域外管辖权会阻碍今后国际谈判中的互惠可能。

归根结底,国际礼让分析之所以会出现上述问题,就在于现阶段法院所采用的利益平衡分析方法不具有系统性,即国际礼让原则的当代发展只是通过法官在个案中对国际礼让作出解释而形成,而非建立在基础理论上的系统分析。而只要法院无法在规范框架下思考国际礼让原则,整个礼让分析就会变得虚幻,看似公正的平衡可能会被与案件事实无关的动机所左右,最终国际礼让只能沦为一种轻率的、无法成功的手段。

(二) 国际礼让分析可能会放松效果标准分析

尽管援引国际礼让原则的目的是限制效果标准的延展性,但过于依赖国际礼让分析也容易让人放松效果标准这一基础分析。对于这一点的理解,要从效果标准与国际礼让分析的两步分析方法论起。国际礼让分析的前提是一个国家在涉外案件中享有管辖权,只是出于自我限制的考虑而不

---

① Swaine E T. The Local Law of Global Antitrust. William & Mary Law Review, 2001, 43(2): 689-690

② See In re Société Nationale Industrielle Aérospatiale, 782 F. 2d 120 (8th Cir. 1986)

行使管辖权。换言之,如果案件依据效果标准建立了域外管辖权,那么国际礼让原则就成为过度行使域外管辖权的最后一道防线。但如果案件依据效果标准尚不足以建立域外管辖权,那么此时进行国际礼让分析就显得多余了。即使两种分析下的结论可能是一致的,但各自代表的意义却是截然不同的:在效果标准下拒绝管辖权意味着管辖权不存在,而在国际礼让下拒绝管辖权意味着限制管辖权行使。不过,也正因为二者都能够导致法院拒绝行使管辖权,因此,有的法院会过于依赖国际礼让原则的"兜底"作用,而放松对案件的效果标准分析。

以上文的泰博兰案为例,从案件事实的描述来看,该案很可能是不符合效果标准的。根据效果标准的要求,美国可以行使域外管辖权的前提是国外行为已经或意图对国内市场产生影响,并且该影响的类型和程度足以被认定违反《谢尔曼法》。该案中,原告指控美国银行与他人合谋阻止其将洪都拉斯木材出口至美国市场,从而对美国对外贸易产生了影响。尽管被告对此并没有否认,然而这只是审查效果标准的第一步。上诉法院明确指出,效果标准还需要审查这种影响的类型和程度是否足以被认定违反《谢尔曼法》,即该行为对美国的竞争过程是否具有直接和实质性的影响。据调查,上诉法院发现这一行为对美国市场的影响实际上是微不足道的。从1970—1972年间美国从洪都拉斯进口木材的占比来看,木材进口量和价值均不到百分之一。同一时期,从洪都拉斯进口的木材占美国木材消费总量的比例则更小,甚至不到0.1%。这就表示,阻止从洪都拉斯进口木材的行为对美国木材市场的影响几乎微乎其微。相比之下,洪都拉斯木材市场所受到的影响则要更直接且规模更大,甚至于还间接影响到了洪都拉斯的外汇、税收以及就业等部分经济领域。① 此外,地区法院和上诉法院还认定被告不存在影响美国竞争市场的意图。地区法院认为,无法认定美国银行是否知道对原告资产强制执行其合法担保权益会挫败潜在市场进入者的竞争努力。② 上诉法院也进一步认为,无法预见到美国银行的行为会对美国市场产

---

① Timberlane Lumber Co. v. Bank of Am. Nat. Tr. & Sav. Ass'n, 749 F. 2d 1378, 1385 (9th Cir. 1984).

② Timberlane Lumber Co. v. Bank o f Am. Nat'l Trust & Sav. Ass'n, 574 F. Supp. 1453, 1466 (N.D.Cal. 1983).

生影响，毕竟该行为主要是为了获得更大的投资回报，并且符合洪都拉斯当地的习惯和做法。①

综合下来，法院拒绝管辖权的真正理由其实是案件事实不符合效果标准，即监管利益不足以支撑法院享有域外管辖权。换言之，美国法院不行使域外管辖权是为了避免过度管辖权，而非出于国际礼让考虑进行的自我限制。这一结论本该在审理的早期阶段就能得出，但法院却一直留到了国际礼让分析阶段，无端将案件变得更为复杂和不确定。

第二节 限制域外管辖权效果标准的多角度考虑

除了国际礼让原则，国际法上还存在着其他可能限制效果标准适用的制度，下文将对其逐一展开分析，并结合效果标准审查其成效。

一、其他可能限制效果标准的制度

（一）当事人意思自治在证券法域外管辖中的适用

与礼让对更强外国监管利益的尊重不同，当事人意思自治产生于私人诉讼的背景下，通过允许当事人自主决定其在私法上的权利和义务，表现出了对私人利益的尊重。可以想象得到，如果允许当事人在域外管辖案件中自主约定管辖法院的问题，那么在某些情况下确实可以限制法院适用效果标准以获得域外管辖权。不过，当事人能否选择管理其证券交易关系的法院？这是本部分要讨论的问题。

国际私法上的意思自治源自契约自由原则，②是指当事人能够自主选择合同的法律适用或自主选择管辖的法院或仲裁机构。③ 目前，意思自治原则已经获得世界各国的普遍认可，然而这只是对于"自治"的认可，就本章论及

---

① Timberlane Lumber Co. v. Bank of Am. Nat. Tr. & Sav. Ass'n, 749 F. 2d 1378, 1385 (9th Cir. 1984)
② 许军珂.论涉外审判中当事人意思自治的实现.当代法学，2017，31(1)：68
③ 许军珂.国际私法上的意思自治.北京：法律出版社，2006：1

的法律领域而言,意思自治的限度才是问题的关键。自由与限制是一对矛盾的范畴,二者是对立统一的,因此,意思自治原则从其诞生之日起就包含了对当事人意思自治的限制。意思自治不可能无限制地在冲突法上扩张,其必然受到作为主体的人对于客观规律的认识及对必然的驾驭程度的限制、社会秩序及社会利益的限制、法律的限制、社会物质生活条件、社会精神生活条件甚至自由本身的限制。① 因此,本部分要直面的问题是,当法院决定是否需要实施本国证券法的域外管辖时,当事人之间的法院选择和法律选择条款能否发挥作用?反过来,意思自治原则是否能够限制证券法领域中广泛的域外效果管辖权?

证券法的域外管辖涉及一国证券市场的监管利益,而公共秩序保留又是国际私法的一项古老原则,长期以来一直起着限制意思自治原则的作用。不过,这种限制没有一个统一的界定,只是在涉及不同的法律关系时,才能明显看到限制上的区别。例如合同关系涉及国家或社会利益较少,当事人意思自治程度最高,而侵权、婚姻家庭等法律关系涉及较多的社会公共利益,在这些领域当事人自治的程度相应要低得多。② 然而,这对于上文提出的问题似乎没有什么指导意义。我们仍然面临着诸多疑惑,具体而言,当当事人在国际合同中约定了法院选择和法律选择条款,是否可以接受他们的选择范围涉及证券法这类公法或强制性规则?并且由于当事方的选择,从而可以取代因本国证券市场遭受影响而直接适用的本国证券法?即使合同涉及的交易与被选择的国家没有任何关系,也要接受这一选择?

自美国最高法院在 Bremen 案③中作出判决以来,合同法等私法方面的法院选择和法律选择条款的可执行性已经逐渐被认可。直到上世纪 90 年代,人们提出一个设想,那就是反垄断和证券索赔问题是否可以涵盖在合同

---

① 参见李龙主编.法理学.北京:人民法院出版社·中国社会科学出版社,2003:237;金彭年,王健芳.国际私法上意思自治原则的法哲学分析.法制与社会发展,2003,1:96;吕岩峰.当事人意思自治论纲.见:中国国际私法与比较法年刊(第 2 卷).北京:法律出版社,1999:61

② 宋晓.当代国际私法的实体取向.武汉:武汉大学出版社,2004:238

③ M/S Bremen v. Zapata Off-Shore Co., 407 U.S. 1 (1972). 本案的当事人分别是一家美国公司和一家德国公司,双方合同中载有一项法院选择条款,约定任何争议都必须由伦敦法院处理。最高法院推翻了否认法院选择条款有效性的既定判例法,认为这些条款是推定有效的,除非反对方有证据证明执行是不合理和不公正的,否则应予以执行。

索赔这一更宽泛的措辞中,进而将法院选择和法律选择条款扩展至反垄断和证券索赔中。对此,美国法院在 Lloyd 一案中给予了肯定的答复。然而,学界却对此展开了激烈的辩论。①

争议最大的点无非就是围绕公共秩序和强制性规范对当事人意思自治的限制。公共秩序并没有一个统一的概念,不同学者理解的视角不同,得出的结论就会存在差异。② 有的学者认为公共秩序包括本国的宗教、道德、经济的公共利益,有的学者则认为除了前述提及的利益,还应包括国家的整体利益,还有的学者通过法律背后的立法精神和立法政策探寻国家各项制度背后的根基。③ 另一方面,强制性规则的概念源于萨维尼,他认为,在任何一个法律体系中都存在着两种强制性规范,一是"纯粹为享有权利的人制定"的法律规范,例如,根据年龄或性质而限制行为能力的法律规范;二是并非纯粹为个人利益而制定,而是以道德上的理由或公共利益为根据的法律规范,例如外汇管理规定、反托拉斯法、进出口限制的规定等。④ 其中第二类规范被认为是绝对适用的。可以看出,公共秩序和强制性规范二者的概念非常接近,类似于原则与规则的关系,它们实际上都表达了公共利益或公法方面的相关问题。反对者认为,如果将涉及公共利益或公法方面的法律置于当事人意思自治之中,那就意味着公法私有化了,这对于体现国家主权的公法而言是无法接受的。正如有学者指出,"授权私人证券交易的各方选择规范其交易的国家法律是一种糟糕的公共政策。这是因为一个国家的证券法涉及与资本如何在其境内运作相关的重要公共政策。这不是一个毫无意义的考虑,它与东道国的资本制定过程以及东道国本身的价值观密切

---

① See Prentice R. Contract-Based Defenses in Securities Fraud Litigation:A Behavioral Analysis. University of Illinois Law Review,2003,2003(2):337-420;Brittain J T. Foreign Forum Selection Clauses in the Federal Courts:All in the Name of International Comity. Houston Journal of International Law,2001,23(2):305-347;O'Hara E A. Ribstein L E. From Politics to Efficiency in Choice of Law. University of Chicago Law Review,2000,67(4):1151-1232;McConnaughay P J. The Scope of Autonomy in International Contracts and Its Relation to Economic Regulation and Development. Columbia Journal of Transnational Law,2001,39(3):595-655
② 韩德培,韩健.美国国际私法(冲突法)导论.北京:法律出版社,1994:232
③ 申婷婷.国际私法中意思自治原则及其司法适用.北京:中国检察出版社,2019:38
④ 参见[德]萨维尼著;李双元译.法律冲突与法律规则的地域和时间范围.北京:法律出版社,1998:32-37

相关。"①然而,以上过分依赖公法的观点,事实上忽略了证券法中同样也具有部分私法的特性,即与当事人意思自治有关的交易案件。因此,对于证券索赔案件是否能够执行法院选择和法律选择条款,还需与纯粹的公法案件区别看待。

(二) 不方便法院原则的一般分析方法

按照国际私法的规定,不方便法院原则是指"具有管辖权的一国法院受理涉外民商事案件时,基于该法院受理案件不便于诉讼当事人,且存在更为合适的替代法院时,受案法院可以据此拒绝行使管辖权,从而避免了平行诉讼的产生"②。显而易见的是,与上文只能在某种程度上限制法院管辖权的当事人意思自治原则不同,不方便法院原则与国际礼让原则一致,对于限制效果管辖权都具有直接意义。正因如此,不方便法院原则经常与国际礼让原则放在一起讨论,甚至有时二者还可以互为替代。这是因为从定义上来看,不方便法院原则与国际礼让原则在原理上都是相通的:二者都是法院在有管辖权的情况下放弃行使管辖权的理由,且最终都需要通过法官的自由裁量才能作出判断。甚至在某些情况下,不方便法院原则所权衡的外国法院的适宜性是可以作为法院进行礼让的其中一种理由的。

不方便法院原则基于三个前提:③(1)本地法院对争议拥有管辖权。不方便法院原则是法院放弃行使管辖权的依据,而只有对争议拥有管辖权的法院才有放弃的资格。(2)存在其他对案件拥有管辖权的外国法院。本地法院成为不方便法院的前提是替代法院对案件有管辖权,只有这样才能进行案件管辖权的转移。(3)替代法院相比本地法院,是审判案件的更适当法院。这可以从经济、公平原则出发,从诉讼程序、当事人的便利、证据获取的便宜、判决执行等角度进行比较。④

就不方便法院原则的具体分析方法而言,不方便法院原则虽起源于大陆法系的苏格兰,但却在普通法系国家得到成熟地发展应用。以美国为例,不方便法院最早源于最高法院1947年 Gulf Oil Corp. v. Gilbert 案中作出

---

① Cox J D. Choice of Law Rules for International Securities Transactions?. University of Cincinnati Law Review,1998,66(4):1191
② 张仲伯.国际私法学.北京:中国政法大学出版社,2012:460
③ 参见李双元,谢石松.国际民商事诉讼法概论.第2版.武汉:武汉大学出版社,2001:327
④ 李旺.国际民事诉讼中的冲突与程序.北京:清华大学出版社,2022:207

的判决。该案中,吉尔伯特是弗吉尼亚州居民,其作为原告在纽约州的联邦地区法院起诉,声称因海湾石油公司疏忽引起火灾而遭受了较大损失,要求赔偿,而作为被告的海湾石油公司以火灾发生地为弗吉尼亚州提出了不方便法院申请。联邦最高法院在本案中正式确立了不方便法院的分析方法,其认为通常要进行两步判断:第一,确定是否存在适当的替代法院;第二,平衡相关的私人利益因素和公共利益因素。① 在确定是否存在适当的替代法院时,法院主要判断是否存在其他法院可以为原告提供适当的救济。虽然绝大多数国家的实体法为原告提供的救济不如美国那样充分(这也是美国法律体制吸引很多外国原告不远万里赴美诉讼的主要原因),但这并不意味着外国法院没有提供适当的救济。最高法院对法院适当性设定的门槛极低,根据 Piper Aircraft Co. v. Reyno 案确立的原则,任何有管辖权的外国法院都可以成为适当的替代法院,除非外国法院不为原告提供任何实际的救济措施。②

一旦认定存在一个适当的可替代法院,美国法院便会进入平衡相关私人利益和公共利益的判断。具体而言,私人利益因素大致有六个方面:获取证据的便利程度、强制不愿出庭的证人出庭的可行性、证人出庭成本、查看案发地的方便性与可能性、判决在境外的可执行性以及其他能够促进司法正义之实现的相关因素。③ 公共利益因素则大致有七个方面:法院的复合运转及行政困难、是否涉及地方化的具有争议性的公共利益、是否是疑难复杂案件、是否存在适用外国法律的困难、是否能够有效规避有悖司法正义之现实的选择法院、是否有损适用法院的相关利益以及是否会增加与本地居民无关的陪审义务。④ 可以看出,私人利益因素主要考虑的是如果案件在原告选择的美国法院进行审理,那么各方当事人获取证据是否会有麻烦,而公共利益因素主要考虑的是法院的操作管理便利。⑤

---

① See Gulf Oil Corp. v. Gilbert,330 U.S. 501,67 S. Ct. 839,91 L. Ed. 1055(1947)
② See Piper Aircraft Co. v. Reyno,454 U.S. 235,102 S. Ct. 252,70 L. Ed. 2d 419(1981)
③ 徐伟功.简析国际民事管辖权中的不方便法院原则.河南省政法管理干部学院学报,2003(4):85
④ 陈南睿.不方便法院原则在中国法院的适用及完善:以125例裁判文书为视角.武大国际法评论,2021,5(2):114-135
⑤ Davies M. Time to Change the Federal Forum Non Conveniens Analysis. Tulane Law Review,2002,77(2):312

以上就是不方便法院原则的一般分析方法，其主要思路与国际礼让原则一致，都是在列举的相关因素中进行利益平衡。① 值得注意的是，尽管不方便法院原则的衡量因素包括公私两个方面，但一般认为，在该原则中，私人利益因素的重要程度往往高于公共利益因素。这就表示，不方便法院原则更注重从当事人的利益出发，实现的是个人正义。② 理论上，法院以此为由限制管辖权当然无可厚非，但在证券法域外管辖方面却产生了一个问题：当原告依赖的是旨在管理市场影响的效果标准时，此时不方便法院原则中的私人利益与公共利益的衡量又待如何？

二、其他制度在限制效果标准上的成效

（一）效果标准下接受意思自治的条件

在分析证券法领域能否适用当事人意思自治原则之前，必须首先对在这个问题上起到奠基作用的 Lloyd 案进行回顾。Lloyd 案是美国上世纪 90 年代的一系列案件，其中八个上诉巡回法院支持了指向英国法院和英国法律的选择条款。但在 Lloyd 案之前，法院一直都是依据美国证券法中的反弃权条款（anti-waiver）拒绝承认意思自治，该条款指出，"对获得证券的人有约束力的任何条件、约定或规定，要求放弃遵守本法或证券交易委员会的条例和规则之任何规定的，均属无效。"③。曾经在 Lipcon v. Underwriters at Lloyd's 案中，美国证券交易委员会就表示过，"这些条款对于证券法的执行至关重要，因为它们可以防止人们通过要求投资者放弃这些法律规定的权利以作为从事证券交易的条件，从而达到规避法律义务的目的。"④换言之，美国证券交易委员会认为，一旦执行选择条款，将会废除美国法律规定的投资者保护的基本要素。⑤

然而，Lloyd 案中的各上诉巡回法院却一致认为，当事方的自主权是决定性的，是国际商业中确定性和可预测性的保证，因此，除非法院选择条款

---

① 齐湘泉,王欢星.国际民商事诉讼管辖权冲突解决方法的发展与完善.见：李旺主编.涉外民商事案件管辖权制度研究.北京：知识产权出版社,2004：38
② 参见徐伟功.我国不宜采用不方便法院原则——以不方便法院原则的运作环境与功能为视角.法学评论,2006(1)：148-150
③ 张路译.美国 1934 年证券交易法.北京：法律出版社,2006：77
④ Lipcon v. Underwriters at Lloyd's, London, 148 F.3d 1285, 1291 (11th Cir. 1998)
⑤ Richards v. Lloyd's of London, 135 F.3d 1289, 1289 (9th Cir. 1998)

被证明是不合理的,否则就是有效的且可以执行的。尽管原告公司声称,他们是因为被劳埃德公司误导才同意选择条款,而且英国法律对本案中涉嫌的欺诈索赔提供了有限的豁免,然而法院却依据原告公司的投资成熟度、对双方选择英国法律的明知以及协议的国际性质,反驳了前述观点。至于关于反弃权条款的争议,法院一方面承认相关证券法规在体现政策方面的重要性,但同时也认为,如果法院选择和法律选择条款有效且不违反法院地的公共秩序(政策),就应该执行这些条款。至于公共政策的含义,法院认为应从狭义的角度去理解,法律规范上的细节差异并不代表政策上的差异。换言之,一项国际交易可能受到与美国不同的法律约束或只能得到更不利的救济措施,这一事实并不是拒绝执行法院选择、仲裁和法律选择条款的唯一有效依据。鉴于本案所涉交易的国际性质,以及英国法律规定的救济措施不会违反证券法背后的政策,当事人在协议中约定的法院选择和法律选择条款应予以执行。同时法院也进一步确认,这种公共政策的分析是相当严格的,必须对外国法律的内容进行实质性审查,以评估本国投资者的保护水平。例如,在 Roby v. Corp. of Lloyd's 案中,法院得出结论,如果案件事实与其他司法管辖区同样具有充分联系,并且该司法管辖区适用的法律与美国法律一样都是在保护相同的利益并促进相同的目标,那么即使外国法律在重要方面与美国法律不同,也应执行选择条款。[①]

从上述接受选择条款的案例可以看出,美国法院并未无条件地接受当事人意思自治原则,相反,其制定了一项测试,以确保美国反欺诈条款所要达到的效果可以通过外国法律得到满足。即,当我们从效果标准的前提出发,如果本国法律的效力也可以由他国依据属地管辖权处理时,承认选择条款就会变得可行。换言之,在证券欺诈案件中,外国证券欺诈法规可以作为属地管辖范围内的行为法规来解决内国影响,此时内国法律和外国法律的监管利益可能就会发生重叠,选择条款就存在可以适用的空间。事实上,法院关注公共秩序和强制性规范对当事人意思自治的限制,主要是出于对国际证券交易的当事方规避本国政策的担忧。[②] 当事人完全可以选择一个对

---

① Roby v. Corp. of Lloyd's, 996 F. 2d 1353, 1365 (2d Cir. 1993)
② 王晓琼.跨境破产中的法律冲突问题研究.北京:北京大学出版社,2008:73-75

他在诉讼程序上或判决结果上有利的法院进行诉讼,即使所选法院与可能遭受影响的国家没有任何关系。① 在这种情况下,执行选择条款必然会损害内国的监管利益。这就要求法院对选择条款的承认进行实质性评估,通过对比内外国法院能够提供的保护以判断内国证券监管政策与促进有效解决国际争端的政策之间是否存在可接受的妥协。如果外国法院管辖(即使不与内国法律完全相同)与内国适用效果标准实现了"功能替代",那执行选择条款就是有意义的。至于功能替代的标准,美国法院并没有做出进一步的说明。

尽管以上分析为在效果标准下接受当事人意思自治原则提供了一种可能性,但我们也不得不承认,这样的条件更多的只是一种理论上的讨论,外国法院管辖与内国适用效果标准能否真正实现功能替代仍然是一个值得怀疑的命题。在此前提下,想要通过援引当事人意思自治原则来实现限制效果标准的目的自然也会大打折扣。

(二) 不方便法院分析与国际礼让分析产生了混淆

与当事人意思自治原则不同,大多数法院对于能否在证券法域外管辖中适用不方便法院原则都予以肯定。事实上,在未形成国际礼让原则的现实方法之前,美国法院在很长的一段时间内都是援引不方便法院原则以限制本国域外管辖权,并取得了显著的成效。然而,如果仔细分析美国法院是如何在证券法域外管辖领域中进行不方便法院分析的,我们就会发现一个问题:法院正在逐渐偏离不方便法院原则的初衷。下文将结合两个具体的案例解释这一问题。

在 Alfadda v. Fenn 一案中,原告声称他们在一家位于荷属安的列斯群岛公司内的股权因美国境内的销售被稀释了,该销售违反了招股说明书且收益被不当挪用了。第二巡回法院曾在最初的裁判中推翻了地区法院认为本案既不符合效果标准也不符合行为标准的结论,认为本案可以根据行为标准享有管辖权。② 然而,7 年后,第二巡回法院又援引不方便法院原则认为法国法院才是更适合解决该争端的法院,并因此驳回了诉讼。对于美国

---

① 参见莫里斯著;李东来译.法律冲突法.北京:中国对外翻译出版公司,1990:4
② Alfadda v. Fenn, 935 F. 2d 475 (2d Cir. 1991)

在适用本国《证券法》和《反犯罪组织侵蚀合法组织法》方面的监管利益,第二巡回法院认为该利益并不能使美国联邦法院直接成为更适宜的法院。① 换言之,该利益并不是不方便法院分析中权衡法院适宜性的决定性因素,而只是其中一个考虑因素。② 而与之相对的是,法院认为法国法院则更具有适宜性。首先,该案涉及的是一家位于荷属安的列斯群岛公司与沙特阿拉伯股东之间就一家法国银行的行为发生的争议。并且,该诉讼还与法国银行当局下达的重组和监督命令有关。法院据此认为,让当地争端在当地得到解决的利益明显要大于美国作为管辖法院的利益,即法国在该诉讼中的利益要大于美国。此外,法院还进一步认为,如果本案在法国进行审判也不会剥夺原告的相关法律优势,即使与美国法律相比,原告可能获得的补救措施相对要少。

而在 DiRienzo v. Philip Servs. Corp. 一案中,第二巡回上诉法院作出了相反的结论,其推翻了地区法院以不方便法院原则为由驳回起诉的裁决。本案中,菲利普服务公司是一家加拿大金属加工公司,它因虚假陈述行为被指控对其股东实施了大规模欺诈。法院认为,被告虽然是一家加拿大公司,但其在美国设有子公司,主要业务以及大部分收入也都来自美国,而且菲利普公司近80%的涉案股票都是在美国证券交易所交易,购买者也大多为美国投资者。因此,根据效果标准的要求,法院认为美国法院应该享有域外管辖权。接着,法院又针对被告提出的管辖权异议问题对本案进行了不方便法院分析,具体分为私人利益和公共利益两个方面。在私人利益方面,法院强调除非被告明确表示,在美国法院进行审判对他们意味着压迫或者麻烦,并且与原告所能获得的便利程度对比相差太多,否则应该尊重原告选择法院的权利。③ 通过对比被告在两地法院应诉的后果,法院并不认为在私人利益方面,有强烈支持被告在加拿大法院应诉的事实因素。而在公共利益方面,法院围绕大部分涉案证券交易是由美国人在美国证券交易所完成的事实,突出了美国在本案中也具有强烈执行其证券法的利益。法院认为,虽然

---

① Alfadda v. Fenn, 159 F.3d 41, 47 (2d Cir. 1998)
② Allstate Life Ins. Co. v. Linter Grp. Ltd., 994 F.2d 996, 1002 (2d Cir. 1993)
③ DiRienzo v. Philip Servs. Corp., 294 F.3d 21, 30 (2d Cir. 2002)

所指控的证券欺诈行为主要是在加拿大实施的,但涉嫌虚假陈述的传播和原告的损失都发生在美国,这些事实都导致不方便法院分析中公共利益的权重在不断增加。① 地方法院正是低估了本案证券交易中的国家影响,才会错误地使用自由裁量权驳回了诉讼,进而忽视了对在美国证券市场上购买证券的投资者的保护。

尽管以上两个案例在进行不方便法院分析时得出了不一致的结论,但相同的是,二者都提升了监管利益的权重。表面上看,法院在分析中确实对私人利益进行了权衡,但决定哪个法院更具有适宜性的因素最终取决于诉讼中哪个国家的利益更强烈。具体而言,前者认为法国法院更具有适宜性的主要原因在于法院认为让当地争端在当地解决的利益明显要大于该诉讼中的美国,而后者认为美国法院更具有适宜性的主要原因在于法院认为美国在该诉讼中有强烈执行其证券法的利益。如果对此进一步分析,我们就会发现之所以产生这样的区别,需要追溯至前文第三章效果标准和行为标准的监管利益对比部分。根据前文所述,证券监管主要是一种效果监管,对具有外国影响的国内行为进行管制的兴趣是存在质疑的。换言之,效果标准下的监管利益有可能会非常强烈,而行为标准下的监管利益却有可能会非常脆弱。

法院根据本国监管利益的强弱作出是否需要限制域外管辖权的决定本无可厚非,但将其作为不方便法院分析中的决定因素是存在问题的。从本质上而言,不方便法院原则是通过强调当事人和法院的便利性,以解决如何公平地对待诉讼当事人的问题。② 尽管国家的监管利益可以勉强归为不方便法院分析中公共利益里的"适用法院的相关利益"一项,但二者所指向的分析对象却并不重合。前者从根本上分析的是国家主权方面的实质性内容,涵盖的范围包括当事人的国籍、外国法律或政策与内国法冲突的程度、本国影响的相对重要性、两国预期采取的执法行动会得以有效实施的程度等任何可能体现主权利益的事实,但后者分析的是与便利性有关的偏程序

---

① See DiRienzo v. Philip Servs. Corp., 294 F. 3d 21, 33 (2d Cir. 2002)
② See Gardner M. Retiring Forum Non Conveniens. New York University Law Review, 2017, 92(2): 420

性的内容,范围则相对狭隘。事实上,与尊重或承认国家主权有关的理论是国际礼让原则的核心,它与促进公正和有效司法的不方便法院原则显然是有区别的,因此,法院针对二者进行的调查和权衡也应是各自独立的。如果要求法院在不准确的便利性标题下权衡政府监管利益,不仅混淆了前述两项原则,还会将不方便法院原则的既定范围变得不清晰,进而偏离该原则的初衷,最终使得不方便法院原则沦为一种无效的限制管辖权工具。

第三节 构建效果标准的规范限制体系

通过前述两节对现有可能限制效果标准的原则和制度的梳理,可以发现,无论是最基础的国际礼让原则,还是衍生的当事人意思自治原则以及不方便法院原则,都或多或少地存在无法有效限制效果标准的缺陷。在本研究者看来,之所以会出现这样的问题,根源在于法院只是站在个案事实的角度为了限制而限制,其并没有从整体的角度去看待如何限制域外管辖权效果标准的适用。进言之,目前缺乏一个明确的规范体系让法院可以在这个框架内思考何时需要限制以及如何限制效果标准的适用。鉴于此,本书将构建效果标准的规范限制体系以完善域外管辖权效果标准。

如果目标是建立一个明确的规范体系,首先需要做的就是在现有可能限制效果标准的原则和制度中选取一项作为改革的基础。依据前文对国际礼让原则、当事人意思自治原则和不方便法院原则无法有效限制效果标准的问题的分析,我们可以尝试做对比:一则,当事人意思自治原则完全是由私人发起,能否适用在涉及公共利益的证券法领域尚且没有定论,即使存在适用的空间,条件也非常苛刻,结果就是其所起到的限制作用相当有限,因此,该原则应当首先被排除。二则,严格的不方便法院原则只有出于对当事人和法院的便利性的考量才会对效果标准进行限制,不仅内容过于狭隘,还需要被告承担举证责任;相反,国际礼让原则能够包容的内容则要丰富得多,更适合作为模板进行重塑。据此,下文将围绕国际礼让原则构建效果标准的规范限制体系。

一、国际礼让原则的概念重塑：作为限制原则

国际礼让原则位于国家法律、外交和国际法的交叉点，是一个包含多重概念的原则：礼让既可以是国家出于国际礼仪而进行的外交礼节，也可以是主权国家试图调和绝对主权概念和他国法律的持续实践。而对于这样一个多元术语在限制效果标准方面究竟能够发挥多大的作用，则取决于我们对国际礼让原则的理解。

（一）国际礼让原则的限制潜力在于协调性

首先需要明确的是，在没有国际法院这类高等级的司法机构介入的情况下，域外管辖中的管辖权冲突是建立在主权平等上的横向冲突。在横向冲突下，各国司法机构之间并无等级之分，同时也不存在解决问题的硬性规定。在这种情况下，平等司法机构之间面临的解决办法实际上就只有两种：协调或竞争。因此，当国际礼让原则作为限制性司法工具使用时，它的潜力就在于能否发挥以及怎样发挥协调性作用。

迈尔（Harold Maier）教授曾经将礼让分为两类：一类涉及与其他主权国家保持友好的对外关系，并强调向其他主权国家提供礼遇和相互承认国家政府利益的重要性。第二类涉及法院地国在做出法律选择决定方面的自身利益，这些决定将促进有效运作的国际体系的发展。[①] 遗憾的是，当代许多礼让决定都侧重于第一类政治关系礼遇，这种将礼让视为单向的礼遇概念而不是分析工具的倾向归因于曼宁顿案的意见。在该案中，法院认为国际礼让的形式是互惠，并据此发展出了"司法尊重原则"和"尊重外国原则"。[②] 具体而言，一些法院认识到需要照顾外国利益，因此当援引国际礼让原则表明外国利益也同时受损时，法院会直接拒绝行使域外管辖权。本质上，这种方法实际上是将国际礼让作为司法弃权的一种理由，掩盖了国际礼让作为分析方法的效用。这一观点在最近的戴姆勒、古驰和摩托罗拉信贷

[①] Maier H. Extraterritorial Jurisdiction at Crossroads：The Intersection Between Public and Private International Law. American Journal of International Law，1982，76(2)：281

[②] Zambrano D. A Comity of Errors：The Rise, Fall, and Return of International Comity in Transnational Discovery. Berkeley Journal of International Law，2016，34(1)：192

案中表现得尤为明显。这些案件中,国际礼让成为拒绝审理涉及外国利益案件的一个突出理由,法院认为强调外国的重要利益以及国际关系对美国法院施加的必要限制至关重要,因此拒绝外国实体在美国接受管辖或以其他方式对它们施加过于宽泛的职责。①

诚然,弃权礼让当然反映了国际礼让的概念,但这种顺从外国利益的主张只是出于一种阻止外国政府特定行为的政治决心,而不是第二类更合理的利益协调。所谓协调,是指达成双方或多方一致的过程或状态。从这个角度而言,第二类国际礼让反映的是所有涉案国家的利益以及共同利益,而不仅仅是某一个国家的关切。国际礼让的逻辑应当是一种公正的管辖权选择,而不是迫使法院自动或绝对的尊重,它需要首先询问本国是否存在某种重大利益,并进而判断是否值得服从该利益或无法通过危害较小的手段保护该利益。之所以以本国利益为第一顺位考虑,是因为域外管辖权的决定性因素是本国市场受到的影响,而不是对外国市场产生更大影响或与外国法律存在冲突的事实。在证明案件事实符合效果标准的前提下如果只是基于尊重进行国际礼让,那就意味着本国法律将被外国法律所取代,而外国法律保护的当然是其本土市场及其参与者,这对于本国市场而言就会造成一种法律真空的状态。正因如此,华盛顿特区巡回法院才会在 Laker Airways(莱克航空)案中的国际礼让分析中拒绝服从外国利益。本案中,莱克航空公司的清算人起诉美国和外国航空公司涉嫌组织卡特尔式垄断,随后因争夺对案件的管辖权,美、英两国法院分别发布禁令,以阻止当事人到对方国家的法院提起反垄断诉讼。原告声称,包括美国和外国航空公司在内的被告达成协议共同破坏其在美国和欧洲之间的跨大西洋航线上的低成本航空服务。这一行为直接导致莱克航空公司倒闭,并进而影响美国消费者,使他们被迫为跨大西洋航班支付更高的票价。而在此之前,往返美英的乘客中,至少有七分之一的人会选择低价的莱克航空公司。可见,与泰博兰案不同,莱克航空案确实对美国市场产生了直接且实质性的影响。鉴于英国法院不

---

① See Daimler AG v. Bauman, 134 S. Ct. 746, 771 (2014); Gucci Am., Inc. v. Weixing Li, 768 F. 3d 122, 129 (2d Cir. 2014); Motorola Credit Corp. v. Standard Chartered Bank, 21 N. E. 3d 223, 226-227 (2014)

能也不会执行美国《谢尔曼法》,因此,美国法院得出结论,它有义务执行《谢尔曼法》以消除在美国感受到的反竞争影响,且外国利益无法阻碍国内法实现这一目标。① 对此,金斯伯格法官(Ginsburg)曾经总结道,"礼让建议法院仔细考虑外国对其本国法律含义的看法,但联邦法院既没有义务采用外国政府的定性,也不需要忽视其他相关材料。"② 更重要的是,国外法院行使管辖权的依据也并非都是充分的,其利益也可能仅仅只是建立在住所、国籍甚至"过高"③的管辖权连结点之上。此时,如果仍然要求国际礼让呈现出尊重的一般原则,就违背了法院作为平等裁决者的身份。

综上所述,国际礼让应该是这样一个协调过程:当效果标准中所反映的国外利益比之内国利益稍强时,国际礼让可以选择放弃既有的管辖权,避免踩到另一个国家的脚趾;但当内国利益与其他国家的利益相等,甚至比之稍强时,国际礼让原则同样也可以用于承认将内国管辖权扩展至边界之外。④

(二)国际礼让原则的限制根源在于主权平等

国际礼让原则与国际法之间的关系也是影响限制作用发挥的一个重要因素。虽然国际礼让与国际习惯法的动机都与互惠和习惯有关,但二者在内容上却存在着质的不同。一方面,国际礼让原则从诞生之初就不是国际公法规则所要求的行为,这就意味着即使一国不对礼让做出解释可能会招致他国的报复,但这一行为本身并不违反国际法,也不会中止受害方遵守国际法的其他义务。然而,习惯国际法则是长期广泛存在的国家实践和法律意见的结合,约束的是所有国家。⑤ 尽管国际法的执行机制在很多方面也很薄弱,但与国际礼让原则存在质的的区别是,违反国际法是会上升至相应的补救措施或者报复权。另一方面,作为一种友好的互惠姿态,给予另一国礼

---

① See Laker Airways, Ltd. v. Pan Am. World Airways, 559 F. Supp. 1124,1134 (D. D. C. 1983).

② Animal Sci. Prod., Inc. v. Hebei Welcome Pharm. Co., 201 L. Ed. 2d 225,138 S. Ct. 1865,1873 (2018).

③ 美国《对外关系法重述(第三版)》将任何不"合理"的管辖权连结点标记为"过高"(exorbitant),例如原告的国籍或与索赔无关的财产的存在。

④ Gardner M. Retiring Forum Non Conveniens. New York University Law Review,2017,92 (2):392-393.

⑤ 参见王铁崖.国际法.北京:法律出版社,2007:8-10.

让只能被视为法院地的单方面善意,而不能据此形成相关准则予以普及。但习惯国际法则可以通过制定新的互惠规范,在未来要求更多的国家平等遵守。总而言之,国际礼让原则确实无法像国际法一样具有法律约束性,但据此认为其没有任何规范价值也是不恰当的。① 对此,需要进一步分析国际礼让原则的限制因素。

长期以来,国际礼让原则一直标榜着"灵活性"的优势,但这个词在某种程度上具有误导性。回顾国际礼让原则的应用实践,无论是泰博兰案初始建立的利益平衡测试,还是曼宁顿案进一步细化的十项条款,实际上都没有确立一个能够主导限制的因素。即,国际礼让原则究竟是出于何种目的才需要对管辖权进行限制?现阶段的国际礼让原则只是单纯地在列举能够影响本国和其他国家建立管辖权的各种因素,目的是让法院能够站在国际角度对管辖权的充分性进行反思而不至于走向单边主义,但仅仅完成这样的功能就足够了吗?当国际礼让原则作为国家之间的黄金法则被随意使用时,它也被掩盖了其作为规范框架的根本理论基础。

从上文对国际礼让原则的梳理来看,主导礼让的理由并不是一成不变的。礼让在最初只是作为一种私人理由而发展起来的,包括了在个案中伸张正义以及创造一个便利的国际贸易环境。在胡伯看来,尽管一国法律在另一个国家没有直接效力,但在一国合法有效的交易因法律不同便在他国被宣告无效,这对于国家之间的商业和国际惯例而言是一种最大的不便。② 至于公共利益的价值,胡伯只是将其作为不对外国法律保持礼让的理由,即除非损害一国主权及其臣民的利益。

之后,美国法院继续发展了礼让原则,并在胡伯观点的基础上发展出了"互惠互利"的国际礼让因素。美国法院认为,国际礼让原则不仅有助于"促进个人之间的正义",而且有助于"在他们所属的主权国家之间建立友好交往的关系"。③ 如果忽视国际礼让原则,肯定会"危及政府间的友好关系,破

---

① See Postema G J. Custom in International Law: A Normative Practice Account. In: Perreau-Saussine A, Murphy J B ed. The Nature of Customary Law: Legal, Historical and Philosophical Perspectives. Cambridge: Cambridge University Press, 2007: 285

② Lorenzen E G. Huber's de Conflictu Legum. Illinois Law Review, 1918, 13: 376

③ See The Sapphire, 78 U.S. 164, 167, 20 L. Ed. 127 (1870)

坏国家间和平"。① 至此，公共利益开始逐渐在国际礼让原则中发挥更大的作用。

可以肯定的是，无论是私人利益还是公共利益，皆可以作为国际礼让原则的分析因素。然而，当国际礼让原则仅作为限制原则进行适用时，私人利益可能在某些方面无法解释为何需要进行自我限制。以商业便利为例，它可能更适合当国际礼让原则作为承认原则适用时，因为合同双方都希望合同能够执行，进而倾向于承认根据合同作出的外国判决。但如果当国际礼让原则作为限制原则适用时，法院很难解释为何仅因为被告的不便就否认原告的便利，进而做出自我限制的要求。也正因如此，上述私人利益向公共利益倾斜的趋势实际上对应的是国际礼让原则从承认原则向限制原则扩展的事实。

在分析过私人利益的局限性之后，现在的问题就只剩公共利益是否能帮助国际礼让原则发挥限制作用？在回答这个问题之前，有必要先考虑一下域外管辖权的状态：当法院行使域外管辖权时，它会发出传票并命令被告出庭或承担后果。无论被告是否出庭，法院都可能作出对被告产生深远影响的判决，包括财产或自由的损失。换言之，这是一项可以直接冒犯其他国家人员或财产的行为，代表着主权实质的特定方面。② 尽管礼让在国际公法中不是一个引起激烈讨论的话题，但它与国际习惯法的基本原则和规范有着千丝万缕的联系。斯蒂芬·霍贝（Stephan Hobe）等理论家认为，主权是国际法中的核心概念，国际法之所以规定各国在应对国际问题上具有局限性，其根源在于主权平等。③ 即，主权平等观意味着一国有不受另一国国内法干扰的权利。反过来，如果存在允许一国对他国行使域外管辖权的例外，那支撑这一行为的最根本利益也必须回到主权这一最高政治权力之上。这不是公平和正义能够解决的。因为在国际范围内，公平和正义的参考源并非得

---

① See Oetjen v. Cent. Leather Co., 246 U. S. 297, 303-304, 38 S. Ct. 309, 311, 62 L. Ed. 726 (1918)

② Reuland R C. Hartford Fire Insurance Co., Comity, and the Extraterritorial Reach of United States Antitrust Laws. Texas International Law Journal, 1994, 29(2): 209

③ See Hobe S. Statehood at the End of the Twentieth Century — The Model of the Open State. Austrian Review of International & European Law, 1997, 2(1): 153-154

到公认,在一个国家眼中公平和正义的东西对另一个国家来说可能并非如此,此时,公平和正义就无法成为公认的规范性评价。

在此基础上,国际礼让原则限制域外管辖权的本质其实是在确保法院不会超越其所在国家的平等主权地位。一国不得仅仅因为对某一域外行为感兴趣(存在利益影响)就行使域外管辖权,而是应该从主权限制的角度反向理解,以严肃和实质性的方式考虑意图管制的域外行为是否会对国家存在主权利益威胁,进而考虑是否必须依赖域外管辖权才能化解。例如,一国虽然对全球变暖有着浓厚的治理兴趣,但却不能以此为借口规范乙醇等相关物品在全国范围内的生产和销售方式,除非这种生产和销售方式涉及国家主权权力范围内的利益。

综上所述,国际礼让原则只有从主权平等的角度才能真正理解所谓的"礼让既不是绝对义务的问题,也不是纯粹的礼貌和善意"这一概念。通过阻止国家监管其边界以外的非主权利益行为,每个国家都可以保留有意义的主权,而不会过度侵犯另一个国家的权力范围,可以有效发挥国际礼让原则的限制作用,同时这也是建立域外管辖权规则的意义。相比之下,案件事实与国内的关联性、国外平行程序和法律冲突程度等因素都不具有这样的终极价值,它们只是司法范围内的标准,如果将这些因素都纳入国际礼让分析中,其所代表的广泛利益会动摇国际礼让的限制功能。

二、国际礼让下限制效果标准的制度框架

上文揭示了国际礼让原则在限制效果标准中的定位和重点,为如何通过国际礼让原则限制效果标准提供了原则性的基础。下文则将进一步结合证券法具体说明如何在国际礼让原则下限制效果标准。需要明确的是,本书并非旨在明确限制域外管辖权效果标准的所有问题,而是为分析具体案件提供一种制度框架。

(一)行政部门需介入监管利益评估

简而言之,国际礼让原则下限制效果标准的途径是在充分承认他国监管利益的基础上,对两国监管利益进行协调。值得注意的是,监管机构不应该笼统地回答这些问题,例如,"对本国证券市场和投资者的利益至关重

要"。这种说法是无法进行约束的,不仅忽视了案件的特殊性,也没有严格评估利益本身。然而,如果要对本国利益进行更具体的分析,随之而来便会产生一个新的问题:法院有没有能力评估具体案件中的特定监管利益,进而做出协调?

尽管国际礼让问题最先也最常出现在司法程序当中,但这是否意味着法院是考虑国际礼让问题唯一或适当的政府机构?事实上,法院在评估监管利益时的能力存在着重大限制。确定相互竞争的监管利益各自的价值是一项非常高层次的政治职能,涉及政治、外交和经济等多重背景,法院不仅需要储备相当复杂的专业知识,还需要有足够的权限调阅相关政策文件。然而现实情况是,法院只能管理个别案件事实,其应用的也只是法律本身,无法深层次地将隐藏其中的主权问题联系起来。

此外,法院在权衡监管利益时的立场也值得怀疑,其潜意识里会更倾向于行使法院的"原始权力"。① 美国一个法院就曾经指出过这个问题:"尽管法院确实有义务适用国际法和促进国际礼让,但国内法院毕竟不是国际法庭,它是根据本国宪法和法规设立的,主要执行的也是本国法律。因此,法院自身是很难保持中立的立场去权衡相互竞争的两国利益。只要存在摇摆不定的疑问时,本国利益就会主动占据上风。"②这也在一定程度上解释了为什么美国法院很少在涉外案件中认定国外利益比之内国利益较强的现状。

相较之下,行政部门似乎更有能力也更有权限评估每个特定案件中的所有国家的监管利益,毕竟行政部门的职能之一就包括决定何时采取影响外国监管利益的风险行为。同时,行政部门也具备其他优势可以更好地协调外国与内国监管利益:与法院单方面决定外国利益不同,行政部门可以对等地征求国外行政部门的意见,尤其是私人各方的呈件不足以准确评估外国监管利益时,请求对方直接表达监管利益反而是必要的。

因此,本书主张法院在诉讼期间如果考虑行使域外管辖权,应该及时主动地寻求本国行政部门(证监会,甚至国务院)的直接意见。如果本国行政

---

① Société Nationale Industrielle Aérospatiale v. U. S. Dist. Court for S. Dist. of Iowa, 482 U. S. 522, 553 (1987).

② Laker Airways Ltd. v. Sabena, Belgian World Airlines, 731 F. 2d 909, 951 (D. C. Cir. 1984).

部门要求法院不行使域外管辖权,出于对国家部门权力划分的尊重,法院一般而言应该遵从专业性意见。不过,鉴于行政部门在这一过程中只是起到判断证券法是否需要进行域外管辖的主导作用,并不具有垄断地位,更不会收编法院的权力。因此,如果法院认为行政部门的立场和意图明显存疑,其可以要求行政部门出具正式文件明确说明当前案件中涉及的本国和外国监管利益、所述利益的重要性以及域外管辖可能造成的监管利益冲突等。通过这样的要求,法院可以确定行政部门确实严格依照国际礼让原则对双边监管利益影响进行了衡量。如果法院有理由认为行政部门出具的意见是基于了错误的信息或者错误的推理,其可以重新征求行政部门的意见,并提出相关质疑点请求解答。

也许有人会质疑,这种方法是否剥夺了法院行使管辖权的灵活性,可能会使法院成为行政部门的"跑腿男孩"①。但就域外管辖案件而言,上文的分析已经证明,法院很难仅从法律界限中找到明确的答案,更别说依靠复杂的礼让学说对域外案件进行有意义的审视。况且,我国《证券法》第 12 章几乎把证券市场中的所有事情都交给证监会监管。在中国的监管实践中,证监会也一直被推在最前线,虽然面临诸多质疑,但终究没有出现其他机构能够取代证监会的主导地位。② 因此,不应抵制国家部门之间的对话,而是应该在法院可能卷入主权冲突的情况下予以鼓励,从而有效确定国际礼让中的监管利益。考虑并承认行政部门的观点并不等于将司法职能委托给行政部门,相反,它促进了这样一种认识,即在涉及国际关系事务中,必须积极寻求国家部门之间的协调。如果要在法院独自作出有关监管利益的决定和鼓励主权国家准确解释其利益之间作出选择,后者明显更符合国际礼让的监管利益权衡目的。

(二) 增设庭前通知和磋商条款

相比反垄断案件,跨国证券交易涉及的是全球证券市场,证券欺诈的跨境影响是国家间信息自由流动和有效资本市场的结果,因此,尽管多个国家

---

① First Nat'l Bank v. Banco Nacional de Cuba, 406 U.S. 759, 780 (1972)
② 参见黄韬.为什么法院不那么重要——中国证券市场的一个观察.法律和社会科学.2012,9(0):92-93

的监管机构可以根据行为的地点或影响等联系行使管辖权,但彼此之间的监管利益很有可能是趋同的,这就为国际礼让原则下的协调预留了空间。

在域外管辖问题上,我国一直强调的底线是保护本国市场以及本国投资者,这与美国的世界霸权主义是存在着质的区别。因此,我国的域外管辖制度首先应是建立在协商或合作的基础上,而非单方面直接决定域外管辖权。

为此,有必要在域外管辖制度中添加与磋商有关的程序性条款。本书建议,我国法院在对涉外证券案件进行初步调查时,如发现涉及其他管辖国利益的,应有义务通知可能受本国司法影响的其他国家及其证券监管机构,并提供相互磋商以解决管辖问题的渠道。具体而言:首先,如果我国法院在初步调查时发现本案涉及其他管辖国的重要利益,应尽快通知所有可能受到影响的其他国家及其证券监管机构;其次,我国法院应向他国询问是否存在与本案相关的平行诉讼(含刑事、民事或行政诉讼)或者潜在诉讼。在此阶段,我国法院或我国证券监管机构还可以与他国证券监管机构互相分享与本案有关的公开信息、对必要补救措施的看法以及类似案件的判决等。最后,如有必要,我国法院还应允许外国政府在涉外证券案件中以法庭之友的身份参加,并认真考虑该外国政府提交的有关礼让问题的各种形式的意见书。因为一旦外国政府主动参与涉外证券案件,那就意味着该案很大可能涉及外国主权利益,在这种情况下,国内法院更应谨慎行事。例如,在上文的 Gucci 案中,中国监管机构通过信件反对美国法院过于宽泛的取证请求。[1] 而相应的,美国法院在审理中认真考虑了该意见,认为"法院不应该草率否认中国《银行保密法》就隐私和保密方面的相关规定"。[2] 不过,如果外国政府并没有主动对涉外证券案件发表任何看法,鉴于国际礼让原则的精神,我国法院也应主动询问外国政府就该案是否有关于主权利益的看法。

---

[1] See Letter from Huai Peng Mu, Director-General of the Legal Affairs Department of the People's Bank of China, and Yi Huang, the Director-General of the Supervisory Rules and Regulations Department of the China Banking Regulatory Commission, to Catherine O'Hagan Wolfe, Clerk of Court, United States Court of Appeals for the Second Circuit (Dec. 19, 2013)

[2] Brief for United States as Amicus Curiae, Gucci Am., Inc., v. Bank of China, 768 F. 3d 122 (2d Cir. 2014) (No. 11-3934), 2014 WL 2290273, at * 3

这一做法有助于我国法院更加准确地了解案件所涉主权利益的程度,并为后续限制效果标准提供充足的理由。

总之,增设庭前通知和磋商条款就是为了尽可能地询问外国意见,从而充实国际礼让分析,真正做到实质意义上的限制效果标准的扩张。

(三) 将证券欺诈的标准进行最低限度协调

国际礼让原则的协调不仅包括对监管利益的协调,还包括对证券欺诈标准的协调。由于一国的证券法律体系是该国资本市场发展、政治体制、法治理念、社会文化环境等因素综合作用的产物,是一国在长期实践发展中形成的国家利益在资本市场领域的集中体现,蕴含了深刻的本国特色,要让任何一个国家废除国家法规以支持一套全面的国际法规既不现实,也无法一劳永逸地解决所有问题。① 在这种情况下,"最低限度协调"②——即适度统一现有国家和地区的法规以达成最低一致性的监管标准未尝不是一个良策。事实上,国际证监会组织(IOSCO)在执行反欺诈规则方面的合作和协调就主要集中在实施最低的国际标准上,通过收敛、豁免或认可等多种形式,在金融监管基本要素(Essential Requirements)方面实现类似多边协议的效果。具体而言,国际证监会组织并不要求成员国间在金融监管规则方面实现无差别统一,只是要求在某些关键领域进行必要的协调,在尊重各成员国主权和监管利益的基础上维护国际经济一体化监管,切实解决跨国证券欺诈带来的一些问题。

就这一建议的具体实施方法,下文将先以美国现实中的证券案例为例加以说明。根据美国证监会补充制定的第 10b-5 条规定,提起诉讼的美国投资者通常不需要证明自己依赖被告的虚假陈述行为,因为最高法院在 Basic 案中采纳了推定信赖原则(presumed reliance)。③ 该推定是建立在市场有效性假说上,即证券市场能够反映所有公开可用的信息。而之所以认为基于偏差价格的证券交易在结果上等同于直接依赖虚假陈述行为是基于市场欺诈理论。④ 被

---

① 于萍.新《证券法》下跨境证券监管制度的完善.见:卢文道,蔡建春.证券法苑(第三十卷).上海:上海证券交易所,2020:437

② Dougan M. Minimum Harmonization and the Internal Market. Common Market Law Review,2000,37(4):855

③ Basic Inc. v. Levinson,485 U.S. 224,245 (1988)

④ See Fox M B. Regulation FD and Foreign Issuers:Globalization's Strains and Opportunities. Virginia Journal of International Law,2001,41(3):687-688

告的虚假陈述行为影响了现有的公开信息,可能导致证券市场上相关证券的价格发生偏差,如价格被人为膨胀。即使投资者此时并不直接依赖虚假陈述行为,但投资者是相信证券市场上相关证券的价格确实反映了该证券的真实价值。在这种情况下,被告的虚假陈述行为与投资者超出正常证券价格购买证券行为之间的因果关系不亚于投资者直接依赖虚假陈述行为的案件。①

尽管该推定原则可以被被告反驳,但在诉讼环境中它代表了对投资者的强大保护。在实际的诉讼中,投资者不需要提供有关依赖的证据,证明他确实阅读或听到了被告的虚假陈述,并在此基础上进行了投资。可以想象的是,这样的证明对于投资者而言将是非常困难的。此外,这项推定原则不仅从实质角度来看是重要的,而且往往被视为是提起集体诉讼的必要元素。毕竟如果要求集体诉讼中的每个成员都证明自己依赖了虚假陈述行为,那该集体诉讼很大可能将无法成立,即使成立,也可能只是由少数投资者组成。相反,如果依据推定信赖原则就可以借由所有投资者都依赖于证券市场价格的假设,轻而易举地提起集体诉讼。②

然而,市场欺诈理论对于证券域外管辖案件却提出了一个有趣而微妙的问题:该理论是否也适用于在国外市场购买或出售证券的情况?换言之,在国外证券交易所购买证券的投资者要想提起诉讼是否需要提供其依赖被告虚假陈述行为的积极证据,或者他们也可以依据美国信赖推定原则?对此,美国法院曾经系统地回答了这个问题并得出结论:市场欺诈理论不适用于在外国证券市场进行的交易。③ 不仅如此,法院还进一步指出,即使发行人的证券同时在国外证券交易所和国内证券交易所上市并且不同市场之间的证券价格可以产生一定的联系,法院也拒绝将市场欺诈理论适用于涉及国外交易的诉讼中。④ 而由于无法利用市场欺诈理论,且很多外国原告又无

---

① See Peil v. Speiser, 806 F.2d 1154, 1160-61 (3d Cir. 1986).
② See Fox M B. Causation in Fraud-on-the-Market Actions. In Perspectives on Corporate Governance. Kieff F S, Paredes T A ed. Cambridge: Cambridge University Press, 2010: 237.
③ See In re AstraZeneca Sec. Litig., 559 F. Supp. 2d 453, 466 (S.D.N.Y. 2008); In re The Baan Co. Sec. Litig., 103 F. Supp. 2d 1, 25 (D.D.C. 2000).
④ See Rubenstein J B. Fraud on the Global Market: U.S. Courts Don't Buy It; Subject-Matter Jurisdiction in F-Cubed Securities Class Actions. Cornell Law Review, 2010, 95(3): 651-654.

法自行证明其依赖被告的虚假陈述行为,这就导致很多域外管辖案件因缺乏管辖权而被驳回,一定程度上减轻了美国法院的司法负担。

以 AstraZeneca 证券诉讼案为例,被告是一家英国公司,其股票同时在纽约证券交易所、伦敦证券交易所和斯德哥尔摩证券交易所上市。被告涉嫌散布关于其公司抗凝血药物产品安全性的虚假信息。而为了根据行为标准建立域外管辖权,在国外购买股票的外国原告必须证明,在美国发生了超出欺诈准备范围的行为,并且这种行为直接导致原告依赖被告的虚假陈述行为而遭受损失。于是,外国原告试图通过援引信赖推定原则来满足行为标准,但法院驳回了这一论点,认为如果允许外国原告以这种推定的方式证明依赖将不恰当地扩大美国证券法的适用范围,最终法院以缺乏管辖权为由驳回了此案。①

通过上述案例的描述,我们可以清晰地了解证券欺诈标准协调的本质,实际上就是将域外管辖权认定和国内证券欺诈认定要求独立开来。尽管二者涉及的案件事实往往是同一件,但关于影响是以何种方式存在这个问题上,是有区别的。前者被理解为外国行为对国内市场的影响能否触发域外管辖权,后者被视为该影响在纯粹的国内环境中能否构成违反国内法。无论第二个问题的答案如何,都需要解决第一个问题。但即使第一个问题得到肯定的回答,第二个问题仍然必须得到解决。这就表示,二者存在不一致的空间。而在这个空间中,各国完全可以在不干扰本国证券执法体系的基础上,实现一定程度的妥协与让步,将彼此之间的关系稳定在一个动态平衡的状态。当然,最低限度协调并不意味着我国需要绝对让渡管辖权,为了保障我国资本市场平稳运行以及国内投资者的基本利益,我国完全可以在最低监管标准的基础上,视情况额外附加一些本土监管要求以便在必要时主张域外管辖权。

根据全球最大的反欺诈专业组织美国注册舞弊审查协会(ACFE)的定义,证券欺诈是指"在资本市场发生的,个人或实体明知可能导致个人或实体或另一方获得某种未经授权的利益而进行的欺骗或虚假陈述与交易"。② 在我

---

① In re AstraZeneca Sec. Litig., 559 F. Supp. 2d 453, 466 (S.D.N.Y. 2008)
② ACFE, https://www.acfe.com/acfe-insights-blog, last visited on March 8th, 2024

国，2019年修订的《证券法》中涉及"欺诈"一词的只有第5条、第89条、第93条和第221条，且并未对证券欺诈行为进行界定。我国学者对证券欺诈问题的研究主要依据的是《禁止证券欺诈行为暂行办法》（2008年废止）中列举的行为。① 它是我国第一部专门就证券欺诈进行规制的行政法规，该法第2条规定："本办法所称证券欺诈行为包括证券发行、交易及相关活动中的内幕交易、操纵市场、欺诈客户、虚假陈述等行为。"② 因此，下文将主要在这几类行为中探讨我国在证券域外管辖案件中可以协调的空间。

（1）涉及虚假陈述行为

美国1933年《证券法》第11条则将其描述为重大事实的不实描述、对重大事实的遗漏和误导三种。显然，在界定陈述行为是否合法的问题上，美国法强调"重大性"标准，即并非全部的虚假陈述行为都会给予处罚。至于对"重大事实"的解释，美国证券交易委员会认为，应限定在"一个正常的、谨慎的投资者在其购买注册证券之前应当被适度告知的事项"（Rule 405）。而根据我国《最高人民法院关于审理证券市场虚假陈述侵权民事赔偿案件的若干规定》第四条规定，虚假陈述的表现形态有虚假记载、误导性陈述或者重大遗漏三种行为。至于"重大性"标准，我国法律并没有作出明确规定，一般认为需要法官依据个案的不同情况进行分析判断。

除此之外，中美两国法律在虚假陈述责任主体的构成要件上有所区别。根据美国《证券法》第11条对与主体的范围做了列举性的规定，包括但不限于以下几类：签名于注册申报文件的人，在注册申报文件中标明承担责任的发行人的董事、合伙人或履行类似职务的人，所有经其同意列名于文件中的现任或将任董事、合伙人或履行类似职务的人，编制或签证注册申报文件的某部分或与文件关联的报告或资产评估文件的会计师、工程师或评估师，及所有该有价证券的承销人。③ 相比美国《证券法》第11条对责任主体的集中

---

① 万国华，张崇胜.我国反证券欺诈机制的检视与完善.金融与经济，2018（8）：78

② 有学者特别指出虽然我国大多数学者对证券欺诈问题的研究集中在这四种行为中，但是证券欺诈并不与上述四种行为之和划等号，而且不能因为现有规则对证券欺诈行为进行列举规定，便认为反欺诈就是禁止对相关法律和规则的违反。参见万国华，张崇胜.我国反证券欺诈机制的检视与完善.金融与经济，2018（8）：78

③ 吴弘.中国证券市场发展的法律调控.北京：法律出版社，2000：299

规定,我国对责任主体的认定相对分散。根据《证券法》第56条、第78条和第82条、《最高人民法院关于审理证券市场虚假陈述侵权民事赔偿案件的若干规定》第20条的规定,包括以下人员:证券发行人或上市公司及其董事、监事、高级管理人员和其他直接责任人员;发行人、控股股东等实际控制人;承销商;证券上市推荐人;证券中介服务机构;其他机构和人员。显然,我国法律所规定的责任主体范围要大于美国法律的规定。

(2) 涉及操纵市场行为

资本市场的功能之一是由市场自由提供投资资本,人为干预和操纵市场价格的行为都是对市场自由性的破坏。值得注意的是,法律打击的操纵市场价格行为并不包括正常的投机行为,即并非所有能够影响股票市场价格的大额股票交易都属于操纵市场行为,是否构成操纵行为,关键还在于行为人的动机。对此,美国国会在解释证券立法时指出,如果某人购置了一大批股票的目的只是在于投资,或者是为了占有相当的比例,即使明知他的举动会影响市场价格,他的行为也不构成违法。① 我国《证券法》第55条规定了"影响或者意图影响证券交易价格或者证券交易量"的动机。不过与之相比,美国《1934年证券交易法》第9a-2条款则特别强调"意图引诱他人买入或卖出"的目的。因此构成美国证券交易法第9a-2条款规定的操纵行为必须以行为人的主观引诱目的为要件,可以称之为"引诱交易"模式,日本证券交易法第一百五十九条第二款采取了同样的要件。

(3) 涉及内幕交易行为

内幕交易指内幕信息的知情人员或者非法获取内幕信息的人员,在涉及证券的发行、交易或者其他对证券的价格有重大影响的信息尚未公开之前,通过买入、卖出证券,或泄露信息,以获得利益或减少损失的行为。② 关于内幕交易的责任主体,包括内幕信息的知情人和非法获取内幕信息的人。我国《证券法》适应了国际反内幕交易立法的发展趋势,对内幕交易的规定是比较详尽的,但涉及内幕交易的民事责任规定仅为《证券法》第53条中的一句话,"内幕交易行为给投资者造成损失的,应当依法承担赔偿责任"。相

---

① 高如星,王敏祥.美国证券法.北京:法律出版社,2000:283
② 胡晓柯.证券欺诈禁止制度初论.北京:经济科学出版社,2004:113

比之下，美国证券交易委员会制定的规则第10b-5条指出，任何利用重大非公开信息进行证券交易的个人内幕交易行为人，对内幕交易行为发生时购买或卖出证券的相对方负有赔偿责任；对内幕交易进行控制的人以及与内幕交易行为人存在重大非公开信息交流的人应负连带赔偿责任。

  上述内容列举了部分我国与国外证券法律在认定证券欺诈方面的不同标准。并且相同之处都是，我国的认定标准较为宽松，这在域外管辖案件中的意义是，如果以我国证券欺诈标准认定是否符合效果标准中的"影响"会相对容易满足，换言之，适用同等类型规范下，我国域外管辖权的范围可能会相对较广。在这种情况下，当认定国外证券行为对国内证券市场产生的影响能否触发域外管辖权时，我国可以进行最低限度的协调，即不选择按照国内证券欺诈标准进行"影响"认定。这里，最低限度的协调对于效果标准的限制作用体现在直接限制证券欺诈行为的认定上，适当给予被指控的国外行为一些正当性的辩护，从而达到否认域外管辖权的存在，而这些在国内案件中可能并不存在，甚至是不允许的。不过，这是否意味着只要国外不存在对应的规则，本国就必须限制自身规则？本书认为，这取决于我国在具体的案件中是否存在强烈的监管利益，是否必须通过域外管辖制度才能维护国内投资者与国内证券市场的利益。

  总之，鉴于域外管辖可能对国际关系产生不良的连锁反应，我国在证券域外管辖案件中应谨记"最后的手段"价值，避免在域外适用本国法规时产生机械的结果。

结　论

洛温·费尔德教授(Andreas F. Lowenfeld)曾经指出,"想要为域外管辖权寻求一个令人满意的定义将注定失败:域外管辖权,就好似'官僚主义'一样,是一个永远无法摆脱其负面声誉的术语。"[①]只要提及域外管辖,人们首先想到的便是"不当地干涉或者欺凌"[②],甚至是霸权主义或帝国主义。然而,在全球市场高度相关性的今天,证券市场及其参与者在全球范围内运作,随之而来的跨辖区证券纠纷也必将复杂多样。与此同时,各国证券法律及证券监管制度存在差异,短期内也无法实现全球证券监管的统一化和集中化,这样,本国投资者势必寄希望于国内司法救济。因此,证券法的域外管辖事实上已经成为不可扭转的趋势,回避争议是无法解决问题的,相反地,我们需要更多关于域外管辖权的讨论,最终才能总结出国际社会中可接受的域外管辖权形态。并且,这样的讨论不能沦为国际社会中政治和经济

---

① Lowenfeld A. International Litigation and The Quest for Reasonableness. Oxford: Clarendon Press, 1996: 16

② Veneziano A. Studying the Hegemony of the Extraterritoriality of U. S. Securities Laws: What It Means for Foreign Investors, Foreign Markets, and Efforts at Harmonization. Georgetown Journal of Law & Public Policy, 2019, 17(1): 353

权力的又一次表述,必须站在司法的角度,充分发挥法律和制度的力量。

目前,随着越来越多的国家开始介入影响全球市场的行为,各国之间的管辖权冲突激增,同时,管辖权判断的高度不确定性增加了证券诉讼的复杂性。这种不确定性和复杂性反过来又影响市场参与者根据所涉及的风险准确确定投资价值,给其在投资决策的过程中带来了很大的成本。以上困境事实上都集中在一个问题上:一国何时以及如何正当地可以管辖在其边界之外的行为?核心问题就是管辖权标准。管辖权标准规定了国家与私人行为之间的联系,而正是这种联系才使得国家有理由裁决与该行为有关的案件。可以说,域外管辖权标准才是整个域外管辖制度运行的前提和基础性保障。本研究正是站在这样的背景下,以我国新《证券法》第二条第四款的域外管辖条款为切入点,指出我国证券法域外管辖权标准不明确,亟待修正。

从域外管辖权标准产生的历史来看,每一种域外管辖权标准都是在顺应时代的需要。效果标准是根植于客观领土原则,在国际法已经认可域外管辖权合法性的基础上,将客观领土原则中犯罪构成的结果扩展至经济影响,以解决当时日益严峻的国际反垄断纠纷。接着,在反垄断法效果标准的启发下,又在证券法反欺诈条款中沿用了这一经济影响,逐渐扩大域外管辖权标准的适用范围。随着全球证券交易的日益复杂,效果标准显得力不从心,法院逐渐意识到仅解决国外欺诈行为对国内投资者和证券市场的影响显然是不够的。对于部分欺诈行为发生在本国境内但公司股票未在本国证券交易所上市的情形,本国法院也应该介入,于是,行为标准就产生了。在相当长的时间内,行为标准与效果标准的结合成为域外管辖的通用规则,但却使得域外管辖变成一件无法约束的事项,给市场参与者带来了无法预测的结果。正是因为这一点,寻求转变的声音不断高涨,才有了之后"交易标准"的"后退",即将域外管辖限定在本国证券交易所上市的证券交易行为以及其他证券在国内的交易行为上。至此,域外管辖权标准回归到了一种"相当狭窄和有限的领土保护方法"[1],将证券法对投资者的保护降低到

---

[1] Rotem Y. Economic Regulation and the Presumption Against Extraterritoriality-A New Justification. William & Mary Policy Review,2012,3(2):234

了令人无法接受的程度,并产生了在行为—效果标准下不存在的问题。以至于交易标准出现不到一个月,行为—效果标准就得到了一定范围内的恢复。

历史的经验告诉我们,在一定时代背景下产生的域外管辖权标准势必会受到下一个时代的挑战与质疑,我们必须从理论出发去构建一个"因为条款",以给出一个理由(或一组理由)——为什么一个国家的政策和/或一方的权利应该优先于另一个国家的利益和/或另一方的权利。重要的是,这里所给出的理由本质上是公开的,都可以有效地向受决定影响的人提出并很大可能被接受,这才是合法法治的关键。在一个自由和民主的社会,法律必须以平等的方式尊重每一个人或组织,这就意味着我们必须使用类似"黄金法则"的推理,以任何人都可以或应该接受的理由来证明法律强制行为的合理性。当然,这并不意味着每个人都必须接受结果,但法律提供的理由应当是正当的,并且是国际社会认为可以或应该被接受的理由。

将正当性作为构建我国域外管辖权标准的指导方向,也是在将我国的域外管辖与美国等资本主义国家带有霸权色彩的长臂管辖进行区分,这是我国在建立域外管辖制度中最先需要正视与澄清的。那么,究竟怎样的域外管辖权范围才能称得上正当?首先,我们必须后退一步,询问域外管辖制度应该寻求实现什么目标,即一国出于何种内在目的才会考虑将其证券法的管辖范围延伸至域外。在证券法背景下,保护投资者与保护证券市场都是重要的监管利益,但问题是证券法可以为保护投资者和维护市场延伸至什么程度?出于对证券市场流动性的考虑,合理的做法是一国不能仅仅因为受害投资者的请求就向其开放本国法院,是否需要进行域外管辖还需要法院在私人利益与公共利益之间进行平衡。

不同于国内管辖权的排他属性,域外管辖权还涉及案件在全球所有国家之间的管辖权分配。因此,解决域外管辖的内生目的只是构建域外管辖权标准的第一步,影响域外管辖正当性的关键因素还需要从国际角度分析。即使我们假设本国利益都是合法的,也并不一定意味着为了实现这些利益的每一次域外管辖都是正当的,从这个角度而言,所谓域外管辖的自由其实是相对的,即它应该是一个相对于其他国家权利的问题,而不仅仅是一个国家基本权限的问题。①

理解这一问题很简单,然而,现实中全球证券市场的一体化进程却在不断挑战管辖权规则在这一问题上的有效性。在全球市场中,国家之间以及国家与市场之间的关系在不断改变,由此创造出了新的管辖利益、价值观以及特定的机遇,为国际司法体系带来了新的压力。尽管国际管辖权规则一直都是以最大限度地减少国家之间的冲突为目标,但全球市场的融合让这一切变得愈发困难。我们必须在新的背景下去思考和评估,如何在域外管辖制度中推动国际社会共同的价值与利益的建构,同时又能维持良好的国际关系,得到国际社会的认可。

当确立了构建域外管辖权标准的理论基础后,域外管辖权标准的选择就有了判断的依据,一方面,从监管利益而言,效果标准较之行为标准,更契合于具有等效性的反欺诈条款的目的;另一方面,从保护力度而言,效果标准较之交易标准,更符合我国证券市场国际化初期需要强有力保护的现实需要。综上,本书认为,我国证券法域外管辖权标准应适用效果标准。至此,我国证券法域外管辖权标准虽然已经确定,但这并不代表效果标准就完全正确。事实上,效果标准存在着固有缺陷,再加上证券市场的推波助澜,域外管辖权逐渐呈现出扩张的趋势,甚至隐隐有了霸权色彩。因此,如何限制效果标准成为选择效果标准之后必然要考虑的问题。

本书认为,既然效果标准无法进行自我限制,那就只能寻求外在限制的方式。而外在限制域外管辖权的基本原理就是拒绝单边主义,即一国必须注意考虑具有竞争管辖权的国外监管利益。这种在国际冲突中平衡两国关切的准则,国际上称之为"国际礼让原则",是一种对传统单边主义体系的缓解,同时也是限制域外管辖权的基本原则。然而,作为限制原则,目前的国际礼让原则显然是存在缺陷的。国际礼让原则并非只是简单地将可能反映他国利益的因素进行列举,看似构成了一个客观中立的测试,但会让整个礼让分析变得虚幻,透露出一种形式主义的虚伪。因此,我们需要的是一个能承载系统性分析的原则,让法院不再站在个案事实的角度为了限制而限制,

---

① Brownlie I. Principles of Public International Law. 6th ed. New York:Oxford University Press,2003:297-298

而是在一个明确的规范体系框架内思考何时需要限制以及如何限制效果标准的适用。

国之大者,为责任与担当。之所以反复提及对域外管辖权的限制,根源在于我国一直以来在国际关系上主张的和平共处原则。我们国家倡导的域外管辖制度,必须从根本上与我国具体的管辖利益和管辖能力相契合。过度追求在国际司法体系下的话语权,只会给本国司法机关平添负担。未来如何在保护本国利益与维护良好国际关系之间找到平衡,仍然是一个非常严峻的考验。当然,在构建域外管辖制度的同时,我国也不能忽视国际合作与协调的重要性。实践表明,当今国际社会单靠一国的证券立法及监管已经难以解决证券市场国际化引发的各种问题,因此各国都需要积极完善本国的证券监管国际合作机制,通过多层次的协调实现证券监管的目标。① 尤其是当下中国在国际社会中的影响力逐渐增强,我国更应担负起大国责任,及时阻止与防止欧美国家倚仗手中的市场权力与强大的实力扰乱国际秩序。因此,中国应该为世界的发展提供另一种选择,也为其他发展中国家提供另一种选择:在发展本国资本市场的同时积极联合其他发展中国家,建立区域性合作体系,在程序上和实质上协调发展中国家之间的证券法,实行跨境金融交易的区域性治理。②

最后,本书在域外管辖制度的研究中还有许多未尽事项,最突出的就是域外管辖制度中的执行问题。在境内法院对跨境证券纠纷案件进行判决、裁定后,如果被告在境内拥有资产,境内法院尚可以通过执行该境内资产而完成对原告的救济;但是,如果被告在境内并没有任何资产且被告拒不履行民事责任,此时就需要对被告住所所在地的境外法院请求判决、裁定的承认与执行。显然,这相当困难,且从目前的实践来看,也很难调和。

一是各被请求国承认和执行外国判决的国内立法规定了不同的规则,例如美国多数州采用了《统一外国金钱判决承认法》,对于外国法院的涉及金钱给付的判决予以承认和执行。对于金钱判决,普通法系国家基本都遵

---

① See Park S K. Guarding the Guardians: The Case for Regulating State-Owned Financial Entities in Global Finance. University of Pennsylvania Journal of Business Law,2014,16(3):747

② See White D N. Conduct and Effects: Reassessing the Protection of Foreign Investors from International Securities Fraud. Regent University Law Review,2010,22(1):128

循重新审理程序,当事人需要在当地法院重新提起一个诉讼,由当地法院重新审理形成新的判决,再按照当地的民事诉讼程序执行。即使是中国内地与香港法院之间,互相执行判决的范围也相当有限,仅适用于具有书面管辖协议的民商事案件中作出的须支付款项的具有执行力的终审判决,且在认可和执行的条件、程序等操作层面也存在诸多限制。①

二是虚假陈述之类的证券欺诈行为,从逻辑上讲,其后果对于行为所在地的市场和投资者的利益应更为直接和严重,当地法院自然也会更加积极地惩治相关行为,此时,就会发生诉讼竞合。而在诉讼竞合的情况下,再让外国法院承认和执行我国民事判决、裁定的可能性就更低了。

三是国家间判决的承认与执行往往需要一定的法律依据,包括与被请求国缔结双边条约或协定、参与相关国际公约或存在互惠关系等。但目前,在国际公约方面,虽然各个国家或地区就国家间民商事判决的相互承认与执行问题作出过种种协调与努力,也出现了与各国立法与实践均基本一致的《民商事案件外国判决的承认和执行公约》,但该公约并未实际发挥作用,现实的情况是国际社会依然无法在一些关键问题上达成共识。而在双边司法协助条约方面,我国与主要国际证券市场所在国如美国、英国亦未签署涉及判决、裁定的承认与执行的司法协助条约。在这种情况下,中国法院作出的有关跨境证券纠纷判决要想得到他国法院的承认与执行,就需要依靠互惠原则或者该外国的国内立法规定来实现。可问题是,证券法涉及的是一国的公共秩序,而国家之间很难在公共秩序方面让步,这就为国家间判决的承认与执行增加了又一个层面的难度。

此外,要想完整发挥域外管辖制度的价值,还需要确保我国域外文书的送达以及域外取证的进行等其他事项。而以上问题很难单单从法律层面上解决,说到底,对于域外管辖这类涉及国际层面的制度而言,其运行需要的是政治、外交、经济实力和综合国力等各方面因素的保障和支持。如何整合所有的因素并实现国际社会的认可,是一个极其复杂的问题。

---

① 参见《内地与香港法院判决执行安排》第1条。

参考文献

一、中文文献

(一) 中文著作

[1] [德]萨维尼著;李双元译.法律冲突与法律规则的地域和时间范围.北京:法律出版社,1998

[2] [美]巴里·E.卡特,艾伦·S.韦纳著;冯洁菡译.国际法.北京:商务印书馆,2015

[3] [美]理查德·D.弗里尔著;张利民,孙国平,赵艳敏译.美国民事诉讼法.第二版.北京:商务印书馆,2013

[4] [美]帕德罗·J.马丁内兹-弗拉加著;李庆明译.国际私法程序中礼让的新作用.北京:中国社会科学出版社,2011

[5] [西]戈西马丁·阿尔弗雷泽著;刘轶,卢青译.跨境上市:国际资本市场的法律问题.北京:法律出版社,2010

[6] [英]伊恩·布朗利;曾令良,余敏友,等译.国际公法原理.北京:法律出版社,2003

[7] [英]詹宁斯,瓦茨著;王铁崖等译.奥本海国际法.第一卷第一分册.北京:中国大百科全书出版社,1995

[8] 丁伟.国际私法学.上海:上海人民出版社,2004

[9] 郭华春.美国金融法规域外管辖法理、制度与实践.北京:北京大学出版社,2021

[10] 高如星,王敏祥.美国证券法.北京:法律出版社,2000

[11] 韩德培,韩健.美国国际私法(冲突法)导论.北京:法律出版社,1994

[12] 胡晓柯.证券欺诈禁止制度初论.北京:经济科学出版社,2004

[13] 卢建平,张旭辉.美国反海外腐败法解读.北京:中国方正出版社,2006

[14] 李国清.美国证券法域外管辖权问题研究.厦门:厦门大学出版社,2008

[15] 李金泽.公司法律冲突研究.北京:法律出版社,2001

[16] 李金泽.跨国公司与法律冲突.武汉:武汉大学出版社,2001

[17] 李龙.法理学.北京：人民法院出版社.中国社会科学出版社,2003

[18] 李双元,谢石松.国际民商事诉讼法概论.第2版.武汉：武汉大学出版社,2001

[19] 李旺.国际民事诉讼中的冲突与程序.北京：清华大学出版社,2022

[20] 李旺.国际私法.第3版.北京：法律出版社,2011

[21] 李双元.国际私法学.北京：北京大学出版社,2011

[22] 刘远志.跨境证券交易法律监管研究.北京：法律出版社,2019

[23] 柳剑平,刘威.美国对外经济制裁问题研究：当代国际经济关系政治化的个案分析.北京：人民出版社,2009

[24] 吕岩峰.当事人意思自治论纲.见：中国国际私法与比较法年刊（第2卷）.北京：法律出版社,1999

[25] 莫里斯著;李东来译.法律冲突法.北京：中国对外翻译出版公司,1990

[26] 倪征燠.国际法中的司法管辖问题.北京：世界知识出版社,1985

[27] 戚凯.霸权羁缚：美国在国际经济领域的"长臂管辖".北京：中国社会科学出版社,2021

[28] 齐湘泉,王欢星.国际民商事诉讼管辖权冲突解决方法的发展与完善.见：李旺主编.涉外民商事案件管辖权制度研究.北京：知识产权出版社,2004

[29] 齐爱民,陈文成.网络金融法.湖南：湖南大学出版社,2002

[30] 申婷婷.国际私法中意思自治原则及其司法适用.北京：中国检察出版社,2019

[31] 宋晓.当代国际私法的实体取向.武汉：武汉大学出版社,2004

[32] 唐承元.亚非法律协商会议关于域外管辖权问题的探讨.见：王铁崖,李兆杰主编.中国国际法年刊（2000/2001）.北京：法律出版社,2005

[33] 王铁崖.国际法.北京：法律出版社,2007

[34] 王晓琼.跨境破产中的法律冲突问题研究.北京：北京大学出版社,2008

[35] 吴弘.中国证券市场发展的法律调控.北京：法律出版社,2000

[36] 许军珂.国际私法上的意思自治.北京：法律出版社,2006

[37] 于萍.新《证券法》下跨境证券监管制度的完善.见：卢文道,蔡建春.证券法苑（第三十卷）.上海：上海证券交易所,2020

[38] 张路译.美国1934年证券交易法.北京：法律出版社,2006

[39] 张仲伯.国际私法学.北京：中国政法大学出版社,2012

[40] 朱榄叶,刘晓红.知识产权法律冲突与解决问题研究.北京：法律出版社,2004

[41] 朱利江.对国内战争罪的普遍管辖与国际法.北京：法律出版社,2007

（二）中文论文

[1] 陈兵,顾敏康.《谢尔曼法》域外适用中"礼让"的变迁与启示：由我国"维生素C案"引发的思考.法学,2010(5)

[2] 陈洁.投资者到金融消费者的角色嬗变.法学研究,2011,33(5)

[3] 陈洁,孟红.我国证券市场政府监管权与市场自治的边界探索：基于监管目标及监管理念的重新厘定.南通大学学报(社会科学版),2020,36(3)

[4] 陈南睿.不方便法院原则在中国法院的适用及完善：以125例裁判文书为视角.武大国际法评论,2021,5(2)

[5] 陈竹华.证券法域外管辖权的合理限度：以美国法为例的研究[学位论文].北京：中国政法大学,2006

[6] 邓建平,牟纹慧.瑞幸事件与新《证券法》的域外管辖权.财会月刊,2020(12)

[7] 杜涛,肖永平.全球化时代的中国民法典：属地主义之超越.法制与社会发展,2017,23(3)

[8] 杜涛.美国联邦法院司法管辖权的收缩及其启示.国际法研究,2014(2)

[9] 丁文严.跨国知识产权诉讼中的长臂管辖及应对.知识产权,2018(11)

[10] 董皞.法律冲突概念与范畴的定位思考.法学,2012(3)

[11] 范晓波.美国金融制裁的基石与应对.经贸法律评论,2021(6)

[12] 龚柏华.中美经贸摩擦背景下美国单边经贸制裁及其法律应对.经贸法律评论,2019(6)

[13] 管建强,孙心依.单边制裁背景下美国域外刑事管辖权的检视与应对.南大法学,2023(6)

[14] 郭金良.我国《证券法》域外适用规则的解释论.现代法学,2021,43(5)

[15] 郭雳.域外经济纠纷诉权的限缩趋向及其解释：以美国最高法院判例为中心.中外法学,2014,26(3)

[16] 郭玉军,王岩.美国域外管辖权限制因素研究：以第三和第四版《美国对外关系法重述》为中心.国际法研究,2021(6)

[17] 韩洪灵,陈帅弟,陆旭米等.瑞幸事件与中美跨境证券监管合作：回顾与展望.会计之友,2020(9)

[18] 韩永红.美国法域外适用的司法实践及中国应对.环球法律评论,2020,42(4)

[19] 霍政欣,金博恒.美国长臂管辖权研究：兼论中国的因应与借鉴.安徽大学学报(哲学社会科学版),2020,44(2)

[20] 黄韬.为什么法院不那么重要：中国证券市场的一个观察.法律和社会科学.2012,9(0)

[21] 金彭年,王健芳.国际私法上意思自治原则的法哲学分析.法制与社会发展,2003(1)

[22] 李庆明.论美国域外管辖:概念、实践及中国因应.国际法研究,2019(3)

[23] 李寿平.次级制裁的国际法审视及中国的应对.政法论丛,2020(5)

[24] 李旺.国际民事裁判管辖权制度析——兼论2012年修改的《民事诉讼法》关于涉外民事案件管辖权的规定.国际法研究,2014(1)

[25] 冷静.新《证券法》"域外管辖条款"适用的相关问题.地方立法研究.2021,6(4)

[26] 廖诗评.国内法域外适用及其应对——以美国法域外适用措施为例.环球法律评论,2019,41(3)

[27] 廖诗评.中国法域外适用法律体系:现状、问题与完善.中国法学,2019(6)

[28] 刘斌,李秋静.特朗普时期美国对华出口管制的最新趋势与应对策略.国际贸易,2019(3)

[29] 刘凤元,邱铌.证券市场跨境监管研究:以EMMoU为视角.金融监管研究,2019,12

[30] 刘仁山,李婷.美国"F立方"证券欺诈诉讼管辖权规则及其晚近发展.法学家,2012(3)

[31] 刘士心.英美刑法介入原因规则及其对中国刑法的借鉴意义.政治与法律,2017(2):16

[32] 刘瑛,刘正洋.301条款在WTO体制外适用的限制——兼论美国单边制裁措施违反国际法.武大国际法评论,2019,3(3)

[33] 刘子平.金融监管管辖权冲突问题初探:基础问题与国际实践.金融监管研究,2024(6)

[34] 彭岳.美国金融监管法律域外管辖的扩张及其国际法限度.环球法律评论,2015,37(6)

[35] 彭岳.美国证券法域外管辖的最新发展及其启示.现代法学,2011,33(6)

[36] 钱学峰.世界证券市场日益国际化与美国证券法的域外管辖权(上).法学评论,1994(3)

[37] 钱学峰.世界证券市场的日益国际化与美国证券法的域外管辖权(中).法学评论,1994(4)

[38] 钱学峰.世界证券市场的日益国际化与美国证券法的域外管辖权(下).法学评论,1994(5)

[39] 强世功.帝国的司法长臂——美国经济霸权的法律支撑.文化纵横,2019(4)

[40] 邱永红.我国证券监管国际合作与协调的不足与完善对策.社会科学战线,2006(4)

[41] 石佳友,刘连炻.美国扩大美元交易域外管辖对中国的挑战及其应对.上海大学学报(社会科学版),2018,35(4)

[42] 石佳友.我国证券法的域外效力研究.法律科学(西北政法大学学报),2014,32(5)

[43] 宋晓.域外管辖的体系构造:立法管辖与司法管辖之界分.法学研究,2021,43(3)

[44] 孙国平.论美国反歧视法之域外适用.反歧视评论,2015(0)

[45] 孙南翔.美国法律域外适用的历史源流与现代发展——论中国法域外适用法律体系建设.比较法研究,2021(3)

[46] 王佳.美国经济制裁立法、执行与救济.上海对外经贸大学学报,2020,27(5)

[47] 王薇.国际民事诉讼中的"过度管辖权"问题.法学评论,2002(4)

[48] 王勇,芦雪瑶.资本市场开放与企业"脱实向虚"——基于双重治理机制的视角.当代财经,2021(9)

[49] 王震.对新形势下美国对华"长臂管辖"政策的再认识.上海对外经贸大学学报,2020,27(6)

[50] 万国华,张崇胜.我国反证券欺诈机制的检视与完善.金融与经济,2018(8)

[51] 肖永平."长臂管辖权"的法理分析与对策研究.中国法学,2019(6)

[52] 邢钢.国际私法体系中的多边主义方法:根源、机理及趋向.河南大学学报(社会科学版),2019,59(3)

[53] 徐伟功.简析国际民事管辖权中的不方便法院原则.河南省政法管理干部学院学报,2003(4)

[54] 徐伟功.我国不宜采用不方便法院原则:以不方便法院原则的运作环境与功能为视角.法学评论,2006(1)

[55] 许军珂.论涉外审判中当事人意思自治的实现.当代法学,2017,31(1)

[56] 杨峰.我国证券法域外适用制度的构建.法商研究,2016,33(1)

[57] 杨永红.次级制裁及其反制:由美国次级制裁的立法与实践展开.法商研究,2019,36(3)

[58] 余鸿斌,周怡.论国际法中的权利滥用与诚信原则.重庆理工大学学报(社会科学版).2011,25(4)

[59] 钟腾.中小投资者保护的中国实践:创新、成效与企盼.金融市场研究,2024(4)

[60] 张潇剑.评柯里的"政府利益分析说".环球法律评论,2005(4)

[61] 张旭.国际犯罪刑事责任再探.吉林大学社会科学学报,2001(2)

[62] 张玉环.特朗普政府的对外经贸政策与中美经贸博弈.外交评论,2018,35(3)

[63] 赵学清,郭高峰.礼让说在美国冲突法中的继受和嬗变.河北法学,2014,32(4)

[64] 周晓林. 美国法律的域外管辖与国际管辖权冲突. 国际问题研究,1984(3)

二、外文文献

(一) 外文著作

[1] Scalia A, Garner B A. Reading Law: The Interpretation of Legal Texts. Minneapolis: West Publishing, 2012

[2] Avgouleas E. The Mechanics and Regulation of Market Abuse: A Legal and Economic Analysis. New York: Oxford University Press, 2005

[3] Beale J. A Treatise on the Conflict of Laws. New York: Baker, Voorhis & Co., 1935

[4] Born G B, Rutledge P B. International Civil Litigation in United States Courts. 4th ed. New York: Wolters Kluwer, 2007

[5] Brownlie I. Principles of Public International Law. 6th ed. New York: Oxford University Press, 2003

[6] Bruner C. Re-Imagining Offshore Finance: Market Dominant Small Jurisdictions in a Globalizing Financial World. New York: Oxford University Press, 2016

[7] Cameron I. The Protective Principle of International Criminal Jurisdiction. Hanover: Dartmouth, 1994

[8] Chehtman A. The Philosophical Foundations of Extraterritorial Punishment. New York: Oxford University Press, 2010

[9] Currie B. Selected Essays on the Conflict of Laws. Durham: Duke University Press, 1963

[10] Currie R J. International & Transnational Criminal Law. Valencia: Aspen Publishers, 2010

[11] Fox M B. Causation in Fraud-on-the-Market Actions. In Perspectives on Corporate Governance. Kieff F S, Paredes T A ed. Cambridge: Cambridge University Press, 2010

[12] Lowenfeld A F. Jurisdictional Issues Before National Courts: The Insurance Antitrust Case. In Extraterritorial Jurisdiction in Theory and Practice. Meessen K M ed. New York: Oxford University Press, 1996

[13] Lowenfeld A. International Litigation and The Quest for Reasonableness. Oxford: Clarendon Press, 1996

[14] O'Hara E A. Ribstein L E. The Law Market. New York: Oxford University

Press,2009

[15] Postema G J. Custom in International Law: A Normative Practice Account. In: Perreau- Saussine A, Murphy J B ed. The Nature of Customary Law: Legal, Historical and Philosophical Perspectives. Cambridge: Cambridge University Press,2007

[16] Richman W M, Reynolds W L. Understanding Conflict of Laws. 2d ed. New York: Matthew Bender & Co,1993

[17] Shaw M N. International Law. 5th ed. Cambridge: Cambridge University Press,2003

[18] Simon H A. Models of Bounded Rationality: Economic Analysis and Public Policy. Cambridge Massachusetts: The MIT Press,1984

[19] Sullivan L A, Handler M, Pitofsky R, et al. Trade Regulation, Cases and Materials. 4th ed. Nova Iorque: Foundation Press,2000

[20] Symeonides S C, Perdue W C. Conflict of Laws: American, Comparative, International. 4th ed. New York: West Publishing,2019

[21] Triggs G D. International Law: Contemporary Principles and Practices. Chatswood: LexisNexis Butterworths,2006

[22] Weintraub R J. Commentary on the Conflict of Laws. 4th ed. New York: Foundation Press,2001

(二)外文论文

[1] Arner D W. Adaptation and Resilience in Global Financial Regulation. North Carolina Law Review,2011,89(5)

[2] Anabtawi I. Some Skepticism About Increasing Shareholder Power. UCLA Law Review,2006,53(3)

[3] Arato J. Corporations as Lawmakers. Harvard International Law Journal,2015,56(2)

[4] Akehurst M. Jurisdiction in International Law. British Year Book of International Law,1972-1973,46

[5] Abate R S. Dawn of a New Era in the Extraterritorial Application of U. S. Environmental Statutes: A Proposal for an Integrated Judicial Standard Based on the Continuum of Context. Columbia Journal of Environmental Law,2006,31(1)

[6] Alexander R G. Iran and Libya Sanctions Act of 1996: Congress Exceeds Its Jurisdiction to Prescribe Law. Washington and Lee Law Review,1997,54

[7] Aleinikoff T A. Thinking Outside the Sovereignty Box: Transnational Law and the U. S. Constitution. Texas Law Review, 2004, 82(7)

[8] Black B, Gross J I. Making It Up as They Go Along: The Role of Law in Securities Arbitration. Cardozo Law Review, 2002, 23(3)

[9] Black B S. The Legal and Institutional Preconditions for Strong Securities Markets. UCLA Law Review, 2001, 48(4)

[10] Brummer C. Territoriality as A Regulatory Technique: Notes from the Financial Crisis. University of Cincinnati Law Review, 2010, 79(2)

[11] Black B S. The Legal and Institutional Preconditions for Strong Securities Markets. UCLA Law Review, 2001, 48(4)

[12] Baker D. Antitrust Merger Review in an Era of Escalating Cross-Border Transactions and Effects. Wisconsin International Law Journal, 2000, 18(3)

[13] Beyea G. Morrison v. National Australia Bank and the Future of Extraterritorial Application of the U. S. Securities Laws. Ohio State Law Journal, 2011, 72(3)

[14] Berge G W. The Case of the S. S. "Lotus". Michigan Law Review, 1928, 26(4)

[15] Buxbaum H L. Conflict of Economic Laws: From Sovereignty to Substance. Virginia Journal of International Law, 2002, 42(4)

[16] Buxbaum H L. Remedies for Foreign Investors Under U. S. Federal Securities Law. Law and Contemporary Problems, 2011, 75(1)

[17] Brittain J T. Foreign Forum Selection Clauses in the Federal Courts: All in the Name of International Comity. Houston Journal of International Law, 2001, 23(2)

[18] Boehm J L. Private Securities Fraud Litigation After Morrison v. National Australia Bank: Reconsidering A Reliance-Based Approach to Extraterritoriality. Harvard International Law Journal, 2012, 53(1)

[19] Baquizal K. The Extraterritorial Reach of Section 10(B): Revisiting Morrison in Light of Dodd-Frank. Fordham International Law Journal, 2011, 34(6)

[20] Brilmayer L, Norchi C. Federal Extraterritoriality and Fifth Amendment Due Process. Harvard Law Review, 1992, 105(6)

[21] Brilmayer L. The Extraterritorial Application of American Law: A Methodological and Constitutional Appraisal. Law and Contemporary Problems, 1987, 50(3)

[22] Bartlett R P III. Do Institutional Investors Value the Rule 10b-5 Right of Action? Evidence from Investors' Trading Behavior following Morrison v. National Australia

Bank. Journal of Legal Studies, 2015, 44(1)

[23] Baker T E. A Roundtable Discussion with Lawrence Lessig, David G. Post, and Jeffrey Rosen. Drake Law Review, 2001, 49(3)

[24] Currie B. Married Women's Contracts: A Study in Conflict-of-Laws Method. The University of Chicago Law Review, 1958, 25(2)

[25] Currie B. On the Displacement of the Law of the Forum. Columbia Law Review, 1958, 58(7)

[26] Currie B. Survival of Actions: Adjudication Versus Automation in the Conflict of Laws. Stanford Law Review, 1958, 10(2)

[27] Currie B. The Constitution and the Choice of Law: Governmental Interests and the Judicial Function. The University of Chicago Law Review, 1958, 26(1)

[28] Comerton-Forde C, Rydge J. Market Integrity and Surveillance Effort. Journal of Financial Services Research, 2006, 29(2)

[29] Cruickshank D. Insider Trading in the EEC. International Business Lawyer, 1982, 10(11)

[30] Cox J D. Choice of Law Rules for International Securities Transactions?. University of Cincinnati Law Review, 1998, 66(4)

[31] Cox J D. Rethinking U.S. Securities Laws in the Shadow of International Regulatory Competition. Law and Contemporary Problems, 1992, 55(4)

[32] Coupland J M. A Bright Idea: A Bright-Line Test for Extraterritoriality in F-Cubed Securities Fraud Private Causes of Action. Northwestern Journal of International Law and Business, 2012, 32(3)

[33] Coffee J C. Market Failure and the Economic Case for a Mandatory Disclosure System. Virginia Law Review, 1984, 70(4)

[34] Coffee J C. Racing Towards the Top?: The Impact of Cross-Listing and Stock Market Competition on International Corporate Governance. Columbia Law Review, 2002, 102(7)

[35] Clermont K M, Palmer J R B. Exorbitant Jurisdiction. Maine Law Review, 2006, 58(2)

[36] Chang K Y. Multinational Enforcement of U.S. Securities Laws: The Need for the Clear and Restrained Scope of Extraterritorial Subject-Matter Jurisdiction. Fordham Journal of Corporate and Financial Law, 2003, 9(1)

[37] Corso L. Section 10(b) and Transnational Securities Fraud: A Legislative Proposal to

Establish a Standard for Extraterritorial Subject Matter Jurisdiction. George Washington Journal of International Law and Economics, 1989, 23(2)

[38] Choi S J, Pritchard A C. Behavioral Economics and the Sec. Stanford Law Review, 2003, 56(1)

[39] Choi S J, Guzman A T. National Laws and International Money: Securities Regulation in a Global Capital Market. Fordham Law Review, 1997, 65(5)

[40] Choi S J, Guzman A T. The Dangerous Extraterritoriality of American Securities Laws. Northwestern Journal of International Law and Business, 1996, 17(1)

[41] Chiappini V M. How American Are American Depositary Receipts? ADRs, Rule 10b-5 Suits, and Morrison v. National Australia Bank. Boston College Law Review, 2011, 52(5)

[42] DeMott D A. Perspectives on Choice of Law for Corporate Internal Affairs. Law and Contemporary Problems, 1985, 48(3)

[43] Dumas D. United States Antifraud Jurisdiction Over Transactional Securities Transactions: Merger of the Conduct and Effects Tests. U. Pa. J. Int'l BUS. L., 1995, 16

[44] Davies M. Time to Change the Federal Forum Non Conveniens Analysis. Tulane Law Review, 2002, 77(2)

[45] Dougan M. Minimum Harmonization and the Internal Market. Common Market Law Review, 2000, 37(4)

[46] Dodge W S. Extraterritoriality and Conflict-of-Laws Theory: An Argument for Judicial Unilateralism. Harvard International Law Journal, 1998, 39(1)

[47] Emmenegger S. Extraterritorial Economic Sanctions and Their Foundation in International Law. Arizona Journal of International and Comparative Law, 2016, 33(3)

[48] Fiebig A. Modernization of European Competition Law as a Form of Convergence. Temple International and Comparative Law Journal, 2005, 19(1)

[49] Fulkerson B L. Extraterritorial Jurisdiction and U. S. Securities Law: Seeking Limits for Application of the 10(b) and 10b-5 Antifraud Provisions. Kentucky Law Journal, 2004, 92(4)

[50] Florey K. Resituating Territoriality. George Mason Law Review, 2019, 27(1)

[51] Ford R T. Law's Territory (A History of Jurisdiction). Michigan Law Review,

1999,97(4)

[52] Feinberg K R. Extraterritorial Jurisdiction and the Proposed Federal Criminal Code. The Journal of Criminal Law and Criminology,1981,72

[53] Fox M B. Regulation FD and Foreign Issuers: Globalization's Strains and Opportunities. Virginia Journal of International Law,2001,41(3)

[54] Fox M B. Securities Disclosure in a Globalizing Market: Who Should Regulate Whom. Michigan Law Review,1997,95(8)

[55] Fata N. Extreme Departure: Not So Extreme in the Public Offering Context. Seton Hall Law Review,2019,49(4)

[56] Gerber D I. Beyond Balancing: International Law Restraints on the Reach of National Laws. Yale Journal of International Law,1984,10(1)

[57] Gerber D J. Prescriptive Authority: Global Markets as A Challenge to National Regulatory Systems. Houston Journal of International Law,2004,26(2)

[58] Gevurtz F A. Determining Extraterritoriality. William and Mary Law Review,2014,56(2)

[59] Goldsmith J L III. Interest Analysis Applied to Corporations: The Unprincipled Use of a Choice of Law Method. Yale Law Journal,1989,98(3)

[60] Gardner M. Retiring Forum Non Conveniens. New York University Law Review,2017,92(2)

[61] Gibney M P. The Extraterritorial Application of U. S. Law: The Perversion of Democratic Governance, the Reversal of Institutional Roles, and the Imperative of Establishing Normative Principles. Boston College International & Comparative Law Review,1996,19(2)

[62] Guttentag M D. Protection From What? Investor Protection and the JOBS Act. U. C. Davis Business Law Journal,2013,13(2)

[63] Gruson M. The U. S. Jurisdiction over Transfers of U. S. Dollars Between Foreigners and over Ownership of U. S. Dollar Accounts in Foreign Banks. Columbia Business Law Review,2004,1

[64] Gordon M W. United States Extraterritorial Subject Matter Jurisdiction in Securities Fraud Litigation. Florida Journal of International Law,1996,10(3)

[65] Granof P S, Hans R F, Haridi S A F, et al. Ebb and Flow: The Changing Jurisdictional Tides of Global Litigation. New York International Law Review,2008,

21(1)

[66] Gilson R J, Kraakman R. Market Efficiency After the Financial Crisis: It's Still A Matter of Information Costs. Virginia Law Review, 2014, 100(2)

[67] Gilson R J, Kraakman R. The Mechanisms of Market Efficiency Twenty Years Later: The Hindsight Bias. The Journal of Corporation Law, 2003, 28(4)

[68] Hoffman D A. The "Duty" to Be a Rational Shareholder. Minnesota Law Review, 2006, 90(3)

[69] He D. Beyond Securities Fraud: The Territorial Reach of U. S. Laws After Morrison v. N. A. B.. Columbia Business Law Review, 2013, 2013(1)

[70] Hirshleifer D, Teoh S H. Herd Behaviour and Cascading in Capital Markets: A Review and Synthesis. European Financial Management, 2003, 9(1)

[71] Heminway J M. Female Investors and Securities Fraud: Is the Reasonable Investor a Woman?. William and Mary Journal of Women and the Law, 2009, 15(2)

[72] Hamlin J W. Exporting United States Law: Transnational Securities Fraud and Section 10(b) of the Securities Exchange Act of 1934. Connecticut Journal of International Law, 1988, 3(2)

[73] Huang P H. Moody Investing and the Supreme Court: Rethinking the Materiality of Information and the Reasonableness of Investor. Supreme Court Economic Review, 2005, 13(1)

[74] Hobe S. Statehood at the End of the Twentieth Century — The Model of the Open State. Austrian Review of International & European Law, 1997, 2(1)

[75] Juenger F K. Constitutional Control of Extraterritoriality?: A Comment on Professor Brilmayer's Appraisal. Law and Contemporary Problems, 1988, 50(3)

[76] Jalil J P. Proposals for Insider Trading Regulation After the Fall of the House of Enron. Fordham Journal of Corporate & Financial Law, 2003, 8(3)

[77] Kay H H. A Defense of Currie's Governmental Interest Analysis. Collected Courses of the Hague Academy of International Law, 1989, 215

[78] Kelly J D. Let There Be Fraud (Abroad): A Proposal for A New U. S. Jurisprudence with Regard to the Extraterritorial Application of the Anti-Fraud Provisions of the 1933 and 1934 Securities Acts. Law and Policy in International Business, 1997, 28(2)

[79] Kaplow L. Rules Versus Standards: An Economic Analysis. Duke Law Journal, 1992, 42(3)

[80] Kauffman R G. Secrecy and Blocking Laws: A Growing Problem as the Internationalization of the Securities Markets Continues. Vanderbilt Journal of Transnational Law, 1985, 18(4)

[81] Kogan T S. Geography and Due Process: The Social Meaning of Adjudicative Jurisdiction. Rutgers Law Journal, 1991, 22(3)

[82] Licht A N. Games Commisions Play: 2 × 2 Games of International Securities Regulation. The Yale Journal of International Law, 1999, 24

[83] Lowenfeld A F. Conflict, Balancing of Interests, and the Exercise of Jurisdiction to Prescribe: Reflections on the Insurance Antitrust Case. American Journal of International Law, 1995, 89(1)

[84] Lytle C G. A Hegemonic Interpretation of Extraterritorial Jurisdiction in Antitrust: From American Banana to Hartford Fire. Syracuse Journal of International Law and Commerce, 1997, 24

[85] Langevoort D C. Selling Hope, Selling Risk: Some Lessons for Law from Behavioral Economics About Stockbrokers and Sophisticated Customers. California Law Review, 1996, 84(3)

[86] Langevoort D C. Taming the Animal Spirits of the Stock Markets: A Behavioral Approach to Securities Regulation. Northwestern University Law Review, 2002, 97(1)

[87] Lorenzen E G. Huber's de Conflictu Legum. Illinois Law Review, 1918, 13

[88] Lin T C W. A Behavioral Framework for Securities Risk. Seattle University Law Review, 2012, 34(2)

[89] Lin T C W. Reasonable Investor(s). Boston University Law Review, 2015, 95(2)

[90] Murray B P, Pesso M. The Accident of Efficiency: Foreign Exchanges, American Depository Receipts, and Space Arbitrage. Buffalo Law Review, 2003, 51(2)

[91] Mehren A T Von. Book Reviews. 17 J. Leg. Ed., 1964, 17

[92] Murray B P, Pesso M. The Accident of Efficiency: Foreign Exchanges, American Depository Receipts, and Space Arbitrage. Buffalo Law Review, 2003, 51(2)

[93] Mann F A. The Doctrine of Jurisdiction in International Law. Recueil Des Cours, 1964, 111

[94] Margotta D. Market Integrity, Market Efficiency, Market Accuracy. Business Review, Cambridge, 2011, 17(2)

[95] Matson G K. Restricting the Jurisdiction of American Courts over Transnational Securities Fraud. Georgetown Law Journal, 1990, 79(1)

[96] Maier H. Extraterritorial Jurisdiction at Crossroads: The Intersection Between Public and Private International Law. American Journal of International Law, 1982, 76(2)

[97] Meyer J A. Dual Illegality and Geoambiguous Law: A New Rule for Extraterritorial Application of U. S. Law. Minnesota Law Review, 2010, 95(1)

[98] Murano N. Extraterritorial Application of the Antifraud Provisions of the Securities Exchange Act of 1934. Berkeley Journal of International Law, 1984, 2(2)

[99] McConnaughay P J. The Scope of Autonomy in International Contracts and Its Relation to Economic Regulation and Development. Columbia Journal of Transnational Law, 2001, 39(3)

[100] Murray S. With A Little Help from My Friends: How A Us Judicial International Comity Balancing Test Can Foster Global Antitrust Private Redress. Fordham International Law Journal, 2017, 41(1)

[101] McCartin T J. A Derivative in Need: Rescuing U. S. Security-Based Swaps from the Race to the Bottom. Brooklyn Law Review, 2015, 81(1)

[102] Orentlicher D F. Whose Justice? Reconciling Universal Jurisdiction with Democratic Principles. Georgetown Law Journal, 2004, 92(6)

[103] O'Hara E A, Ribstein L E. From Politics to Efficiency in Choice of Law. University of Chicago Law Review, 2000, 67(4)

[104] Parrish A. The Effects Test: Extraterritoriality's Fifth Business. Vanderbilt Law Review, 2008, 61(5)

[105] Pearce B. The Comity Doctrine as a Barrier to Judicial Jurisdiction: A U. S.-E. U. Comparison. Stanford Journal of International Law, 1994, 30(2)

[106] Posner R A. Rational Choice, Behavioral Economics, and the Law. Stanford Law Review, 1998, 50(5)

[107] Prentice R. Contract-Based Defenses in Securities Fraud Litigation: A Behavioral Analysis. University of Illinois Law Review, 2003, 2003(2)

[108] Padfield S J. Is Puffery Material to Investors? Maybe We Should Ask Them. University of Pennsylvania Journal of Business and Employment Law, 2008, 10(2)

[109] Park S K. Guarding the Guardians: The Case for Regulating State-Owned Financial

Entities in Global Finance. University of Pennsylvania Journal of Business Law, 2014, 16(3)

[110] Patterson W B. Defining the Reach of the Securities Exchange Act: Extraterritorial Application of the Antifraud Provisions. Fordham Law Review, 2005, 74(1)

[111] Reed A. But I'm an American! A Text-Based Rationale for Dismissing F-Squared Securities Fraud Claims After Morrison v. National Australia Bank. University of Pennsylvania Journal of Business Law, 2012, 14(2)

[112] Rocks A. Whoops! The Imminent Reconciliation of U. S. Securities Laws with International Comity after Morrison v. National Australia Bank and the Drafting Error in the Dodd-Frank Act. Villanova Law Review, 2011, 56(1)

[113] Reuveni E. Extraterritoriality As Standing: A Standing Theory of the Extraterritorial Application of the Securities Laws. U. C. Davis Law Review, 2010, 43(4)

[114] Reidenberg J R. Technology and Internet Jurisdiction. University of Pennsylvania Law Review, 2005, 153(6)

[115] Rubenstein J B. Fraud on the Global Market: U. S. Courts Don't Buy It; Subject-Matter Jurisdiction in F-Cubed Securities Class Actions. Cornell Law Review, 2010, 95(3)

[116] Reuland R C. Hartford Fire Insurance Co., Comity, and the Extraterritorial Reach of United States Antitrust Laws. Texas International Law Journal, 1994, 29(2)

[117] Rotem Y. Economic Regulation and the Presumption Against Extraterritoriality-A New Justification. William & Mary Policy Review, 2012, 3

[118] Simowitz A D. The Extraterritoriality Formalisms. Connecticut Law Review, 2019, 51(2)

[119] Stephens B. Upsetting Checks and Balances: The Bush Administration's Efforts to Limit Human Rights Litigation. Harvard Human Rights Journal, 2004, 17

[120] Svantesson D J B. A Jurisprudential Justification for Extraterritoriality in (Private) International Law. Santa Clara Journal of International Law, 2015, 13(2)

[121] Swaine E T. The Local Law of Global Antitrust. William & Mary Law Review, 2001, 43(2)

[122] Siegmund E. Extraterritoriality and the Unique Analogy Between Multinational Antitrust and Securities Fraud Claims. Virginia Journal of International Law, 2011, 51(4)

[123] Scott J. Extraterritoriality and Territorial Extension in Eu Law. American Journal of Comparative Law, 2014, 62(1)

[124] Sachs M V. Materiality and Social Change: The Case for Replacing "the Reasonable Investor" with "the Least Sophisticated Investor" in Inefficient Markets. Tulane Law Review, 2007, 81(2)

[125] Stephan P B. Courts on Courts: Contracting for Engagement and Indifference in International Judicial Encounters. Virginia Law Review, 2014, 100(1)

[126] Shiller R J. Measuring Bubble Expectations and Investor Confidence. Journal of Psychology & Financial Markets, 2000, 1(1)

[127] Snell S L. Controlling Restrictive Business Practices in Global Markets: Reflections on the Concepts of Sovereignty, Fairness, and Comity. Stanford Journal of International Law, 1997, 33(2)

[128] Symeonides S. Revolution and Counter-Revolution in American Conflicts Law: Is There a Middle Ground?. Ohio State Law Journal, 1985, 46(3)

[129] Scassa T, Currie R J. New First Principles? Assessing the Internet's Challenges to Jurisdiction. Georgetown Journal of International Law, 2011, 42(4)

[130] Tunc A. A French Lawyer Looks at American Corporation Law and Securities Regulation. University of Pennsylvania Law Review, 1982, 130(4)

[131] Trautman D D. The Role of Conflicts Thinking in Defining the International Reach of American Regulatory Legislation. Ohio State Law Journal, 1961, 22(3)

[132] Taylor E A. Expanding the Jurisdictional Basis for Transnational Securities Fraud Cases: A Minimal Conduct Approach. Fordham International Law Journal, 1983, 6(2)

[133] Tung F. Before Competition: Origins of the Internal Affairs Doctrine. Journal of Corporation Law, 2006, 32(1)

[134] Trachtman J P. The International Law of Financial Crisis: Spillovers, Subsidiarity, Fragmentation and Cooperation. Journal of International Economic Law, 2010, 13(3)

[135] Turley J. A Crisis of Faith: Tobacco and Madisonian Democracy. Harvard Journal on Legislation, 2000, 37(2)

[136] Twitchell M. Why We Keep Doing Business with Doing-Business Jurisdiction. University of Chicago Legal Forum, 2001, 2001

[137] Trudel P. Jurisdiction over the Internet: A Canadian Perspective. International Lawyer, 1998, 32(4)

[138] Urquhart J G. Transnational Securities Regulation. Chicago Journal of International Law, 2000, 1(2)

[139] Veneziano A. A New Era in the Application of U. S. Securities Law Abroad: Valuing the Presumption Against Extraterritoriality and Managing the Future with the Sustainable-Domestic-Integrity Standard. Annual Survey of International and Comparative Law, 2018, 23

[140] Veneziano A. Studying the Hegemony of the Extraterritoriality of U. S. Securities Laws: What It Means for Foreign Investors, Foreign Markets, and Efforts at Harmonization. Georgetown Journal of Law & Public Policy, 2019, 17(1)

[141] Ventoruzzo M. Like Moths to a Flame? International Securities Litigation After Morrison: Correcting the Supreme Court's "Transactional Test". Virginia Journal of International Law, 2012, 52(2)

[142] White D N. Conduct and Effects: Reassessing the Protection of Foreign Investors from International Securities Fraud. Regent University Law Review, 2010, 22(1)

[143] Wu J. Morrison v. Dodd-Frank: Deciphering the Congressional Rebuttal to the Supreme Court's Ruling. University of Pennsylvania Journal of Business Law, 2011, 14(1)

[144] Wallace D, Griffin J P. The Restatement and Foreign Sovereign Compulsion: A Plea for Due Process. The International Lawyer, 1989, 23(3)

[145] White K M. Is Extraterritorial Jurisdiction Still Alive? Determining the Scope of U. S. Extraterritorial Jurisdiction in Securities Cases in the Aftermath of Morrison v. National Australia Bank. North Carolina Journal of International Law and Commercial Regulation, 2012, 37(4)

[146] Walsh R. Extraterritorial Confusion: The Complex Relationship Between Bowman and Morrison and A Revised Approach to Extraterritoriality. Valparaiso University Law Review, 2013, 47(2)

[147] Zambrano D. A Comity of Errors: The Rise, Fall, and Return of International Comity in Transnational Discovery. Berkeley Journal of International Law, 2016, 34(1)